汽车故障诊断与检测技术

（第3版）

曹建国　邓定瀛　廖林清　邹喜红　编著

重庆大学出版社

内 容 提 要

本书简要叙述了汽车故障诊断与检测的基础理论和基本方法，全面系统地介绍了汽车发动机，汽车安全环保性能，汽车综合性能的诊断与检测原理、方法、设备、标准等，深入细致地阐述了新发展起来的汽车检测诊断技术——汽车专项检测与汽车电控装置检测技术。

本书既注意了先进性和系统性，又引入了大量的实例，突出了实用性。全书语言简练，叙述清楚，内容由浅入深，适合汽车维修人员和检测站人员使用，也可作为其他汽车专业人员的教材或参考书。

图书在版编目(CIP)数据

汽车故障诊断与检测技术/曹建国等编著.—3版.
—重庆:重庆大学出版社,2013.1(2020.6重印)
(汽车保养与维修丛书)
ISBN 978-7-5624-2859-6

Ⅰ.①汽… Ⅱ.①曹… Ⅲ.①汽车—故障诊断②汽车—故障检测 Ⅳ.①U472.9

中国版本图书馆CIP数据核字(2013)第019576号

汽车故障诊断与检测技术
(第3版)
曹建国 邓定瀛 廖林清 邹喜红 编著
责任编辑:周 立 版式设计:周 立
责任校对:何建云 责任印制:张 策
*
重庆大学出版社出版发行
出版人:饶帮华
社址:重庆市沙坪坝区大学城西路21号
邮编:401331
电话:(023) 88617190 88617185(中小学)
传真:(023) 88617186 88617166
网址:http://www.cqup.com.cn
邮箱:fxk@cqup.com.cn(营销中心)
全国新华书店经销
POD:重庆新生代彩印技术有限公司
*
开本:787mm×960mm 1/16 印张:15 字数:302千
2016年2月第3版 2020年6月第9次印刷
ISBN 978-7-5624-2859-6 定价:39.50元

前　言

随着汽车工业的飞速发展,汽车检测与诊断已发展成为一门重要的学科,并在汽车制造、汽车使用、汽车维修和车辆管理部门获得广泛应用。另外,随着电子技术与测控技术的快速发展,电子化、集成化与智能化测量仪器设备在汽车检测与诊断中用得越来越多。这就要求检测与诊断人员不仅具有汽车构造、汽车理论方面的知识,而且还要有检测与诊断方面的大量知识,尤其是现代检测诊断方法与现代检测仪器的灵活应用。

本书共分7章,第1章介绍了现代检测诊断技术的方法、特点以及与汽车维修之间的关系;第2章讲述了汽车检测诊断的基础知识和基本原理;第3章在传统检测与诊断的基础上讲述了汽车基础诊断与检测方法;第4章、第5章围绕汽车检测站工位设置详细介绍了汽车安全环保检测和汽车综合性能检测;第6章、第7章讲述了汽车专项检测和电控装置的检测与诊断,属于新发展起来的检测诊断技术。全书语言简练,内容由浅入深,适于汽车维修人员和检测站人员使用,也可作为其他汽车专业人员的参考书。

在本书编写过程中,参考了大量的资料和文献,并得到了重庆市汽车维修部门、厂家及高等院校的大力支持和帮助,在此一并表示衷心的感谢。

由于时间仓促,加上编者水平有限,书中难免出现遗漏和错误之处,恳请各位读者批评指正。

编者

2003年1月

目 录

第1章 概 论

1.1 汽车故障诊断与检测概述

1.1.1 汽车故障诊断与检测的目的

汽车故障诊断与检测包括汽车诊断技术和汽车检测技术。通过对汽车进行诊断与检测可以在不解体情况下判断汽车的技术状况,为汽车继续运行或进厂维修提供可靠依据。

汽车检测包括安全环保检测和主要性能检测。汽车安全环保检测指的是在不解体情况下定期和不定期地对汽车的外观、制动与转向性能、排放与噪声、前照灯以及车速表等进行检测,从而建立安全和公害监控体系,确保运行车辆具有符合要求的外观容貌、良好的安全性能,并控制其对环境的污染,使车辆在安全、高效状态下运行。而主要性能检测是在不解体情况下,定期和不定期地对汽车的动力性、燃油经济性、操纵稳定性及乘坐舒适性等进行检测。其目的,一是确定运行车辆的工作能力和技术状况,查明故障或隐患的部位及原因;二是对维修车辆实行质量监督,建立质量监控体系,确保车辆维修质量,以创造更大的经济效益和社会效益。

1.1.2 汽车故障诊断的方法及特点

汽车技术状况的诊断是由检查、测试、分析、判断等一系列活动完成的。传统的汽车故障诊断是建立在人工经验检查基础上,主要依赖于人工观察、推理分析和逻辑判断。现代汽车故障诊断则通过先进的仪器设备,利用电子控制技术,对汽车故障做出科学、快速的诊断。目前汽车故障诊断可归纳为以下几种方法。

(1)人工经验诊断法

经验诊断法是诊断人员凭借丰富的实践经验和一定的理论知识,在汽车不解体或局部解体情况下借助简单工具,根据汽车运行时表现出来的异常状况,用眼看、耳听、手摸等手段,边检查、边试验、边分析,进而对汽车技术状况做出判断的一种方法。这种方法具有不需要复杂的仪器设备,可随时随地应用,以及投资少、见效快等优点。但这种方法必须依赖于维修检测人员长期积累的经验和反复观察,因而诊断速度慢、准确性差,不能进行定量分析。尽管如此,经验法仍然是一种简单实用的方法,而且现代诊断技术在某种意义上也是根据经验法发展起来的，比如现在的专家诊断系统，便是把人脑对故障现象的分析通过计算机来实现综合与判断，从而得出结论。现在，纯粹依靠人工经验来进行诊断的方法已不多见，更常见的则是感官加上专用测试仪器的结合使用。

(2)检测诊断法

检测诊断法是在不解体情况下，利用各种检测设备和仪器获取汽车、有关总成乃至机构和零部件的各种参数、曲线或波形，并根据这些信息来分析判断汽车的性能与技术状况。随着电子技术的发展，汽车检测仪器设备也越来越多样化和专门化。典型的有底盘测功机、发动机综合测试仪、侧滑试验台、制动试验台、车轮定位仪、灯光仪、气体分析仪、烟度计、声级计，以及各种各样传感器和示波器等。这种方法的优点是检测速度快、准确率高，能进行定量分析；其缺点是价格昂贵、投资大，占用厂房，操作人员需要进行培训。检测诊断法通常用于汽车检测站和大中型维修企业。

(3)自我诊断法

自我诊断法是利用计算机本身可以迅速监测控制系统的工作状况和储存数据这一特点，根据一定的预设程序，自动监测汽车受控系统范围内发生的故障并将其以代码的形式储存于汽车电脑中，驾驶员和维修检测人员根据自诊系统发出的提示（如声响或闪光）将故障码提取出来，从而得到汽车故障信息，然后对症下药，进行故障排除。随着汽车诊断技术的进一步发展，出现了一种汽车电脑故障诊断仪，也称解码器，它能把汽车电控单元ECU(Electronic Control Unit)储存的各种故障信息提取出来，进行译码整理、比较和分析，并将结论和处理意见以清晰的文字、曲线或图表方式显示出来。可以根据这些传送出来的信息，判断故障的类型、发生部位以及解决的方法。自我诊断法可以进行静态和动态诊断，是未来诊断技术的发展方向之一。

应该指出，以上3种汽车故障诊断方法，各自保持着不可替代的特点。在应用中通常是几种方法的相互结合，在重视传统经验诊断法的同时，力求充分利用现代检测诊断技术，取长补短，以提高诊断效率和诊断效果。

1.2 汽车故障诊断与检测对汽车使用性能及寿命的影响

汽车在运行过程中，各部件受到力、热以及摩擦、腐蚀等多种理化作用，其性能指标和技术状况在不断变化，这不仅会影响到汽车的运输效率和使用性能，而且现代汽车在运行中一旦发生故障，往往会导致严重的后果。这就要求在汽车运行过程中，对其运行状况及时进行监测，对其技术状况做出正确评价和判断，及早发现故障并采取相应的措施，从而确保其高的使用性能和可靠性，提高运输效率，延长汽车的使用寿命。

1.3 汽车故障诊断与检测和汽车维修行业的关系

汽车故障诊断与检测和汽车维修行业的关系,大致可归纳为以下几个方面。

1)检测与诊断技术是改革汽车维修制度、实行视情维修的必要手段

汽车的维修制度发展至目前为止已经历了3个阶段。

第一阶段是“事后维修制”,该制度产生于20世纪50年代。所谓事后维修,也就是说,在汽车出现故障之后才进行检修,汽车不损坏就不修理,维修只是在机器出现故障或损坏之后不得不采取的一种措施。显然,这种方式隐含着很多潜伏的危险,汽车不出故障则已,一出故障就可能造成事故乃至车毁人亡。一旦重要零部件比如发动机、制动器等发生故障后,就会威胁人身安全和造成重大经济损失。

第二阶段是“计划预防修理制”,顾名思义就是按照一定的时间间隔有计划地实行定期强制保养维修。这种维修制度是根据零件的磨损规律或零件的使用寿命来合理制定维修时间间隔。这种维修制度比“事后维修制”有了很大的改进,也曾在汽车维修工作中发挥了积极的作用,其经历的时期也最长。但是,由于零件的磨损受材料性能、加工质量、安装与调试、工作条件(如负荷大小、工作温度、润滑状况等)和使用环境、保养水平等的影响很大;另外,各零件之间寿命的不平衡性和同名零件寿命的分散性,使得理论维修时间间隔与机器的实际技术状况的变化往往不相符合,从而造成还没到该维修的程度就进行“早修”或还没到维修时间间隔就出现了故障的“失修”现象。近年来,随着汽车车型和零部件产品类型的不断扩大,这种维修制度已显得越来越难以适应汽车工业飞速发展的需要。

第三阶段始于1990年,是针对计划预防修理制度的不足而制定的全新概念的“视情维修制度”,其核心就是根据汽车实际技术状况来决定修理作业(广度和深度)的一种制度。这种维修制度要求通过检测诊断设备定期地检测汽车的各种技术状况,按照检测结果分析判断汽车技术状况是否正常,发现故障或隐患,然后再进行针对性修理。这种维修制度也叫“状态型”维修制度。与前两种维修制度相比,“视情维修制度”能最大限度地发挥各零部件的使用潜力,减少不必要的拆装,大大提高了机器的使用寿命和使用经济效益。

我国交通部令第13号《汽车运输业车辆技术管理规定》中规定:“车辆修理应贯彻视情修理的原则,即根据车辆检测诊断和鉴定的结果,视情按不同作业范围和深度进行,既要防止拖延修理造成车况恶化,又要防止提前修理造成浪费。车辆检测诊断技术是检查、鉴定车辆技术状况和维修质量的重要手段,是促进维修技术发展,实现视情修理的重要保证,各地交通运输管理部门和运输单位应积极组织推广检测诊断技术。”可见,这一视情维修制度的实施必须是建立在大量的检测诊断工作的基础之上的,如果没有强有力的检测诊断手段和检测诊断设备的支持,要实现“视情维修制

度”几乎是不可能的。

2)发展汽车检测与诊断技术,可以大大提高维修效率、加快维修速度、提高维修质量。随着汽车工业的迅速发展,汽车数量迅猛增长,特别是近几年,汽车保有量急剧增加,修理任务也相应加大。另一方面,随着电子工业的发展,汽车电子控制装置的发展速度也越来越快,目前大多数轿车均采用了电喷发动机、电控自动变速器和电子悬架等大量电子装置。汽车保有量的增加与汽车电子技术的大量运用,对汽车维修都提出了很高的要求。与此不相适应的是具有相应技能的熟练维修工严重不足,并且传统手工业式、单纯凭经验进行修理已难有用武之地。所以,发展现代汽车检测与诊断技术、采用先进的检测诊断设备,已成为汽车维修行业生存与发展的必然。

3)发展汽车检测与诊断技术,是减少维修费用、监督维修质量的迫切需要。采用现代检测诊断技术,一方面可减少拆装次数,延长汽车的使用寿命,另一方面可以大大提高诊断的准确率,减少误判误修的可能性,把维修不当所导致的损失降至最低限度。这些对于降低汽车的维修费用起着很大的作用。另外,建立诸如汽车综合性能检测站之类的检测诊断部门,对汽车修理的质量进行反馈、监督和管理,是加强维修行业监管的一项重要措施,同时也推动了汽车检测与诊断技术的发展。

应当承认,尽管我们已经知道汽车诊断与检测技术在汽车维修作业中的重要作用,但检测诊断设备在汽车维修生产中的实际应用,在我国还只是刚刚起步。其主要原因有三:一是汽车维修工人对检测诊断设备的性能和使用方法还很陌生,对其质量是否稳定可靠也存有疑虑;二是部分检测项目还没有统一的工艺规范;三是国产检测设备还正处在发展阶段中,存在一些需要改进和完善的地方。但大力发展汽车检测与诊断技术毕竟是大势所趋。可喜的是,近几年来,一些合资的汽车维修企业和专修轿车的修理厂已经开始自觉购置了一些先进的汽车检测诊断设备,他们已经意识到,高级轿车的修理,第一位的工作就是掌握检测诊断技术和各种车型的技术资料。现代先进的汽车检测诊断设备,大多同时具备这两种功能,有的并且能够根据检测参数和故障现象帮助你找出故障的原因和提出调整维修的办法。

新的国家标准《汽车维修业开业条件》中,也明确规定了汽车维修企业必须具备一定的检测诊断设备。作为汽车维修行业的工人和工程技术人员,除了要具有丰富的经验外,还应当努力学习汽车检测诊断方面的有关知识,熟练地掌握现代检测诊断设备的使用方法。国产汽车检测设备的生产厂家也应当不断改进和完善自己的产品,使之更加适应故障诊断工作的要求,加强产品的可靠性和实用性,共同为发展我国的汽车检测诊断技术和维修技术而努力。

第2章　汽车故障诊断与检测的理论基础

2.1　测试系统及检测仪器仪表

在汽车检测中，将会用到大量的检测仪器设备。本节主要讲述测试系统的基本组成及其各组成部分的功用，并重点介绍现代检测仪器设备的结构特点和基本原理，使读者对测试系统有个基本的概念。

2.1.1　测试系统的基本组成

一个完整的检测(测试)系统通常由传感器、变换及测量装置、显示记录装置和数据分析处理装置等组成，有时，还有试验激励装置，如图2.1所示。

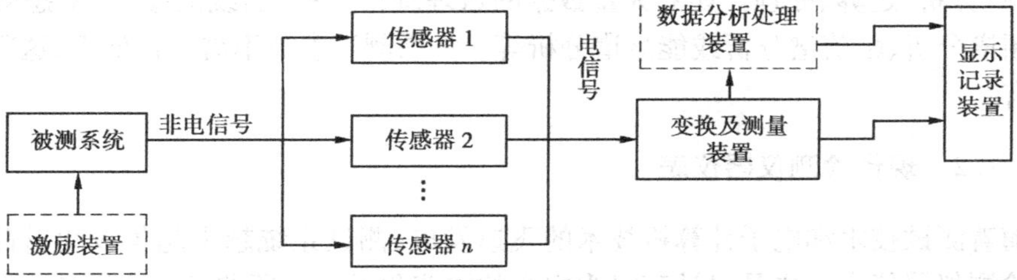

图2.1　检测系统基本组成框图

图2.1中虚线部分为可选项，这要视具体的检测项目而定，各部分的作用为：

激励装置。激励装置是人为地模拟某种条件，把被测系统中的某种量能激发出来，以便检测。比如用激振器来模拟各种条件的振动，并将其作用在机械或构件上，把机械或构件产生的振动幅度、应力变化等激发出来，以便检测后对其在振动中的状态及特性进行研究分析。这部分是可选的，通常在振动检测仪器中采用。

被测系统。被测系统就是检测对象，如整车、发动机等，通常需要检测其一个或几个参数。

传感器。传感器将被测参量转换成相应的可用输出信号的器件或装置。被测参量可以是各种非电气参量，也可以是电气参量，它能把被测对象的某种信息拾取出来，并将其转换成电信号。它是一种获得信息的手段，在整个检测系统中占有首要的地位。因为它处于检测系统的输入端，所以它的性能直接影响着整个检测系统的工作可靠性。传感器的种类繁多，往往同一机理的传感器可以测量多种物理量，如电阻型的传感器可以用来测温度、位移、压力、加速度等物理参量；同一种被测物理量又可采用多种不同类型的传感器来测取，如位移量可用电容式、电感式、电位计式、电涡流式、变压器式、光纤式等传感器来检测。

变换及测量装置。变换及测量装置的作用是把传感器送来的电信号变换成具有一定功率的电压或电流信号，以便推动下一级的记录和显示装置。这类装置常包括电桥电路、调制电路、解调电路、阻抗匹配电路、放大电路、运算电路等，在检测系统里是比较复杂的部分。在这一装置里，可对一些简单信号进行测量并比较（即把要测的量与某一标准量进行比较）。对于传感器送来的变化频率很低、近似直流的信号，为了传输方便，可在这一装置里把它调制成高频放大信号等。

记录及显示装置。其作用是把变换及测量装置送来的电压和电流信号不失真地记录下来和显示出来，供阅读和分析。这类装置有光线示波器，它可以实现记录和显示两种功能；电子示波器，它只能显示而不能记录；磁记录器，它只具有记录功能而不能显示。记录和显示的方式一般有模拟和数字两种，前者是记录一条或一组曲线，后者是记录一组数字或代码。

数据分析处理装置。数据分析处理装置是用来对测试所得的结果（曲线或数据）进行分析、运算、处理。如对大量数据的数理统计分析，曲线的拟合，动态测试结果的频谱分析、幅值谱分析或能量谱分析等。如果测试参数不需分析处理，这部分可以没有。

2.1.2 现代检测仪器仪表

随着测试技术和电子计算机技术的飞速发展，测试系统越来越集成化、智能化。现代检测仪器仪表主要是以计算机为中心的智能化设备。所谓智能化设备一般是指以微处理器为基础而设计制造出来的新一代仪器设备。

传统汽车检测中常用的设备，如测试制动、车速、侧滑、轴重、废气、烟度、声级、灯光等所用的设备以及用于各种动平衡、发动机综合诊断等设备，大多数是指针式的。指针式仪表的最大缺点是精度低、分辨力差和寿命短。而智能化检测设备由于增加了微机，可大大增强仪器的性能，简化仪器仪表的硬件电路，从而使仪器的结构和功能发生了根本的变革。智能化仪表不仅能进行测量，而且能储存信号和处理数据，同时在自动化系统中接受内部或外部的控制指令，是检测设备发展的方向。因此指针式仪表近年来已逐渐被智能化仪器设备所代替。

(1)现代检测仪器仪表的结构

现代检测仪器仪表同样具有检测系统的基本组成部分，只是由于有计算机的控制，许多检测过程都是自动完成的，其结构如图 2.2 所示。

图 2.2 中 CPU 通过总线与存储器（ROM、RAM 和磁盘机等）和外围设备（显示

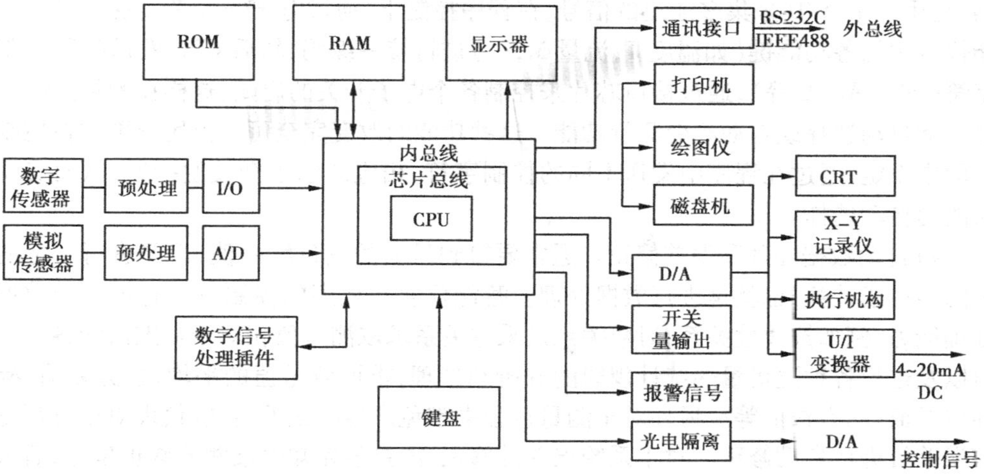

图2.2　现代检测设备组成方框图

器、键盘、打印机、绘图仪等)相连,组成一个完整的计算机系统,是整个测试系统的控制中心。现代检测仪器仪表在测试软件的控制下对测量数据进行自动采集并对测量结果进行分析处理显示。预处理是对传感器输出的信号进行放大、滤波等,以便信号在数据采集卡(I/O或A/D)输入信号范围内,并去除高频干扰等。I/O或A/D是把预处理后的信号变换成计算机能够处理的数字信号。此种仪器还可通过通信接口与外部进行信息交换、组成分布式测试系统或进行仪器之间联网,比如在全自动检测站中,通过中心控制电脑把各检测设备进行联网,从而进行集中控制。

(2)现代检测仪器仪表的特点

智能仪表不仅功能比传统仪表强,测量精度和测量效率也比传统仪表高。归纳起来,智能仪表与传统仪表相比有如下一些特点:

1)自动调零校准和自动精度校准。为了消除由于环境参数(例如温度)的变化导致放大器的增益发生变化所造成的仪表零点漂移,智能仪表通常都具有自动零位校准功能。自动零位校准采用程序控制完成,在输入接地的情况下,将漂移电压存入随机存储器RAM中,经过运算即可从测量值中消除零位偏差。自动精度校准是采用软件的自校准技术,它是事先通过开始连接时分别测出的零位偏差、增益偏差以及各项修正值,进而建立各部分的校准方程及算法,然后编写程序实现。其自动校准的精度取决于数学算法是否真正反映客观实际情况。

2)自动量程切换。智能仪表中量程切换一般也是通过软件来自动实现的。编制软件采用逐级比较的方法,从大到小(从高量程到低量程)自动进行切换。一旦判定被测参数所属量程范围,程序即自动转移到相应量程,从而完成量程切换。

3)功能自动选择。智能仪表中的功能选择实际上是在数学仪表上附加时序电路，是用一个 A/D 采集多通道的信号，在程序控制下，通过电子开关来实现。只要智能仪表中的各功能键（如温度 T，流量 M，…）进行统一编码，然后 CPU 发送各种控制字符（如上 A_1、A_2等），通过接口芯片来控制各个电子开关的启闭，这样在测量过程中仪表能自动选择或自动改变测量功能。这种功能的改变完全可以由用户事先在控制界面中设定，通过在程序中发送不同的控制字符，相应的电子开关便接通，从而实现功能的自动选择。

4）自动数据处理和误差修正。通常要得到最后的测量结果值，需要进行一定的中间转换或计算，也就是进行数据处理。智能仪表在程序的控制下也有很强的数据处理能力，例如按线性关系、对数关系及乘方关系求取测量值相对于基准值的各种比值以及进行各种随机量的统计规律的分析和处理，求取测量值的平均值、方差值、标准偏差值、均方根值等。另外对于测量过程中难免产生的误差，智能仪表对于可预见的误差可进行自动修正。对于系统误差的修正，需要事先知道被测的修正量，然后采用简单的程序即可实现。另外有些智能仪表还可对非线性参数进行线性化补偿，使仪表的读数线性化。

5）自动定时控制。在汽车的大量参数测量中，通常需要进行定时控制。通常现代检测仪器仪表都具有自动定时控制功能，实现自动定时控制有两种方法：一种是用硬件电路完成，如单片机中的定时器。这种定时控制的特点是定时准确，可以向 CPU 发出定时信号，CPU 会立即响应，并进行处理；另一种是采用软件进行定时，通过编写固定的延时程序，作为子程序存放在只读存储器中，这类子程序可按 0.1s、1s、……甚至 1h 延时设计。用户在使用中只要给定各种时间常数，通过反复调用这些子程序，就可实现自动定时控制。软件定时方法简单，只需要编写程序代码，不需要硬件装置，但其定时精度较低。

6）故障自诊断。智能仪表可以进行模拟及控制电路的故障检查（自检）和诊断，一般采用查询方式进行。在遇到故障时自动显示故障部位及故障排除方法，从而大大缩短了排除故障的时间，使用十分方便，并降低了使用维修成本。

（3）现代检测仪器仪表在汽车检测设备中的应用

随着检测技术和检测仪表工业的不断进步，汽车的测试技术得到了迅猛的发展，特别是汽车的各种检测设备都开始采用现代化、集成化的智能设备。比如底盘测功机、液压振动试验台、侧滑台，光电四轮定位仪、车轮平衡机等均采用电子控制或计算机控制，使用十分方便，既简化了操作过程，又大大地提高了检测效率。

2.2 诊断参数及其运用

汽车状态参数是指能反映汽车技术状态的定量化信息，根据汽车状态参数可以判断汽车技术状况是否完好，进一步可以进行故障诊断。在实际使用中，状态参数可以分为结构参数和诊断参数两种。汽车的结构参数是指那些能直接决定其技术状态的参数,包括零件尺寸、配合性质、磨损量、材料的物理化学性质等。在汽车不解体情况下,直接测量被测对象的结构参数常常不是很方便、甚至是不大可能的,如汽缸磨损情况,曲轴轴承的间隙,各种齿轮的啮合间隙等。因此,在判断汽车技术状况的好坏时,通常利用诊断参数确定。

(1)诊断参数的概念与分类

诊断参数是指与结构参数有联系并能够表达汽车及其总成和机构技术状况的直接或间接指标,它是汽车诊断技术的重要组成部分。诊断参数与结构参数紧密相关,它包含有关诊断对象技术状况的足够信息,这是一些能够实际反映汽车技术状况的可测物理量和化学量。汽车诊断参数可分为工作过程参数、伴随过程参数和几何尺寸参数。

工作过程参数:工作过程参数是能表征诊断对象总的状况,显示诊断对象主要功能和质量的一种参数,如发动机功率、汽车制动距离、油耗等。工作过程参数提供的信息比较广泛,是进一步进行深入诊断的基础。

伴随过程参数:伴随过程参数提供的信息较窄,但这种参数较为普遍,常用于复杂系统的深入诊断,如振动、噪声、发热量等。

几何尺寸参数:它是由机构零件之间最起码的关系决定的参数,几何尺寸参数提供的信息量有限,但确能直接表明诊断对象的具体状态,如间隙、自由行程等。

汽车常用诊断参数见表2.1。

在汽车诊断中所测得的诊断参数,与结构参数一样是可变的,且具有随机性,如有的是连续的,有的是离散的。诊断参数的随机性是由结构参数的变化引起的。所采用的诊断参数可以是相对稳定的值,如间隙等,也可以是周期迅速变化的过程,如振动、脉冲等。对于相对稳定值,只要知道诊断参数的额定值及其随行驶里程的变化规律,通过定期诊断结果,就可以发现其故障,并预测该诊断对象在无故障工作条件下的寿命;而对于周期性变化值,例如用点火示波器诊断点火系故障时,需要知道实际示波图像与标准示波图像,才能预测诊断对象的无故障工作寿命。

(2)诊断参数的选择原则

由表2.1可知,对于同一总成或部件,其诊断参数往往有多个。而一个结构参数的变化,可能引起多个状态参数或诊断参数的变化。对于一个总成(如发动机),不可能把它的每一个诊断参数都测量出来,而往往是选取最能反映其技术状况的一个或几个状态参数进行检测诊断。究竟哪些参数作为诊断参数比较合适呢?应从多个方面进行考虑,在选择时应遵循以下几个原则:

1)诊断参数应具有高的灵敏性。所谓诊断参数的灵敏性,是指诊断参数能反映出技术状况的微小变化。也就是说,如果灵敏性高,则在汽车或其零部件从无故障到有故障的整个过程中,其技术状况的微小变化就能引起诊断参数的较大变化。诊断参数灵敏性的大小可用灵敏度 K_S 来表示：

表 2.1　汽车常用诊断参数

诊　断　对　象	诊　断　参　数
发动机总体	功率,kW 曲轴角加速度,rad/s^2 单缸断火时功率下降率,% 油耗,l/h 曲轴最高转速,r/min 废气成分和浓度,%
汽缸活塞组	曲轴箱窜气量,l/min 曲轴箱气体压力,kPa 汽缸间隙(按振动信号测量),mm 汽缸压力,MPa 汽缸漏气率,% 发动机异响 机油消耗量,1/100km
曲柄连杆组	主油道机油压力,MPa 主轴承间隙(按油压脉冲测量),mm 连杆轴承间隙(按振动信号测量),mm
配气机构	气门热间隙,mm 气门行程,mm 配气相位,(°)
柴油机供油系	喷油提前角(按油管脉动压力测量),(°) 单缸柱塞供油延续时间(按油管脉动压力测量),(°) 各缸供油均匀度,% 每一工作循环供油量,ml/工作循环 高压油管中压力波增长时间,曲轴转角(°) 按喷油脉冲相位测定喷油提前角的不均匀度,曲轴转角(°) 喷油嘴初始喷射压力,MPa 曲轴最小和最大转速,r/min 燃油细滤器出口压力,MPa
供油系及滤清器	燃油泵清洗前的油压,MPa 燃油泵清洗后的油压,MPa 空气滤清器进口压力,MPa 涡轮压气机的压力,MPa 涡轮增压器润滑系油压,MPa

续表

诊断对象	诊断参数
润滑系	润滑系机油压力,MPa 曲轴箱机油温度,℃ 机油含铁(或铜、铬、铝、硅等)量,% 机油透光度,% 机油介电常数
冷却系	冷却液工作温度,℃ 散热器入口与出口温差,℃ 风扇皮带张力,N/mm 曲轴与发电机轴转速差,%
点火系	初级电路电压,V 初级电路电压降,V 电容器容量,μF 断电器触点闭合角及重叠角,(°) 点火电压,kV 次级电路开路电压,kV 点火提前角,(°) 发电机电压,V;电流,A 整流器输出电压,V
启动系	在制动状态下,启动机电流,A;电压,V 蓄电池在有负荷状态下的电压,V 振动特性,m/s^2
传动系	车轮驱动力,N 底盘输出功率,kW 滑行距离,m 传动系噪声,dB
制动系	制动距离,m 制动力,N 制动减速度,m/s^2 跑偏,左右轮制动力差值,N 制动滞后时间,s 制动释放时间,s
转向系	主销内倾角,(°) 主销后倾角,(°) 车轮外倾角,(°) 车轮前束,mm 车轮侧滑量,mm/m、m/km
行驶系	车轮静平衡,g 车轮动平衡,g. cm 车轮振动,m/s^2
照明系	前照灯照度,lx 前照灯发光强度,cd 光轴偏斜量,mm

$$K_S = \frac{dS}{dx} \tag{2.1}$$

式中：K_S——诊断参数的灵敏度；

dS——诊断参数 s 相对于 dx 的增量；

dx——技术状况参数(结构参数)的增量。

选用灵敏度高的诊断参数来诊断汽车的技术状况时，可以提高诊断的可靠性和准确性。例如，对发动机汽缸活塞组进行诊断，当出现磨损时，即使在极限状态下，输出的状态参数中“功率”下降仅为5%～7%，而引起“汽缸漏气率”可达40%～50%。因此，为了诊断汽缸磨损量，选用汽缸漏气率作为诊断参数是“灵敏”的，可以获得较高的诊断可靠性。

2）诊断参数应具有单值性。在结构参数从开始取值变到终了取值的范围内，诊断参数应与结构参数的变化有一一对应的关系，而不容许出现结构参数的变化引起诊断参数出现两个值或多值的情况，且诊断参数不应有极值。另外，在结构参数从开始取值变到终了取值的范围内，不能在两种不同结构参数值下，理论上出现数值相同的诊断参数。

3）诊断参数应具有好的稳定性。所谓好的稳定性是指在相同测试条件下所测得的参数值离散度小，也就是测量的重复性好，不允许出现在相同的测量条件下进行测量时，测量结果之间相差较大。诊断参数的稳定性是否良好可用均方差来表示，即：

$$\sigma_S(x) = \sqrt{\frac{\sum_{i=1}^{n}[S_i(x) - \overline{S_i}(x)]^2}{n-1}} \tag{2.2}$$

式中：$\sigma_S(x)$——在技术状况为 x 状态下诊断参数测量值的均方差；

$S_i(x)$——在技术状况为 x 状态下诊断参数的测量值；

$\overline{S_i}(x)$——上述测量值的平均值；

n——测量次数。

4）诊断参数应具有一定的信息性。在汽车诊断中，通常是根据测量结果来进行诊断的，因此测量结果一定要包含能反映汽车技术状况的一些信息，也就是诊断参数需含有一定的信息量。诊断结论的可靠性程度大小将取决于诊断参数。因此，信息性是诊断参数的重要选取原则之一，它表明通过测量所能获得的诊断参数值可信性及可靠程度。如图2.3所示，$f_1(P)$和$f_2(P)$分别表示无故障诊断参数的分布函数和有故障诊断参数的分布函数，如果$f_1(P)$和$f_2(P)$两分布曲线重叠区域越小，则诊断结论的差错越小，即诊断参数的信息性越强。从图2.3中可以看出：图2.3(a)所示的诊断参数 P 的信息性最好；图2.3(b)所示的诊断参数 P' 的信息性次之；图2.3(c)所示的诊断参数 P'' 的信息性最差。采用图形只能对诊断参数信息性进行定性分析。

若要对诊断参数的信息性进行定量分析，必须计算出两分布曲线重叠区域面积的大小，从而得出诊断失误的概率值。如果显示无故障诊断参数 P_1 的平均值与显示有故障诊断参数 P_2 的平均值之差越大，或这两种诊断参数的离散性越小，则诊断的正确性越大，也就是诊断参数的信息性就越好。诊断参数信息性的大小可用式(2.3)表示：

$$I(P) = \frac{|\overline{P_1} - \overline{P_2}|}{\sigma_1 + \sigma_2} \qquad (2.3)$$

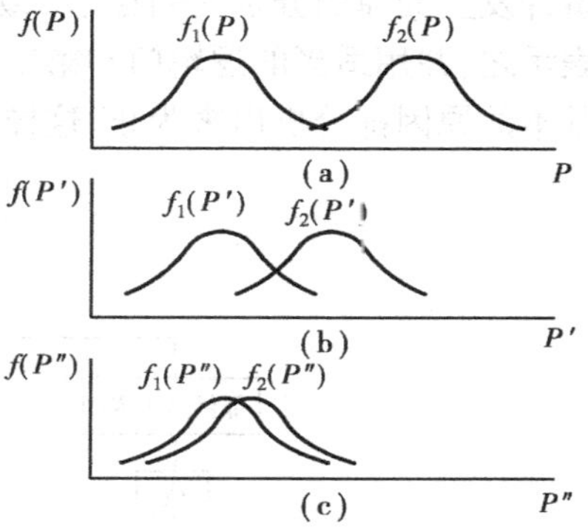

图 2.3　诊断参数的信息性

式中：$I(P)$——诊断参数 P 的信息性；

$\overline{P_1}$——显示无故障诊断参数 P_1 的平均值；

$\overline{P_2}$——显示有故障诊断参数 P_2 的平均值；

σ_1——P_1 的均方值；

σ_2——P_2 的均方值。

5)诊断参数应具有使用方便性和经济性。在进行诊断参数选择时，同时应考虑所选的诊断参数要容易测量，而且所用的检测设备尽量简单、工艺简便、成本费用低。如果所选诊断参数测量费时、费力或难于进行测量，无论有多好的信息性和稳定性都是不可取的。例如，作为转矩是最能直接反映汽车功率的一个重要参数，但是无论是用应变传感器还是电磁传感器，由于传感器的安装比较困难或信号转换部分与外部测量电路的连接很难实现，因此人们不得不尽量采取一些间接的方法来对功率进行测量。

当然诊断参数的选取原则还有很多，上面列举了几个主要的原则，在选取时应当结合具体要求和实际条件进行综合权衡。

2.3　故障树及故障树诊断法

2.3.1　概述

(1)故障树及故障树诊断法的概念

故障树是把故障作为一种事件，按其故障原因进行逻辑分析的树状图形，它是连接初始事件和顶事件，通过一定的逻辑关系把故障事件与直接原因之间的关系系统地表示出来的一种逻辑结构图。首先把要进行分析的系统故障作为第一级，再将导致该事件发生的直接原因并列地作为第二级，用适当的事件(逻辑)符号表示各原因之间的关系，并用适当的逻辑门把它们与故障事件连接起来；其次将导致第二级各故障事件发生的原因分别并列在第二级故障事件的下面作为第三级，用适当的故障符号表示之，并用适当的逻辑门与第二级相应的事件连接起来。如此逐级展开，直到把最基本的原因都分析出来为止，这样的一张表图就构成了故障树（如图2.4所示）。

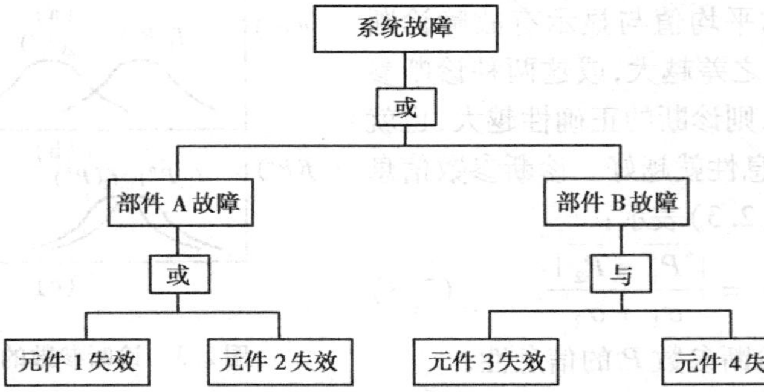

图2.4　故障树示意图

故障树诊断法又叫故障树分析法（Fault Tree Analysis，缩写为FTA）。它是一种将系统故障形成的原因由总体至部分按树枝状逐级细化的分析方法，其目的是查明基本故障，最终确定故障的具体原因、影响和发生概率。故障树诊断法属于一种可靠性分析技术，是对复杂的动态系统的失效形式进行可靠性分析的有力工具，因此故障树诊断法通常应用于汽车等复杂动态系统的故障分析。

故障树分析法在汽车诊断中的应用是根据汽车的工作特性与技术状况之间的逻辑关系构成的树状图形（故障树），来对故障发生的各种原因进行定性分析，并能用逻辑代数运算对每一故障出现的条件和概率进行定量分析。它可对汽车的故障进行预测和诊断，找出其薄弱环节，以便防患于未然，使汽车的技术状况处于良好状态。用故障树对汽车故障进行分析，可以用于分析系统组成中除硬件以外的其他成分。例如，可以考虑维修质量、人员因素的影响。同时，它不仅可以分析由单一缺陷所引起的系统故障，而且还可以分析由两个以上零件同时发生故障时才会发生的系统故障，因而在汽车诊断中被广泛采用。

（2）故障树诊断法（FTA）的特点

故障树诊断法被广泛采用并不断发展，是因为它具有下列特点：

1）在清晰的故障树图形下，表示出系统内在的联系，并指出零部件和系统之间发生故障的逻辑联系，因此容易找出系统的薄弱环节。

2）FTA法的分析过程也是一个对系统更深入认识的过程。通过故障树，使分析人员能把握系统的内在联系，弄清各种潜在因素对故障发生影响的途径和程度，在分析过程中便能发现问题，及时加以解决。因而它不仅分析了现有的问题，而且由于提出解决办法和改进措施，从而使分析人员对系统具有更深入的认识，以至可对系统进行改进设计。

3)故障树诊断法可定量地计算复杂系统的故障概率以及其他可靠性参数,为评估和改善系统可靠性提供有价值的数据。

4)灵活性大,故障分析中要考虑的许多因素,故障树诊断法都能考虑进去。它不限于对系统可靠性作一般分析,而且可分析系统的各种故障状态。不仅可分析零部件对系统故障的影响,还可对导致这些零部件故障的特殊原因,如环境的、人为的因素等进行分析,统一考虑。

5)故障树建成后,对不曾参与系统设计的管理和维修人员来说相当于有了一个形象的维修指南。

在系统早期设计阶段,故障树诊断法常用来判断故障的形式,并在设计中进行改进设计。在详细设计和设计出的样机生产后,批量生产的前阶段,故障树诊断法常用来证明所制造的系统是否满足可靠性和安全性的要求。

(3)故障树分析法的步骤

其步骤通常因评价对象、分析目的、精确程度等不同而异。但一般步骤是:

1)建造故障树;

2)建立故障树的数学模型;

3)定性分析;

4)定量分析。

2.3.2　故障树的建造

故障树诊断法的关键是建造故障树,故障树越完善越周全越好,完善程度直接影响定性和定量分析的准确性。

(1)故障树的建立步骤

1)收集资料;

2)对相关的技术资料进行分析并选择顶事件;

3)通过一级一级分析推理找出各级事件,从而建立故障树;

4)根据逻辑运算关系对故障树进行简化。

故障树要建得“完善”、“周全”,并不是一件容易的事。由于建树过程是建立在对系统仔细、透彻分析的基础上的,可能不同的人分析问题的方式和步骤不同,其详尽程度也各有差异,因此可能不同的人对同一系统故障建立的故障树也不相同。但对于详尽周全的故障树而言,其差异不会很大。

(2)建树方法

目前建树方法可分为两大类:演绎法和计算机辅助建树的合成法或决策表法。下面分别介绍这两种方法的具体建树过程。

1)演绎法的方法和步骤

第 1 步:确定系统(如汽车发动机)的故障并把它作为故障树的顶事件,然后用规定的符号表示；

第 2 步：并列写出导致顶事件发生的直接故障原因，如硬件故障、软件故障、环境因素、人为因素等，并用相应的符号连接，作为第二级事件；

第 3 步：找出产生第二步各故障事件的直接原因作为第三级事件，并用相应的符号连接在第二级各时间的后面。

第 4 步：按照相同的方法逐级演绎下去，一直追溯到引起系统发生故障的全部原因为止，也就是找到不能再往下分的最基本原因（底事件或基本事件）为止。

第 5 步：检查各故障的结点故障是否周详、完善，完整整个故障树。

表 2.2　故障树中的基本名词术语和符号

符号类别	符号	说明
事件符号	 矩形符号	用以表示故障的最终事件和中间事件，通常是因为系统中元件失效或人为失误所致。前后与逻辑门相连接
	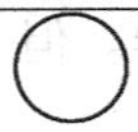 圆形符号	用以表示初始事件，即发生故障的最根本原因，是再也找不出原因的事件。它只能作为逻辑门的输入，而不能作为逻辑门的输出
	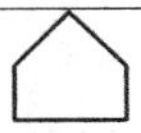 屋形符号	用以表示条件事件，只有给定条件满足时，这一事件才成立，是偶然发生的非故障性事件
	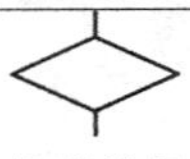 菱形符号	用以表示不完整事件，由于信息不足，暂时不能进一步往下分析原因的事件，或者可能发生但概率很小的事件，在分析中可以略去不计
	 转出　或　转入 三角形符号	用以表示故障事件的转移，当同一事件在不同位置都出现时，为避免重复绘图，或是需要将大型故障树分开绘图时，用此符号把事件连接到故障树的另一部分，即转移到其他图纸上
逻辑符号	 与门符号（AND）	表示"与"逻辑关系，事件 x_1、x_2、…、x_n 同时发生时，事件 A 才发生，即 $A = x_1 \cap x_2 \cdots \cap x_n$
	 或门符号（OR）	表示"或"逻辑关系，事件 x_1、x_2、…、x_n 之一发生时，事件 A 就发生，即 $A = x_1 \cup x_2 \cdots \cup x_n$

2）计算机辅助建树的合成法和决策表法

计算机辅助建树的合成法和决策表法的实质是建立各个部件（不是系统）的故障树（通常称这种故障树为"小故障树"），然后建立各部件之间的故障传递函数或决策表，并存入计算机内（故障传递函数或决策表就是表示可能输出的小故障树）。这样就得到一个小故障树库，然后再在一定边界条件下，从顶事件出发，按程序编辑而成故障树。这种方法称为合成法,简称 STM。目前这种方法已渐渐完善,但由于其设计要求的知识面较广,因而在汽车维修行业中还没有得到广泛的应用。

3)故障树中的基本名词术语和符号

故障树中的基本名词术语和符号见表 2.2 所示。

4)故障树分析程序

由于分析的系统不同,故障性质不同,故障树在实际分析中其步骤会有所差异,也就是其故障分析程序也不同。通常故障树分析程序如图 2.5 所示。

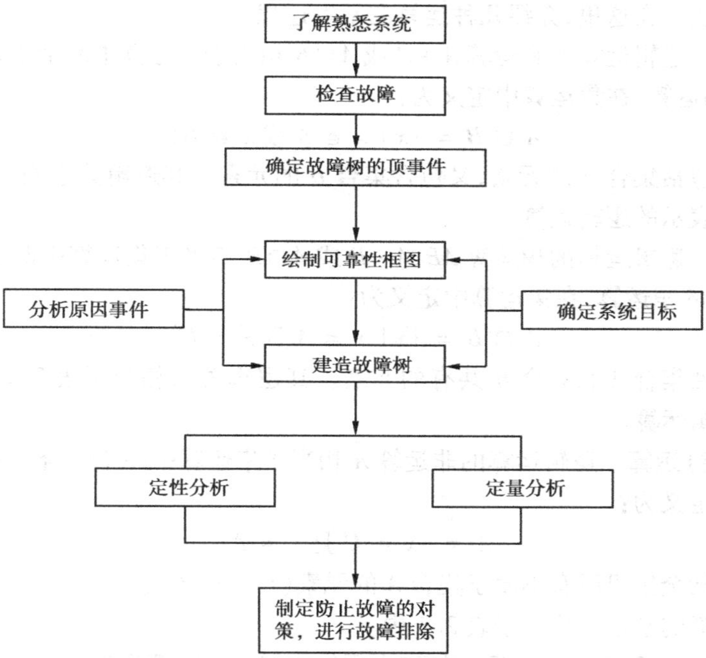

图 2.5　故障树分析程序框图

首先根据对系统的熟悉了解查明故障的出处,绘制可靠性框图;然后逐步分析故障产生的原因,建立“故障树”(建树时首先确定出分析目标即故障事件作为顶事件,随后列出系统各层次中有可能导致该顶事件发生的故障原因,最后得出产生顶事件的各故障的组合);最后根据“故障树”建立故障概率模型,针对每一故障模式,计算其故障概率,将各故障概率与规定的允许值进行比较,从而确定其具体故障原因。

5)故障概率计算

前面讲了故障树分析法既可进行定性分析,又可进行定量分析。由于故障树中列出了引起故障的所有可能原因,每个原因的可能性不一样。同时汽车发生故障也具有一定的随机性,有可能发生,也有可能不发生,属于偶然事件。因此建立“故障树”来进行故障分析,不仅能帮助人们弄清故障发生的原因,进行定性分析,而且还可以根据“故障树”中影响故障发生的各因素出现的可能性的大小，定量的计算出故障发生的概率。由前面分析可知，故障树是由各种可能发生故障原因的“或”和“与”的逻辑关系连接而成的，因此可以用逻辑代数（或称布尔代数）来计算故障发生的概率。逻辑代数是研究集合的一种逻辑运算方法，“集合”是一个数学概念，指具有某种属性的事物的全体，用故障树进行故障分析时，每一个基本事件的发生都可以构成一个集合。故障树分析法就是研究这些集合如何组成新的集合，并分析它们之间的逻辑关系，建立数学模型并进行运算，以便求出故障发生的概率。这就是“故障树”分析法的实质。在这里，介绍几种运算的基本过程。

和运算　逻辑运算的和运算 $A+B$ 或 $A\cup B$ 相当于集运算中两个集合（集合 A 与集合 B）的和运算，在集运算中定义为：

$$A\cup B=\{x\mid x\in A \text{或} x\in B\}$$

其结果为即包括集合 A 的元素，又包含集合 B 的元素。其逻辑关系相当于表 2.2 中的或门符号表示的逻辑运算。

积运算　逻辑运算的积运算 AB、$A\cdot B$ 或 $A\cap B$ 相当于集运算中两个集合（集合 A 与集合 B）的积运算，在集运算中定义为：

$$A\cap B=\{x\mid x\in A \text{且} x\in B\}$$

其结果为包括集合 A 和集合 B 共有的元素。其逻辑关系相当于表 2.2 中的与门符号表示的逻辑运算。

非（否定）运算　逻辑运算的非运算 $\overline{A}$ 相当于集运算中一个集合 A 的补集运算，在集运算中定义为：

$$\overline{A}=\{x\in U \text{且} x\notin A\}$$

其结果为包括全集里所有不属于集合 A 的元素（U 为全集）。

逻辑运算的基本性质列于表 2.3 中。

表 2.3　逻辑运算的基本性质（A、B、C、…、K 为逻辑变量）

名称	运算公式	名称	运算公式
逻辑和运算	$A+B=B+A$ $A+(B+C)=(A+B)+C$ $A+A+\cdots+A=A$ $A+1=A$ $A+0=A$	逻辑积运算	$A\cdot B=B\cdot A$ $A\cdot(B\cdot C)=(A\cdot B)\cdot C$ $A\cdot A\cdot\cdots\cdot A=A$ $A\cdot 1=A$ $A\cdot 0=0$
分配律	$A(B+C)=AB+AC$ $A+BC=(A+B)(A+C)$	吸收律	$A+AB=A$ $A(A+B)=A$
对合律	$A+A\overline{B}=A$ $(A+B)(A+\overline{B})=A$	对偶律（摩根定律）	$\overline{A\cdot B\cdot\cdots\cdot K}=\overline{A}+\overline{B}+\cdots+\overline{K}$ $\overline{A+B+\cdots+K}=\overline{A}\cdot\overline{B}\cdot\cdots\cdot\overline{K}$
否定运算	$\overline{\overline{A}}=A$　　$A+\overline{A}=1$　　$A\cdot\overline{A}=0$		

根据故障树计算故障概率通常可按以下步骤进行：

第 1 步：通过故障树中的逻辑关系，写出故障树的结构函数。所谓故障树的结构函数就是在故障树分析中，如对表示系统某种故障的顶事件和表示故障最基本原因的初始事件均只考虑有故障和无故障两种状态，并设初始事件的状态为 $x_1, x_2, \cdots, x_n$，系统顶事件的状态如用 ϕ 来表示，则 ϕ 必然是初始事件状态 $X_i(i=1,2,\cdots,n)$ 的函数，这个函数就称为故障树的结构函数，即

$$\phi = \phi(x_1, x_2, \cdots, x_n)$$

在故障树中，实际上整个故障树是由基本的与门故障树和或门故障树（如图 2.6 所示）构成的。对于基本的与门故障树的结构函数为：

$$\phi(x) = \prod_{i=1}^{n} x_i$$

或门故障树的结构函数为：

$$\phi(x) = \sum_{i=1}^{n} x_i = 1 - \prod_{i=1}^{n} (1 - x_i)$$

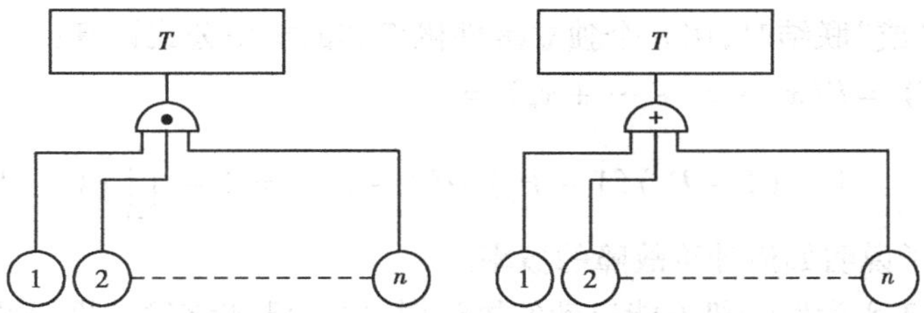

图 2.6　与或门故障树

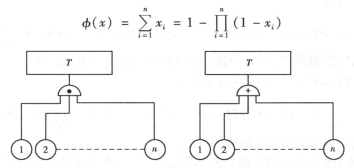

第 2 步：化简故障树或结构函数。在用故障树进行定量分析时，如果发现故障树中有两处或两处以上的相同基本事件，则需化简后再进行概率计算。下面以图 2.7 中(a)故障树为例介绍其简化过程。

首先根据故障树列出事件 T 的关系式：

$$T = A_1 \cdot A = x_1 \cdot x_2 \cdot (x_1 + x_3) =$$

$$x_1 \cdot x_2 \cdot x_1 + x_1 \cdot x_2 \cdot x_3$$

由前面表 2.3 中运算性质知 $A \cdot A = A$，因此

$$T = x_1 . x_2 + x_1 . x_2 . x_3$$

令 $x_1 \cdot x_2 = B_1$；$x_3 = B_2$ 则 T 可简化为

$$T = B_1 + B_1 \cdot B_2 = B_1 = x_1 \cdot x_2$$

由以上简化结构可以看出，T 发生的必要条件是 x_1、x_2 同时发生。同理可以简化图 2.7 中(b)、(c)故障树。

第 3 步：根据概率公式计算故障发生的概率。在用故障树分析故障时，故障最基

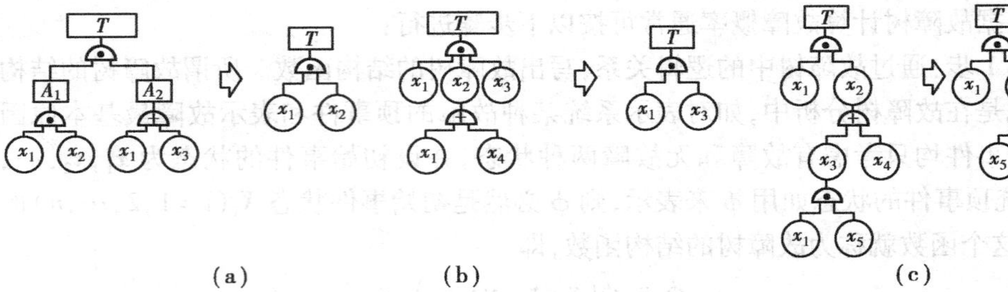

图 2.7　几种故障树的简化

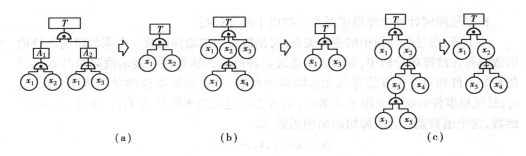

本原因的初始事件,大多数是独立事件,即一个基本事件是否发生,与其他事件无关。假如初始事件 $x_1,x_2,x_3,\cdots,x_n$所发生的概率分别为 $P_1,P_2,P_3,\cdots,P_n$,则顶事件(分析目标)发生的概率可按下列方法计算。当逻辑关系为"与"连接时,用 n 个独立事件积的概率公式计算:

$$P(T) = P(x_1 \cdot x_2 \cdot x_3 \cdot \cdots \cdot x_n) = P_1 \cdot P_2 \cdot P_3 \cdot \cdots \cdot P_n = \prod_{i=1}^{n} P_i$$

当逻辑关系为"或"联结时,用 n 个独立事件概率和的概率公式计算:

$$P(T) = P(x_1 + x_2 + \cdots + x_n) =$$

$$1 - (1 - P_1)(1 - P_2)\cdots(1 - P_n) = 1 - \prod_{i=1}^{n}(1 - P_i)$$

下面以一个例子说明如何计算故障的概率。

[例]　图 2.8 为发动机不能启动的故障树分析,已知该发动机为两缸风冷发动机,其初始事件发生的概率分别为:$C_1 = 0.08$,$C_2 = 0.02$,$C_3 = 0.01$,$C_4 = 0.001$,$C_5 = 0.001$,$C_6 = C_7 = 0.001$,$C_8 = 0.04$,$C_9 = 0.03$,$C_{10} = 0.02$,$C_{11} = C_{12} = 0.01$,$D_1 = 0.02$,$D_2 = 0.001$,试确定发动机不能启动的概率?

[解]　由"与"逻辑符号连接时,独立事件积的概率公式得:

$$P_5 = C_1 \times C_2 = 0.08 \times 0.02 = 0.001\,6$$

$$P_7 = C_8 \times C_9 = 0.04 \times 0.03 = 0.001\,2$$

由"或"逻辑符号连接时,独立事件和的概率公式有:

$$P_2 = 1 - (1 - P_5)(1 - D_1)(1 - C_3) =$$
$$1 - (1 - 0.001\,6)(1 - 0.02)(1 - 0.01) =$$
$$0.031\,35$$

$$P_6 = 1 - (1 - C_6)(1 - C_7)(1 - P_7) =$$
$$1 - (1 - 0.001)(1 - 0.001)(1 - 0.001\,2) =$$
$$0.004\,193$$

$$P_3 = 1 - (1 - C_4)(1 - C_5)(1 - P_6) =$$

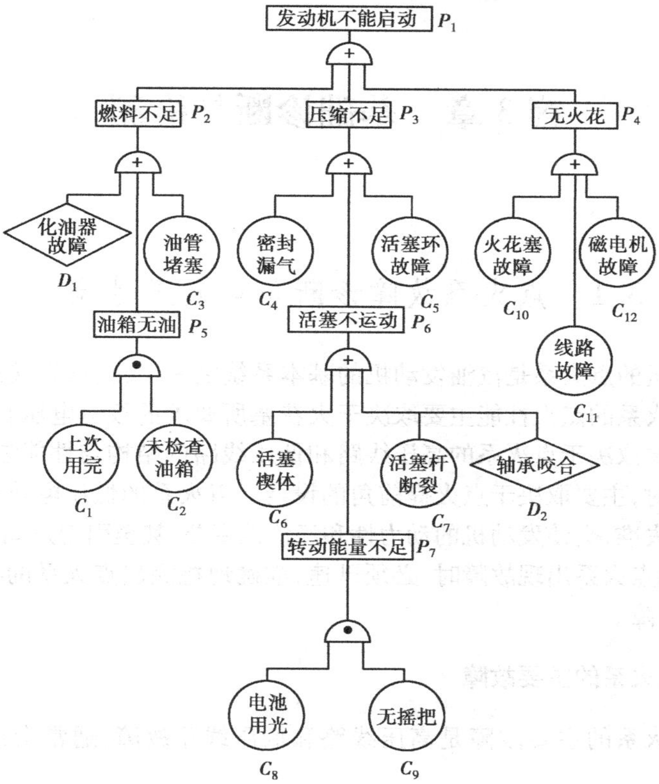

图 2.8　发动机不能启动故障树

$$1-(1-0.001)(1-0.001)(1-0.004\ 193)=$$
$$0.006\ 184$$

$$P_4=1-(1-C_{10})(1-C_{11})(1-C_{12})=$$
$$1-(1-0.02)(1-0.01)(1-0.01)=$$
$$0.039\ 50$$

因此顶事件发生的概率为：

$$P_1=1-(1-P_2)(1-P_3)(1-P_4)=$$
$$1-(1-0.031\ 35)(1-0.006\ 184)(1-0.039\ 50)=$$
$$0.075\ 36$$

即出现发动机不能启动这一故障的概率为 7.536%。

第3章 基础诊断与检测

3.1 点火系故障诊断与点火正时检测

汽油发动机的点火系是汽油发动机的基本系统之一，其性能直接影响发动机工作。发动机点火系的点火性能主要取决于火花塞所要求的放电电压和点火时间，其中放电电压主要取决于点火系的高压线路和低压线路的结构与性能参数，点火时刻也就是点火正时，主要取决于点火提前角的设定。点火系的低压电路和高压电路故障及点火正时失准，会使发动机的动力性和经济性变差，甚至引起发动机爆震或不能点火。因此，当点火系出现故障时，必须迅速、准确地检测出点火系的各种故障及原因，及时排除故障。

3.1.1 点火系的主要故障

汽油机点火系的主要故障是高压线路和低压线路故障，通常会出现在以下几方面：

1）线路接触不良，出现断路或短路；

2）断电器触点烧蚀、沾污，间隙调整不当或触点弹簧的弹力不符合要求；

3）电容器损坏；

4）分电器真空式或离心式点火调节装置失灵；

5）分电器凸轮加工不准或磨损不均；

6）分电器轴弯曲或磨损松旷；

7）蓄电池或发电机工作不良；

8）高压线绝缘性能不良，造成漏电；

9）点火线圈内部短路或断路；

10）分电器盖破裂、触点处脏污或分火头损坏；

11）火花塞积炭、浴油、绝缘体破裂或间隙不当。

前面7种故障通常属于低压线路故障，后面4种属于高压线路故障，当然还有其他故障，这里就不一一列举了。

3.1.2 点火系故障诊断

(1)人工经验诊断法

汽油发动机点火系故障的主要表现是发动机不能发动,这一故障现象的诊断区段可分为低压电路、高压电路、高低压电路综合故障3类。在进行诊断时,首先要找出故障发生在点火系的哪个区段,然后再一步一步找出故障的具体位置。

对于低压电路故障的确定可以这样进行:接通点火开关,用手摇柄摇转曲轴。如果点火系电流表指针停于“0”位或3~5安培不动或出现10安培以上大电流放电,说明电流表动态反常,低压电路存在故障。

高压电路故障的确定:同样接通点火开关,用手摇柄摇转曲轴,如果电流表指针间歇摆动于0~3安培或0~5安培之间,电流表动态正常。但高压分火线(火花塞端)没有火花或火强,且在发动期间发动机有发动征兆(比如回火、放炮、曲轴反转),这时就可能是高压电路故障。

高低压电路综合故障的确定:如果电流表动态正常,高压分火线火花很弱,在这种情况下可拔出分电器中央高压线,用启动电机带动曲轴转动试火。这时如果火强表明故障在高压电路,火弱表明故障在低压电路,据此可诊断高低压电路综合故障。

此外,利用电流表动态,可进一步确定低压电路故障的具体区段。接通点火开关,摇转曲轴,观察电流表指针动态情况。如果电流表指针指在“0”位不动,则表明启动电机开关接线柱至分电器触点之间某处断路;如果电流表指针稳定地指在3~5安培不动,用启动电机带转曲轴,电流表指针仍指在3~5安培不动,则表明点火线圈至分电器活动触点臂之间有搭铁故障;如果电流表指针指在5安培不动,接通启动开关,指针指示大电流放电,则表明点火线圈开关接线柱至附加电阻短路开关之间某处搭铁;若电流表指针指示10安培以上大电流放电(这时应立即关闭点火开关,以防止电路烧坏),表明电流表经点火开关至点火线圈之间有搭铁或点火开关至仪表板导线搭铁;若电流表指针指示放电3~5安培,并间歇摆回到“0”位,表明低压电路工作正常。

下面具体介绍点火系主要故障的人工诊断法。

1)低压线路断路

①现象:打开点火开关,用手摇把摇转曲轴,查看原车电流表指针,指针指在0处;

②原因:低压线路断路;

③诊断方法:如图3.1所示。

2)低压线路短路

①现象:打开点火开关,用手摇把摇转曲轴,查看原车电流表指针,电流表指针指示放电,且保持在某一位置不动;

②原因:低压线路短路;

③诊断方法:如图 3.2 所示。

3)高压线路故障

①现象:在油路正常的情况下,当打开点火开关启动发动机时,电流表指针指示放电电流为 3~5 安培,且指针间歇摆动,但发动机不能启动;

②原因:高压线路有故障;

③诊断方法。

第 1 步:拔出分电器中央高压线,使其端头与发动机机体间的距离为 6~8mm,然后打开点火开关,用螺丝刀拨动处于闭合状态的断电器触点或摇转曲轴进行试火。

第 2 步:如果试火时没有火花,说明电容器、点火线圈的次级线圈或中央高压线有故障,或点火线圈高压线插孔漏电,然后对每一具体部位做仔细检查。

第 3 步:如果试火时出现火弱,故障出在点火线圈高压线插孔或电容器和次级线圈等几个部位。可先对高压线插孔进行检查清理,若故障还存在,再拆下电容器导线继续高压试火,如高压火花仍弱(无变化)说明电容器有故障;如高压火花更弱,则故障出在次级线圈。

第 4 步:如在第 1 步试火中出现火强,但发动机不能启动,则原因可能出在分火头、各缸高压分线、分电器盖、火花塞或点火正时等几方面。插上分电器中央高压线,依次拆下火花塞上各缸高压分压线进行试火。如无火,应检查分火头、分电器盖和各高压分线是否有漏电情况;如火花强,应检查各缸火花塞是否漏电或有油污,检查点火正时是否正确或高压分线是否插错。

4)个别缸不工作

①现象:发动机运转时有抖动现象,并且排气管冒黑烟,并伴随有“突、突”声或放炮声;

②原因:

a. 某一高压分线在分电器盖上未插到底或高压分线受潮漏电;

b. 分电器盖某一高压分线插孔漏电、窜电或锈污严重;

c. 火花塞电极间间隙过小或过大;

d. 火花塞绝缘体破裂漏电,电极浴油严重或积炭过多;

e. 分电器凸轮加工不准、磨损不均、分电器轴弯曲或磨损松旷。

③诊断方法:

第 1 步:检查高压分线是否有脱落或受潮的情况;

第 2 步:在高压分线完好的情况下,让发动机怠速或低速运转,用螺丝刀依次使各缸火花塞极柱搭铁,做单缸断火试验。如果某缸断火后,发动机运转更不平稳,振动更大,排气管冒黑烟,且能听到“突、突”声,说明此缸工作良好;反之,如发动机转速变化很小或无变化,则说明此缸不工作。

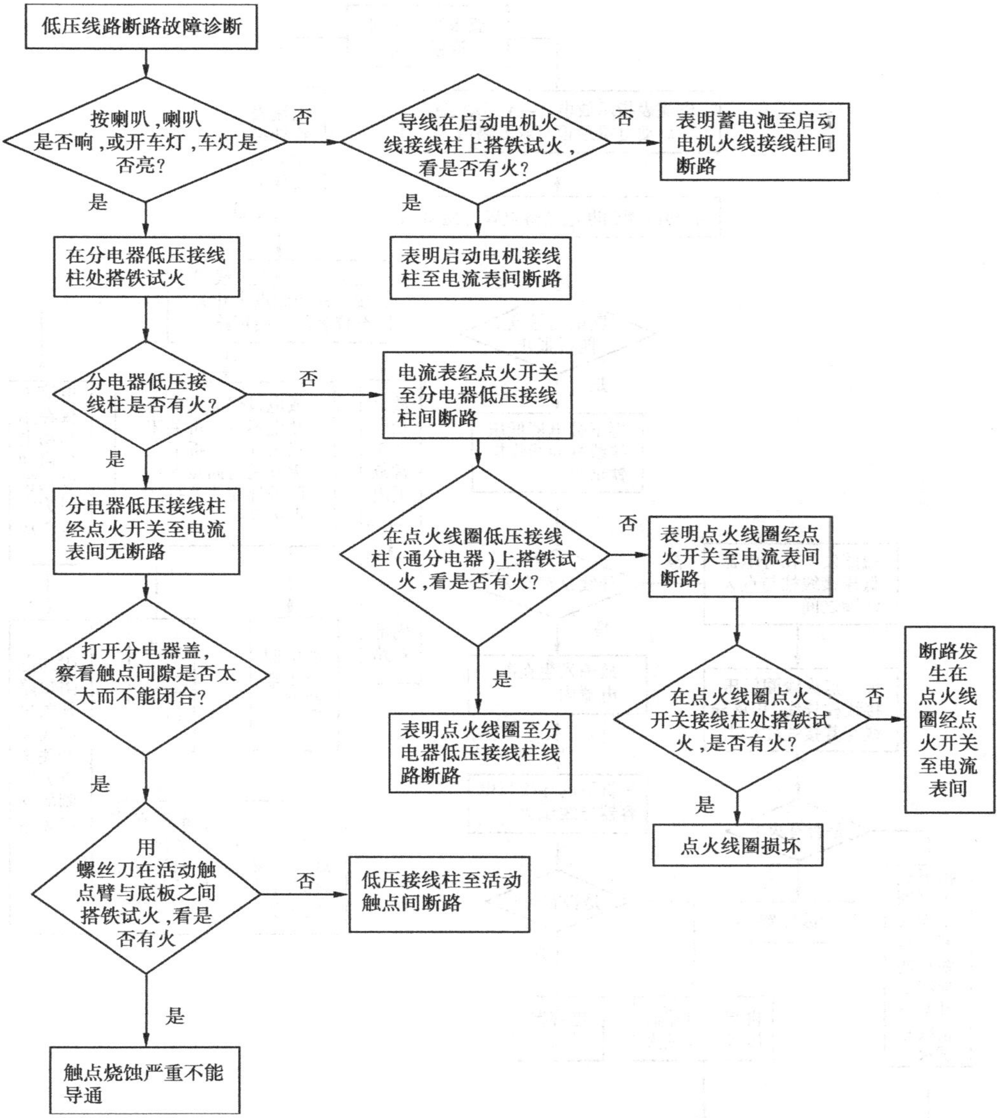

图3.1 点火系低压线路断路故障诊断流程图

第3步:当找出某一缸不工作后,可按下面方法诊断故障的具体部位。

先将高压分线从不工作缸的火花塞上拆下使其端头与火花塞极柱之间的距离为3~4mm,在发动机运转的情况下,进行“吊火”试验,查查火花情况。进行“吊火”试验时,如果本来不工作的缸恢复正常或变得好转,说明火花塞积炭或有轻微的油污。如无火花,说明故障在分电器或高压分线上。将发动机熄火,打开分电器盖,检查断电器触点在该缸位置是否能打开。如能打开,则将高压分线一端装在火花塞极柱上,

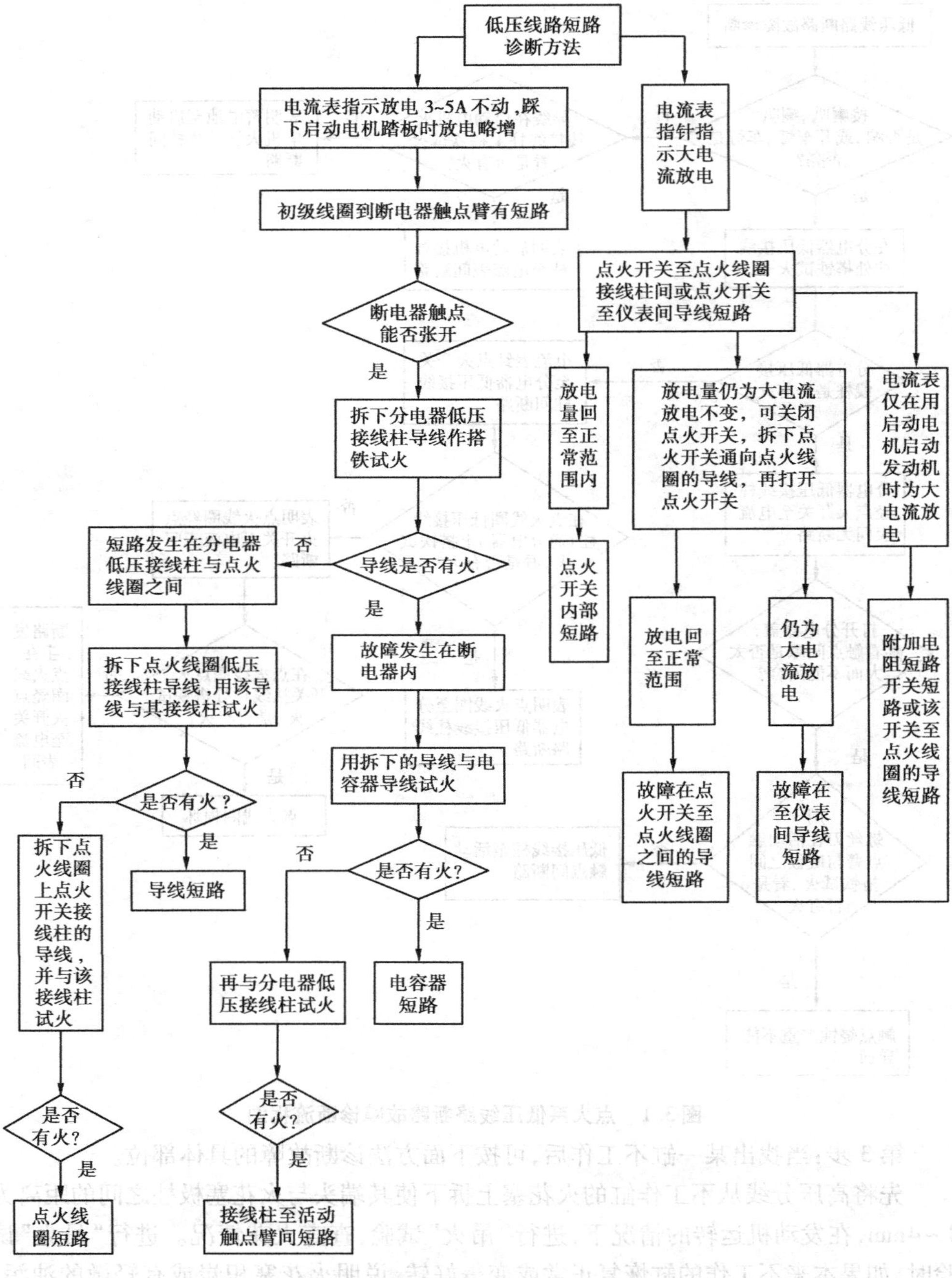

图 3.2　点火系低压线路短路故障诊断流程图

而将另一端从分电器盖插孔中拔出，使其端头置于插孔上方 2 ~ 3mm 处。启动发动机，在发动机运转情况下，如插孔与高压分线间无火花跳出，说明该插孔漏电，故障在此；如有火花跳出，说明高压分线绝缘损坏。

如有火花，说明故障在火花塞上。拆下火花塞，如其绝缘体破裂漏电，电极油污严重，电极间隙过大或过小，则故障在此。

在进行发动机单缸不工作故障诊断和排除时，应注意以下几种情况。

a. 多缸发动机如有几个缸不工作或工作不佳，可从分电器盖上拔下中央高压线，并使其端头置于插孔上方2～3mm处，在发动机运转的情况下进行跳火试验。如跳火有断续现象，说明断电器触点开口不一或电容器、点火线圈有故障；如跳火连续，说明分电器盖、高压分线绝缘不良，或火花塞有故障。

b. 有时发动机个别缸在汽车行驶中不工作或工作不佳，而在空转时正常，采用单缸断火的方法往往检查不出究竟是哪个缸不工作，此时，只能依次换上良好的火花塞作对比试验。也可拆下火花塞，用火花塞试验仪检验出技术状况欠佳的火花塞。

c. 有时发动机怠速运转正常，但在高速运转时出现个别缸不工作现象。此种情况往往是火花塞电极间隙过大，断电器触点间隙太大，触点臂弹簧过软或点火线圈、电容器不良造成。诊断时可先拆下火花塞，检查电极间隙。如电极间隙正常，再打开分电器，检查断电器触点间隙是否在0.35～0.45mm内。如触点间隙也正常，可将闭点闭合，用螺丝刀拨动触点进行高压试火。若火花强烈，说明触点臂弹簧过软，造成高速时触点闭合不良。

5）点火时间过迟

①现象：发动机不易启动，启动后运转无力，加速性能差；发动机出现过热，伴随有排气管放炮或化油器回火等现象，严重时排气管烧红。

②原因：断电器触点间隙太小或点火过晚。

③诊断方法：

第1步：打开分电器盖，用手摇柄摇转曲轴使分电器凸轮将断电器触点完全打开，检查其间隙是否过小。

第2步：如果触点间隙不小，接着检查点火正时是否正确。具体方法是用手摇柄摇转曲轴使1缸活塞处于压缩终了上止点位置，查看断电器触点张开情况，如果触点未被打开或打开太小，则说明故障在此。

6）点火时间过早

①现象：用手摇柄启动发动机时，有反转打手现象；用启动机启动发电机时，启动阻力大，启动困难；发动机怠速运转不稳或熄火；当突然开大节气门时，发动机发出“嘎、嘎”的类似金属敲击的点火敲击声。

②原因：断电器触点间隙太大或点火过早。

③诊断方法：

点火时间过早的诊断方法或步骤与点火时间过迟相同，只是在第1步检查触点间隙是否过大。

(2)用点火示波器进行诊断

1)发动机点火示波器的测量原理

发动机点火示波器是一种用来检测、诊断点火系技术状况的仪器之一。其最大的优点是操作简单,测试迅速,并能描绘点火的全过程,因此在点火系故障诊断中起着重要的作用。

点火示波器一般由示波管、传感器和电子电路三大部分组成。点火示波器的示波管为阴极射线管,由电子枪、偏转板和荧光屏组成,如图3.3所示。在管内的电子枪1将电子束发射到管前的荧光屏3上,产生一个光亮点。在管子的里面有两组金属板,水平的两块5称为垂直偏转板,垂直的两块6称为水平偏转板。当从示波电路中获得适当电荷时,水平偏转板会使电子束在管内的水平方向产生偏转,从而使在荧光屏上显示光点的电子束从左至右横掠屏幕扫过一条光亮的线条,然后再从右至左变暗回扫。由于光的运动非常快,以至光点出现在观察者面前的是一条实线。

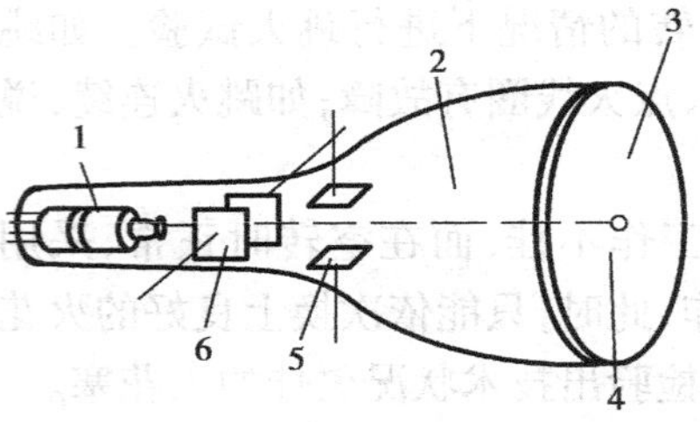

1—电子枪　2—电子束　3—荧光屏
4—光亮点　5—垂直偏转板
6—水平偏转板

图3.3　示波器的阴极射线管

当示波器接上运转发动机的点火系时,垂直偏转板5可通过示波器电路获得电荷,且此电荷的大小与点火系电压的瞬时变化成比例,从而使电子束通过时发生垂直偏转,且偏转量大小与电荷的大小成比例。水平偏转板使电子束从左到右进行扫描,而垂直偏转板上变化着的电荷使电子束在垂直方向产生偏转,在二者的综合作用下,电子束光点在阴极射线管的屏幕上扫出一条曲线图形。该曲线图形与点火系电荷的大小相对应,并代表了点火系中电压随时间的变化,显示了断电器触点开闭时每一点火循环的瞬时变化情况。

示波屏幕上的曲线图形,其垂直方向表示电压,水平方向表示时间,走向从左至右,并且以基线为准,向上为正电压,向下为负电压。

发动机诊断用的示波器,既可以制成单一功能的专用示波器,如采集点火信号显示点火波形的发动机点火示波器,也可以制成带有多种传感器显示多种波形的多功能示波器,用以显示点火波形、柴油机高压油管压力波形、喷油器针阀升程波形、总成或零件的异响波形等。示波器还可以和其他仪表,如转速表、电压表、电流表、无负荷测功仪、点火提前角测试仪、供油提前角测试仪、汽缸压力测试仪等组合成多功能综合测试仪。单一功能点火示波器和多功能综合测试仪,不同厂家不同类型其操作可能不同,在使用时可根据说明书一步一步进行操作,从而得到发动机的相应波形。

2)点火示波器波形

用点火示波器进行诊断时，先得到的是相应的波形，然后对波形进行分析，以判断故障。因此首先必须熟悉点火示波器所显示的波形。

①波形类别

示波器可显示发动机点火过程的如下波形。

多缸平列波。即在屏幕上从左至右按点火顺序将所有各缸点火波形首尾相连的一种排列方式。

多缸并列波。即在屏幕上从下到上按点火顺序将所有各缸点火波形之首对齐并分别放置的一种排列方式。

多缸重叠波。即在屏幕上将所有各缸点火波形之首对齐并重叠成近似一个点火波形放置的排列方式。

单缸选缸波形。即根据需要选出的任何一缸的单缸点火波形。

由于点火波形又有初级波形（也称触点波形）和次级波形（也称高压波形）之分，因此上述波形中又可分出初级平列波形和次级平列波形、初级并列波形和次级并列波形以及初级选缸波形和次级选缸波形等多种。

②单缸标准波形

点火示波器显示的单缸初、次级电压标准波形如图3.4所示。它描绘了从断电器触点打开开始，经过闭合至再次打开为止（一个完整的点火循环）的电压 u 随时间 t 的变化过程。

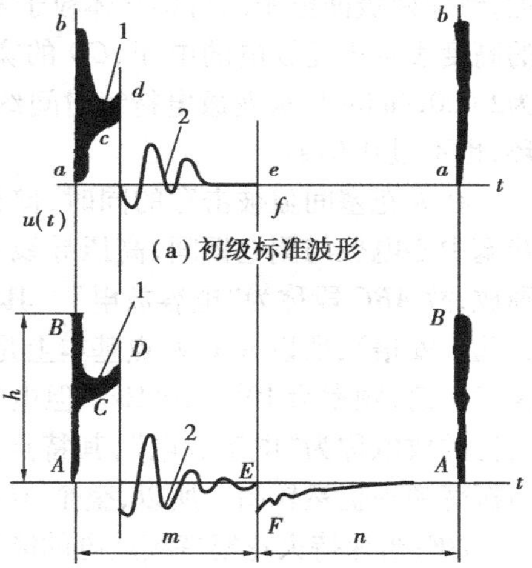

(a) 初级标准波形

(b) 次级标准波形

1—高频振荡 2—低频振荡 m—触点张开时间 n—触点闭合时间 h—击穿电压

图3.4 单缸标准波形

Ⅰ.初级标准波形。初级标准波形如图3.4(a)所示。它是从跨接在断电器触点（俗称白金）上得到的，又称为触点波形。当触点打开时，初级电压迅速增长，次级电压也迅速增长，两电压之和击穿火花塞间隙，如 ab 线所示。当火花塞两电极间出现火花放电后，随之出现高频振荡，由于点火线圈初、次级间的变压器效应，也出现在初级波形中，因此图3.4(a)中 abc 段为高频振荡波形。当次级火花放电完了时，点火线圈和电容器中的残余能量要继续释放，初级电路中出现低频振荡波形，如 de 段所示。同样，由于点火线圈初、次级间的变压器效应，低频振荡波形也出现在次级波形上，这就是图3.4(b)次级标准波形中的 DE 段波形。

de 段振荡终了时为一段直线，高于基线的距离表示施加于初级电路上触点两端的电压。触点在 e 点闭合，闭合后的初级电压几乎降为零，显示为一条直线，一直延续到触点下一次打开，如 *fa* 段所示。当发生下一次点火时，点火循环将在下一个汽缸重复开始。

Ⅱ.次级标准波形。次级标准波形如图3.4(b)所示。图 3.4(b)中各段表示的意义分别如下：

AB：在断电器触点打开的瞬间，由于初级电流下降至零，磁通也迅速减小，于是次级线圈产生的高压急剧上升，当次级电压还没达到最大值时，就将火花塞间隙击穿。击穿火花塞间隙的电压称为击穿电压(点火电压)，如图 3.4(b)中的 *AB* 线。*AB* 线也称为点火线。

BC：在火花塞间隙被击穿时，两电极之间要出现火花放电，同时次级电压骤然下降，*BC* 为此时的放电电压。

CD：*CD* 线称为火花线。火花塞电极间隙被击穿后，通过电极间隙的电流迅速增加，致使两极间隙中的可燃气体粒子发生电离，引起火花放电。在示波器屏幕上，*CD* 的高度表示火花放电的电压、*CD* 的宽度表示火花放电的持续时间。当发动机转速为2 000r/min时，火花放电持续时间约为 0.01s，即使六缸发动机的一个完整点火循环，也不过 0.01s。

在火花塞间隙被击穿的同时，储存在电容(系指分布电容，即点火线圈匝间、火花塞中心电极与侧电极间、高压导线与机体间所具有电容量的总和)中的能量迅速释放，故 *ABC* 段称为"电容放电"。其特点是放电时间极短(1μs)，放电电流很大(可达几十安培)，所以 *A*、*C* 两点基本上是在同一垂线上。电容放电时，伴有迅速消失的高频振荡，频率为 $10^6 \sim 10^7$ Hz。但电容放电只消耗磁场能的一部分，剩余磁场能所维持的放电称为"电感放电"，其特点是放电电压低，放电电流较小，持续时间较长，但振荡频率仍然较高。所以，整个 *ABCD* 段波形为高频振荡。

DE：当保持火花塞持续放电的能量消耗完毕后，电火花消失，点火线圈和电容器中的残余能量以低频振荡形式耗完。

EF：断电器触点闭合，点火线圈初级电路又有电流通过，导致次级电路产生一个负电压。

FA：触点闭合后，先是产生次级闭合振荡，随后次级电压由一定的负值逐渐变化到零。当至 *A* 点时，触点又打开，次级电路又产生点火电压。

从图 3.5 中可以看出，由左至右，从 *A* 点至 *E* 点为断电器触点张开时间，从 *E* 点至 *A* 点为触点闭合时间。张开时间加闭合时间应等于一个完整的点火循环，亦即等于一个完整的多缸发动机各缸间的点火间隔。断电器触点的张开时间、闭合时间和各缸点火间隔，一般用分电器凸轮轴转角表示。多缸发动机点火间隔随缸数增加而缩短：4 缸发动机为 90°凸轮轴转角，6 缸发动机为 60°凸轮轴转角，8 缸发动机为 45°凸轮轴转角。所以，触点的张开时间和闭合时间又可分别称为触点张开角和触点闭合角。

3)故障诊断方法

点火示波器与发动机联机后进行检测,如果实测波形与标准波形相比有差异,则说明点火系有故障,通过波形有差异的地方,可以进行故障判断和排除。点火系的故障在波形上有 4 个主要反映区,次级波形故障反映区如图 3.5 所示。

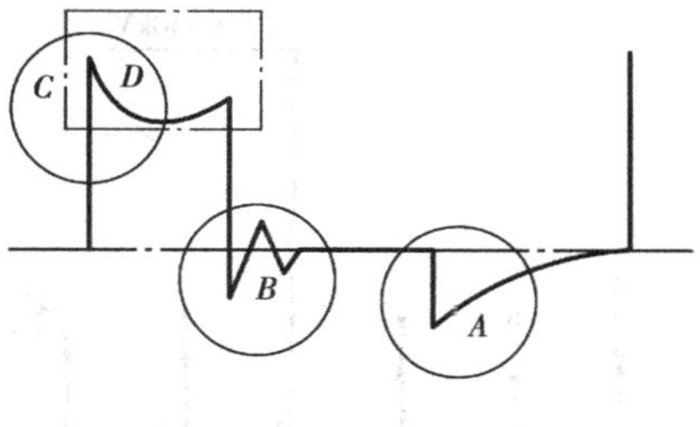

A 区—断电器触点故障反映区

B 区—电容器、点火线圈故障反映区

C 区—电容器、断电器触点故障反映区

D 区—配电器、火花塞故障反映区

图 3.5　次级波形故障反映区示意图

下面介绍几种常用故障波形的诊断。

①点火高压并列波(次级并列波)。

6 缸发动机标准的点火高压并列波如图 3.6 所示,左端 4、2、6、3、5、1 表示缸号。将发动机稳定在怠速,若某一缸高压很高或轻抖一下加速踏板,高压峰值上升很高,则说明火花塞加速性能不好,应更换。此种波形所反映的故障及测量的项目,与相应的初级波形一致,因此无特殊需要可不予检测。

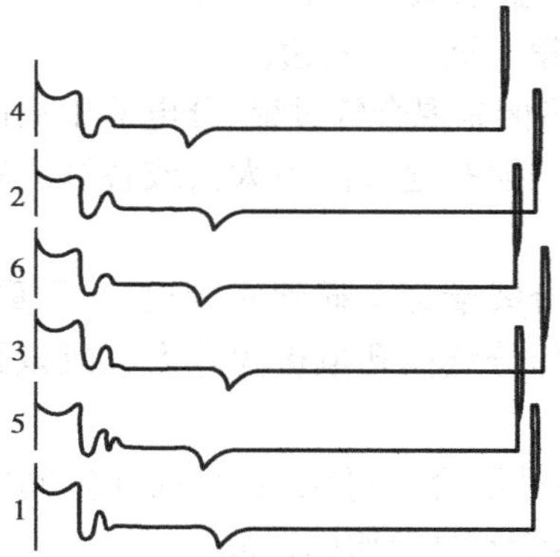

图 3.6　标准点火高压并列波

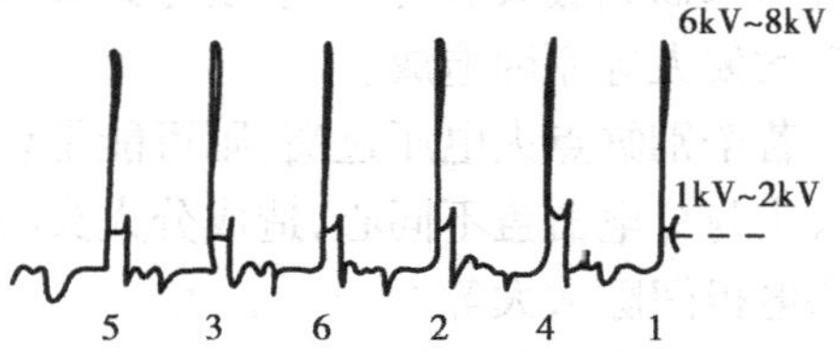

图 3.7　标准点火高压平列波

点火高压平列波,其标准波形如图 3.7 所示,利用次级平列波可完成如下参数测量和故障判断。

单缸开路高压值测量。将某缸高压线从火花塞上取下而不短路,该缸高压值应达到 20 ~ 30kV。否则,说明高压线、分电器盖绝缘不良或点火线圈、电容器的性能不佳,如图 3.8 所示。如果要测量 1 缸开路高压值,必须将 1 缸火花塞上的高压传感器移到别的缸上。

单缸短路高压值测量。将某缸火花塞对缸盖短路,该缸跳火电压应小于 5kV,否则,说明分火头与分电器盖插孔电极间隙过大或高压分线与分电器盖插孔接触不良。其 2 缸火花塞高压短路的次级平列波形如图 3.9 所示。

各缸点火高压值的测量。点火高压值可通过仪器打印出来,也可通过点火高压

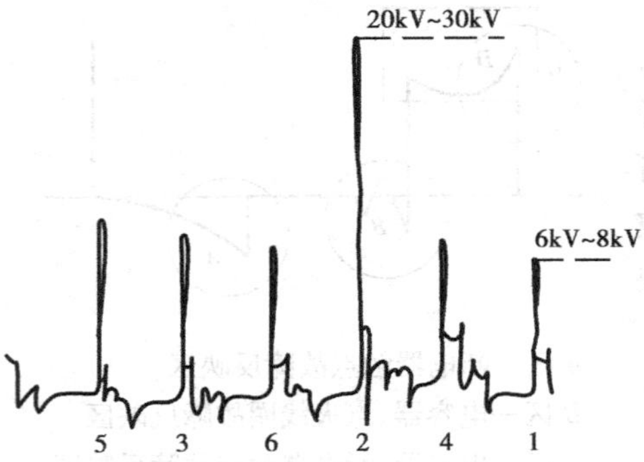

图 3.8　2 缸火花塞高压线取下的次级平列波形

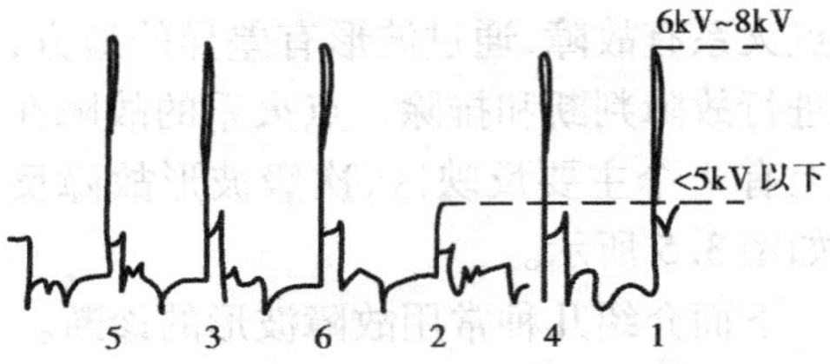

图 3.9　2 缸火花塞高压短路的次级平列波形

平列波直接观察点火高压值是否过高或过低。各缸点火高压值之差应小于或等于 2kV,各缸波形位置按点火顺序从左至右排列,但第 1 缸在最右边。

如果各缸的点火高压过高,均大于 10kV,则可能是混合气过稀、分电器中央高压线端部未插到底或脏污严重,或分火头与分电器盖插孔电极间隙太大或各缸火花塞间隙均偏大等原因造成。

若个别缸点火电压过高,则可能是该缸高压分线端部未插到底,或脏污严重,或分火头与分电器盖不同心,造成分火头与该缸高压分线插孔电极间隙太大或该缸火花塞电极间隙太大等。

若各缸点火电压均过低(小于 6kV),则可能是混合气过浓、各缸火花塞间隙过小、火花塞电极脏污,蓄电池电压不足或电容器容量不足等原因造成。

若个别缸点火电压过低,则可能是该缸火花塞间隙太小、电极脏污或其绝缘性能差等原因造成。

火花塞加速电压特性测量:调整化油器节气门调整螺钉,使发动机转速稳定在 800 r/min左右,突然开大节气门使发动机加速运转。此时各缸点火电压相应增大,但增大部分不应超过 3kV,否则应换火花塞。

加速时的最高电压数值一定要在加速瞬间读出,当转速稳定下来后点火峰值仍会回到原状态。此试验主要是检查火花塞在加速工况中的工作性能,当火花塞电极间隙偏大或其电极烧蚀时,点火电压增量就会超过 3kV。

②初级并列波。6 缸发动机标准初级并列波如图 3.10 所示。利用初级并列波可进行如下参数测量和故障诊断。

在图 3.10 中,可从波形上观察各缸触点闭合角情况,同时注意参考仪器所显示出的 6 个缸的闭合角数值。多缸发动机触点闭合角(分电器凸轮轴转角)的标准值如下:

4 缸发动机:40°~45°

6 缸发动机:38°~42°

8 缸发动机:29°~32°

若测出的闭合角太小,说明触点间隙太大,这不仅有可能使点火提前,而且会造成高速时点火高压不足;若测出的闭合角太大,则说明触点间隙太小,这不仅有可能使点火推迟,而且会造成某些缸由于触点张不开而缺火。因此,应调整触点间隙使闭合角符合标准,但调整触点间隙后,点火提前角也会随之改变,因而还应校正点火正时以保证发动机的动力性和经济性。

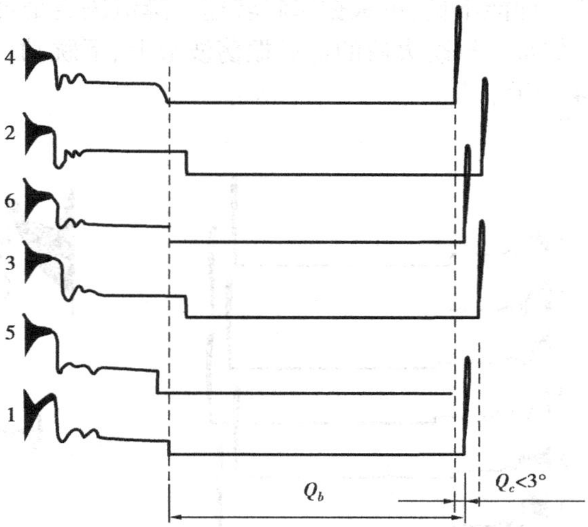

Q_b—闭合角　Q_c—重叠角

图 3.10　标准初级并列波

由图 3.10 可以看出,根据初级并列波波形也能很容易测出各缸间的重叠角。

如果并列波的每一缸触点闭合点或张开点有杂波,如图 3.11 所示,则说明触点烧蚀。

若某些缸触点闭合点附近或触点闭合段内有杂波,则可能是触点弹簧弹力不足,使触点接触不良造成的,如图 3.12 所示。

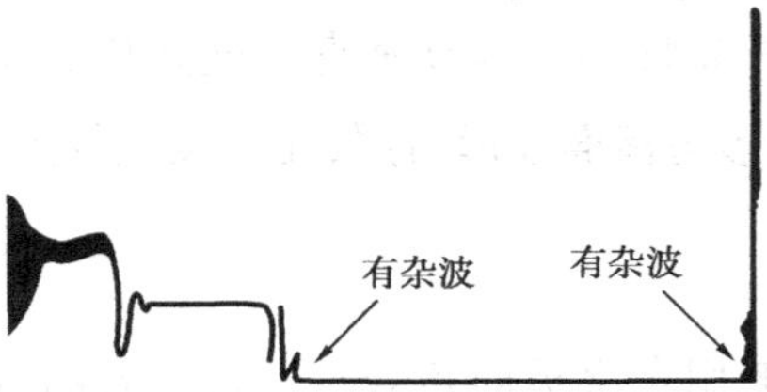

图 3.11　触点烧蚀的故障波形

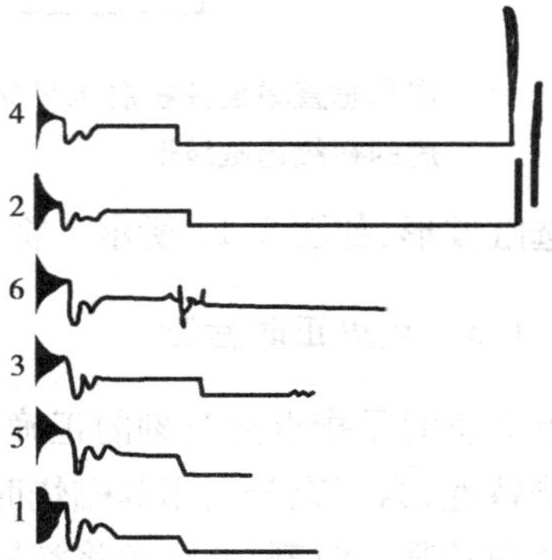

图 3.12　触点弹簧弹力不足的故障波形

某缸火花塞跳火波形振荡波减少、振幅减小、波形变宽、波形平直且不上下跳动,则说明该缸火花塞“淹死”(即所谓浴油),如图 3.13 所示。如波形时好时坏,说明该火花塞性能不良,可根据选缸转速下降值决定是否更换。

如每一缸跳火后的低频振荡波形上、下跳动,说明点火线圈次级可能断路,如图3.14所示。

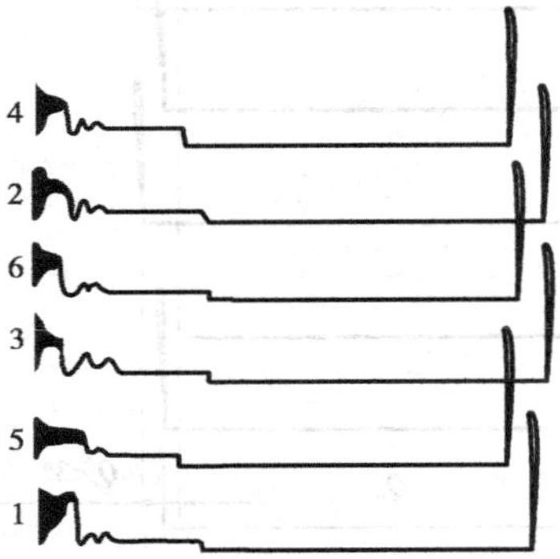

图3.13　5缸火花塞"淹死"的故障波形

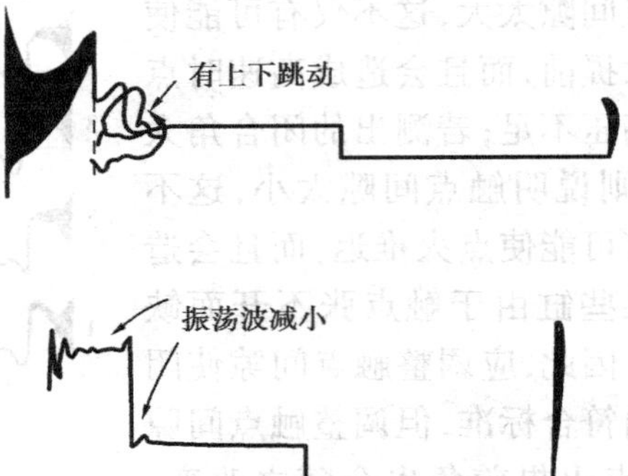

图3.14　电容器性能不良的故障波形

如某一缸触点张开波形时有时无,说明触点在该缸有时张不开,这是触点间隙调得太小,加上凸轮制造不准、磨损不均、凸轮轴磨损松旷、弯曲变形等原因造成的。

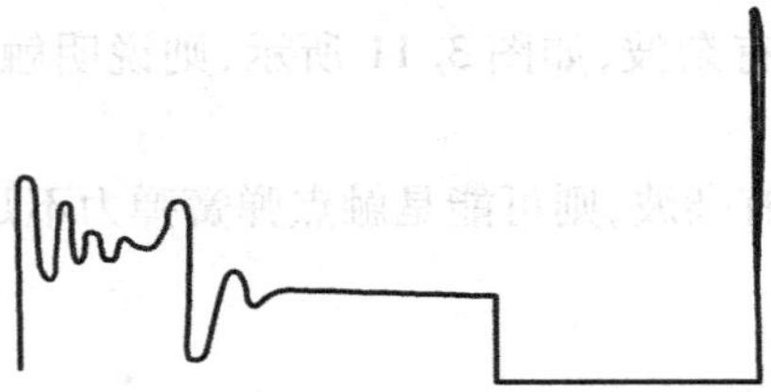

图3.15　提高垂直幅度并扩展水平幅度的初级选缸波形

如果各缸波形的振荡波减少,振幅降低,则可能是电容器损坏造成,如图3.14所示。

③初级选缸波形。在故障判断过程中,有时为了仔细观察某一缸的故障波形,可将其单独选出观测。选缸波形往往在初级并列波上进行,屏幕上显示出被选的单缸波形。

标准的初级选缸波形与单缸标准波形相同,见图3.4(a)。提高垂直幅度并扩展水平幅度的选缸波形,如图3.15所示。将选出的波形与标准波形对照,便可发现故障。

3.1.3　点火正时检测

点火正时是指点火时刻的正确设定,一般用点火提前角表示。根据燃料混合气的燃烧特性,为了充分利用其燃烧时产生的能量,在发动机的压缩行程还没有到达上止点之前的某一时刻,便开始将汽缸内的混合气点燃,这一点火提前量所对应的曲轴转角就是点火提前角。根据试验得知,在发动机开始点火工作时,从火花塞开始跳火到可燃混合气充分燃烧是需要一定时间的。例如,对于汽缸直径为76.2mm、压缩比为8∶1的发动机,这一时间大约为0.003s。同样从火花塞开始跳火到汽缸内达到最高压力也需要一定的时间,并且这一时间会更短。因此如果在气体压缩到上止点时才开始点火，在汽缸内压力增高的同时活塞在下行，从而降低了最高压力和发动机的有效功率。为了让活塞到达上止点时汽缸内压力达到最大，火花塞开始跳火的时刻不应该在上止点，而应该适当提前些，并且应有一个最佳的角度。最佳点火提前角不是固定不变的，它随发动机转速、负荷和汽油辛烷值等多种因素的变化而变化。汽车运行时，转速和负荷往往是随时在变化的，其点火提前角的改变由分电器上离心式调节器和真空式调节器自动调节完成。而为了适应不同的汽油辛烷值，则是在静态情况下通过人工设定最佳初始点火提前角，亦即获得最佳分电器壳固定位置得到的。当使用的汽油辛烷值改变时，发动机的初始点火提前角亦即分电器壳的固定位置也要随之改变。一般来说，辛烷值较高的汽油，其抗爆性好，因此点火提前角应调大一些（将分电器壳沿分电器轴旋转之反方向转动一定角度并锁紧），而对辛烷值较低的汽油，则应将点火提前角略为调小一些（点火推迟）。

发动机的点火提前角（点火正时）对发动机的动力性、燃油经济性和排放品质都有很大的影响。在汽车运行过程中，当分电器上离心式调节器与真空式调节器的某些零部件发生故障或损坏时，点火提前角不能适应发动机工况的变化，汽车性能便会大大下降。因此对点火正时进行检测和调整就显得非常有必要。

（1）影响点火正时的因素

前面已提到，发动机的点火正时并不是固定不变的，它会随着汽车的技术状况、燃料和运行条件的变化而变化，除了转速、负荷以及汽油辛烷值以外，还有以下一些影响因素。

①混合气浓度。由于混合气浓度不同，混合气的燃烧速度也不同。实验证明，当过量空气系数 $\alpha = 0.8 \sim 0.9$ 时，混合气燃烧速度最快，此时点火提前角应小些；当 α 大于或小于这一范围时，也就是当混合气较稀或较浓时，其燃烧速度都会变慢，此时点火提前角应相应增大。

②发动机结构，主要是燃烧室结构形状和冷却条件。容易产生突爆的发动机，点火提前角应小些。

③海拔高度。高原地区的大气压力低，因而发动机的进气压力和压缩终了的压力均较低，影响汽油的雾化和混合气的涡流运动，使其燃烧速度变慢，因而点火提前角应适当加大。

④环境温度。环境温度的变化对汽油的雾化质量有一定影响，因此，气温低时，点火时间应略为提前；气温高时，点火时间应略为推迟。

⑤发动机的使用时间。当发动机接近大修时，其汽缸压缩压力有所下降，点火时间应略为提前。

发动机点火时间的正确设定，应根据以上各影响因素进行具体分析，然后再进行适当的调整。

(2)用经验法检查并校正点火正时

1)检查及校正的方法:首先检查点火时间是否准确,也就是检查点火提前角是否符合相应发动机的规定值。如果不符合,就调整分电器壳固定位置,以获得最佳点火提前角。检查和调整的具体方法如下。

①采用手动摇柄摇转曲轴,使分电器凸轮将断电器触点完全打开,用塞规检查并调整触点间隙,使其保持在0.35~0.45mm之间。继续摇转曲轴,用相同的方法检查并调整其他各缸触点间隙,使其均在规定范围内。

②用手动摇柄将1缸活塞摇至压缩终了上止点位置。先拆下1缸火花塞,摇转曲轴,直到能听到从火花塞孔发出排气声,说明1缸已处于压缩行程。然后在继续摇转曲轴的同时,观察曲轴皮带盘上或飞轮上的上止点标记,当上止点标记与固定标记完全对正时,停止摇转并抽出手动摇柄。此时1缸活塞正好处于压缩终了上止点位置。

③松开分电器壳与缸体之间的定位螺钉,拆去分电器真空式调节器的接管,有辛烷值调节器的应将其调整在"0"的位置上。

④用手握住分电器壳体,把分电器壳体沿分火头(即分电器轴)转动方向转动一个相应的角度,使分电器触点闭合,然后再沿分火头转动反方向转过一个相应的角度,使触点完全打开或接近完全打开。如果发动机飞轮或曲轴皮带盘上打有点火正时标记,转动曲轴使点火正时标记对正。

⑤拧紧分电器壳与缸体之间的固定螺钉,并连接好真空式调节器的接管。

⑥插上分火头,盖上分电器盖,分火头指向的插孔就是1缸高压线插孔。把1缸高压线的一端插到插孔内,1缸高压线的另一端和1缸火花塞连接。然后,用相同的方法沿分火头转动方向按点火次序连接好其他各缸高压线。

⑦启动发动机并预热到相应温度,在发动机无负荷情况下,突然打开节气门,发动机应加速良好。如果加速不良,且伴随有突爆的声音,则可能发生了爆震燃烧,此为点火过早;如果加速不良,且发闷,甚至排气管有"突、突"声,则可能是点火过晚。

⑧进行道路试验。采用上述无负荷加速试验进行点火正时检查诊断,其诊断结果不是太准确,若要得到准确的诊断结果,须要进行道路试验。进行道路试验时,应选择平坦、坚硬的直线水泥路、沥青路或专用跑道。汽车暖车后,把变速器置于最高挡,以最低稳定车速行驶,再突然将加速踏板踩到底,使汽车处于急加速状态。这时,如果发动机有轻微的突爆声,而且随着车速的提高很快就消失,这种情况可判为点火正时正确;如果发动机发出的突爆声比较强烈,而且车速增高后突爆声长时间不消失,这种情况为点火时间过早;如果发动机没有突爆声,但加速困难,甚至排气管有"突、突"声,这种情况则为点火时间过迟。

在进行道路试验时,如果发现发动机点火正时不正确,可停车对点火提前角进行调整。如点火时间过早,也就是点火提前角太大,可把分电器壳沿分火头旋转方向转动少许;相反,如果点火时间过迟,则把分电器壳沿分火头旋转相反方向转动少许,然后再进行道路试验,直到点火正时正确为止。

在介绍经验法检查并校正点火正时,是以发动机的1缸为例进行检查和调整的,通常如果分电器凸轮的分度和形状比较正确,则可以认为其他各缸点火正时正确,否则应对点火间隔或其他各缸进行检查和调整。

(3)用点火正时仪检测点火正时

点火正时仪通常有根据闪光法制成的点火正时仪和用缸压法制成的点火正时仪,下面分别介绍两种正时仪的基本工作原理和测量方法。

1)闪光法点火正时仪

用闪光法制成的点火正时仪(计),一般由闪光灯或正时灯(氖气灯或氙气灯)、传感器、中间处理环节和指示装置等组成,它是利用闪光灯的闪光与发动机1缸点火同步的原理进行发动机点火提前角的测量。图3.16是其测试原理图。点火正时仪的应用较早,国外20世纪40年代就开始应用,国内20世纪70年代已有厂家生产,目前在汽车维修企业中得到了广泛的应用。

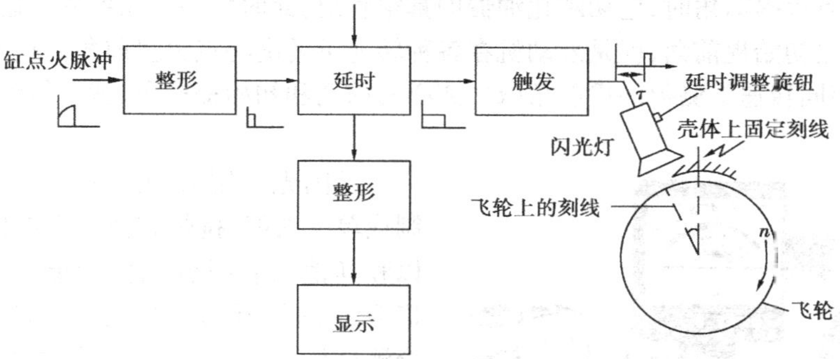

图3.16　点火提前角闪光法检测原理图

闪光灯根据一定的频率进行闪光。由于通常都是以1缸压缩上止点为测量基准,每当1缸的火花塞发火一次,闪光灯就闪光一次,也就是闪光灯闪光与1缸点火完全同步。当闪光灯对准发动机1缸压缩终了上止点标记,并按实际跳火时间进行闪光时,可以看到运转中的发动机在闪光的照耀下,其转动部分(飞轮或曲轴皮带盘)上的标记还未到达固定刻线,即1缸活塞还未到达压缩终了上止点,此闪光点与标记点之间的曲轴转角就是点火提前角。由于闪光点与标记点之间弧长不便于测量,因此通过调整延时调整旋钮,使闪光时间推迟至飞轮或曲轴皮带盘上的标记正好对准固定指针刻线,那么推迟闪光的时间就是点火提前的时间,把对应的调整量通过放大整形后驱动显示装置进行显示,便可直接读出要测的点火提前角。点火正时仪的指示装置既可以是表头式、数码管式,也可以是显示屏式,带有打印功能的还可以进行打印输出。指示装置还应有显示瞬时转速的功能,以便在规定转速下测得点火提前角。

用点火正时仪进行测量时，先接上正时灯，再将传感器插接在1缸火花塞与高压线之间，并预先标明飞轮或曲轴皮带盘上1缸压缩终了上止点标记，最好用粉笔或油漆将标记标得较明显为好。让发动机在怠速工况下稳定运转，打开正时灯并对准飞轮壳或机体前端面上的固定刻线。调节正时灯电位器（延时调整旋钮），使飞轮或曲轴皮带盘上的标记渐渐与固定刻线对齐，此时表头的读数即为发动机怠速工况下的点火提前角（对于在固定刻线两边刻有一组正负转角刻线的发动机，此点火提前角可用正时灯的闪光直接读出）。用同样的方法可分别测出不同工况时的点火提前角。测出点火提前角后，与发动机生产厂家规定的点火提前角进行对照，若符合规定，说明初始点火提前角调整正确，同时说明离心式调节器和真空式调节器工作正常，否则应重新进行调整或检修。

发动机怠速运转时所测得的点火提前角实际上是初始点火提前角，因为发动机在怠速工况下运转时，离心式和真空式调节器都几乎处于极端状态。判断离心式和真空式调节器是否起作用，可分别对离心点火提前角和真空点火提前角进行测量。测量离心点火提前角时，应切断化油器的真空管道，此时发动机在各种转速下测得的提前角减去初始提前角，就是发动机在各种转速下的离心点火提前角。接着，接通真空管，在相同转速下测得的提前角减去离心提前角和初始提前角，就可得到真空点火提前角。

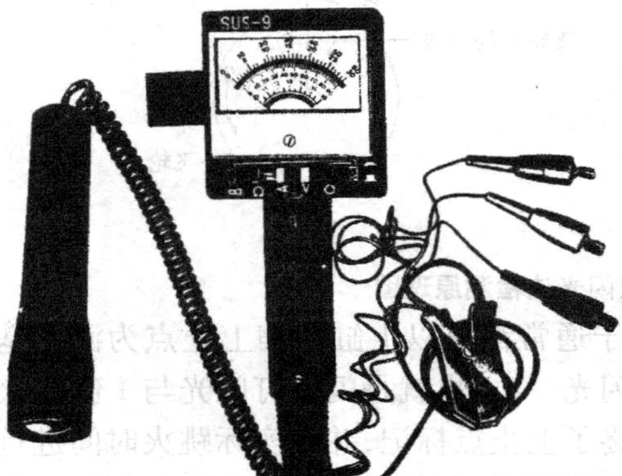

图3.17　带正时灯的发动机测试仪

用闪光法制成的点火正时仪，既可以制成单一功能，携带方便的简单仪器，又可以和其他仪表组合成多功能仪器。图3.17所示的仪器为一带正时灯的发动机综合测试仪，它不仅能用闪光法测出发动机的点火提前角，而且能测出发动机转速、触点闭合角以及电压、电阻等参数，目前得到了广泛的应用。

2）缸压法点火正时仪

缸压法点火正时仪通常由缸压传感器、点火传感器、中间处理环节和指示装置等组成。缸压传感器通常有应变片式和压电式，作用是把汽缸内压力的变化转换成电信号，得到汽缸压力波形，从而得到上止点位置。点火传感器主要对点火波形进行测量，从而得到点火时刻。中间处理环节主要是对缸压传感器和点火传感器的输出信号进行放大滤波等处理，然后驱动显示装置进行显示。测量时，采用缸压传感器找出某一缸压缩压力的最大点作为活塞上止点，同时用点火传感器找出同一缸的点火时刻，两者之间的凸轮轴转角就是点火提前角,如图 3.18 所示。

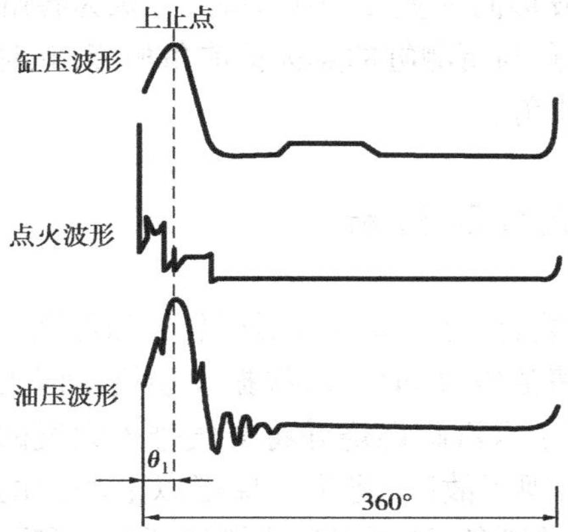

图 3.18 缸压法测提前角原理图

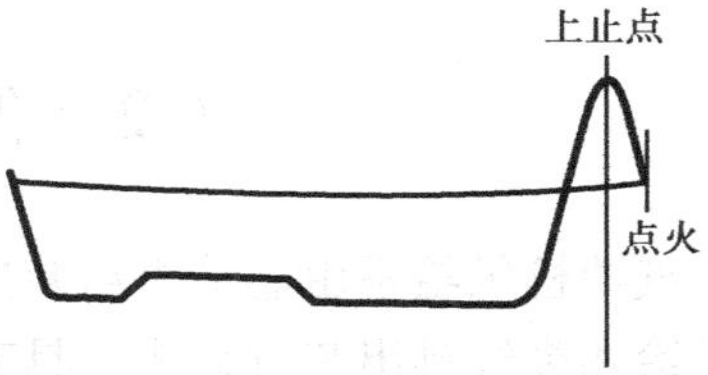

图 3.19 点火提前角为负值时的波形

用缸压法点火正时仪测量点火提前角时,应先让发动机预热,熄火后拆下任一汽缸的火花塞,把缸压传感器装到该汽缸火花塞孔内。在拆下的火花塞上插接点火传感器并接上原高压线,然后放置在发动机机体上,并进行良好搭铁。启动发动机运转,由于被测汽缸没有火花塞,因此不点火进行工作,汽缸内的气体处于纯压缩状态,缸压传感器采集的是汽缸压缩压力信号,因此压力最大点就是活塞压缩终了上止点。拆下的火花塞仍然在跳火,连接在火花塞上的点火传感器可采集到点火开始信号,上止点信号和点火开始信号之差就是点火提前时间,然后转化成点火提前角在指示装置上显示出来。当发动机在怠速工况、规定转速或任意转速下运行时,就可以测得相应工况的点火提前角。

在检测中,如果示波器屏幕显示的缸压波形最高峰值出现在后一个循环的后部(如图 3.19 所示),则表示提前角为负值,也就是发动机在上止点之后点火。另外,在检测中应注意安装缸压传感器时应进行很好的密封,且缸压传感器与汽缸盖内壁之间距离不得太大,否则容易引起通道效应,影响上止点测量精度。

缸压法点火正时仪和闪光法点火正时仪一样,可测得点火的初始提前角和不同工况下的总提前角、离心提前角及真空提前角。测得的点火提前角如不符合规定,应在正时仪监测情况下重新调整,直到符合要求为止。如果点火提前装置发生故障或损坏,应根据实际情况进行检修或更换。如果缸压法点火正时仪带有油压传感器,还可以检测柴油机供油提前角。缸压法点火正时仪也可以与其他仪器集成在一起,构成发动机综合测试分析仪,如国产 QFC-4 型和 WFJ-1 型等发动机综合测试仪,都带有缸压法检测点火正时的装置和功能。

用点火正时仪检测点火正时,一般只需测出 1 个缸(如第 1 缸或最后缸)的点火提前角就行了,其他缸的点火提前角可根据点火间隔得到。点火间隔可从点火示波器屏幕上显示的并列波上得到,然后根据被测缸的点火正时和各缸间的点火间隔,即可算出其他缸的点火提前角。当测得的各缸波形间的重叠角很小时,可认为各缸间的点火间隔是相等的,因而其他缸的点火提前角与所测缸的点火提前角相等,此时所测得的点火提前角就是整台发动机的点火提前角。

3.2 供给系常见故障诊断

汽油机供给系由燃油供给装置、空气供给装置、可燃混合气形成装置和可燃混合气供给和废气排出装置组成。具有连续输送清洁空气和燃油,根据发动机不同工况配制一定数量和适当浓度的可燃混合气,将其送入汽缸燃烧并将废气排入大气的功能。如果燃料供给系统技术状况不佳,或是出现了故障,将难以保证以上功能的实现。在检测燃油供给系的技术状况时,除故障诊断外,还可以检测燃油消耗量和可燃混合气的配制质量。汽油机供给系的故障,主要表现在漏油、堵塞和机件损坏三个方面,其中漏油和堵塞为常见故障。在汽油机供给系中,汽油泵和化油器是两个最重要的部件,也是最易发生故障的部位。因此下面主要介绍汽油泵和化油器的故障诊断。

3.2.1 汽油泵故障诊断

在进行汽油泵故障诊断时,须先对汽油泵进行检测,然后根据参数进行判断。汽油泵检测主要是对汽油泵的泵油压力、密封性和泵油量进行检测。下面分别介绍机械式汽油泵和电动式汽油泵的检测原理和方法。

1)泵油压力和密封性的检测

在不拆卸情况下检测泵油压力和密封性时,应当在化油器进油针阀密封性良好的情况下进行。如图 3.20 所示,用三通接头和软管把微压表(0 ~ 50kPa 或 0 ~ 100kPa)安装在化油器与汽油泵之间的管道上,启动发动机并在不同工况下运转,就可以测得汽油泵在不同工况时的泵油压力。然后使发动机熄火,用手油泵进行泵油。当化油器浮子室进满油后,进油针阀关闭,因而这时测得的压力为汽油泵的出口压力。汽油泵的出口压力有一定的范围,比如国产汽油泵出口压力通常为 20 ~ 30.66kPa,个别型号汽油泵泵油压力范围比这稍高。汽油泵的泵油压力应与化油器浮子机构相匹配。泵油压力过高,会使浮子室的油平面高度变高,导致供油量增加;反之,浮子室的油平面高度变低,导致供油量减小,从而影响发动机的性能。

在测量汽油泵泵油压力和出口压力后,可继续检测密封性,方法如下:当通过手泵泵油获得的出口压力不再升高时,立即停止泵油,同时启动计时器进行记时。如果单阀汽油泵 1min 后压力下降不大于 2.66kPa 或双阀与大阀径汽油泵 1min 后压力下降不大于 5.33kPa,则该汽油泵符合密封性要求。对于密封性不符合要求的汽油泵,其泵油压力降低,泵油量下降,因此根据泵油压力也可以初步判断密封性的好坏。当

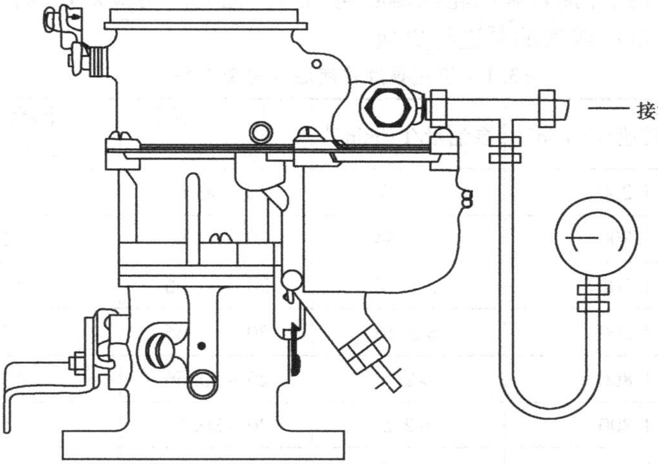

图3.20 不拆卸测汽油泵的泵油压力和密封性

采用三通的连接方法时,如果不能保证进油针阀是密封的,则所测得的出口压力和密封性有一定的误差,此时可采用二通的方法,把微压表直接连在汽油泵出油口管接头上,这样操纵手油泵测得的出口压力和密封性就不受化油器进油针阀的影响,但发动机在运转状态下的汽油泵出口压力就不能进行测量了。

2)泵油量的检测

泵油量的检测,就是在规定转速下检测汽油泵单位时间内的供油量。对泵油量的检测,通常有台架式和就车式。所谓台架式是把汽油泵从发动机上拆下,在专用试验台上按规定转速运转,测得每小时或每分钟的泵油量,这种方法测量精确度高,但是须要拆下汽油泵,比较麻烦,因此通常采用就车式检测。就车检测汽油泵的泵油量,需要专用的流量装置,如汽油泵试验计。汽油泵试验计既能检测泵油量,又能检测泵油压力和密封性。这种试验计也是通过三通接头安装在化油器与汽油泵之间的管道上,并附有微压表、量瓶和油路开关等。当检测完泵油压力和密封性后,调整发动机转速至测泵油量的转速,然后操纵油路开关,在切断对化油器供油的同时,打开通往量瓶的开关并启动计时器,使汽油泵输出的汽油通过软管全部流入附带的具有刻度的量瓶中,经过一定时间的运转,根据量瓶中的油量和运转时间可求出单位时间的泵油量(ml/s),并与规定值对照,看是否符合要求。在检测过程中,为保持发动机转速不变,应能够随时修正节气门开度,这样检测准确度可得到提高。

表3.1是国产机械膜片式汽油泵的主要参数。

在汽油泵上下壳体接合处密封性良好、上盖(或玻璃罩)与上壳体接合处密封性良好和膜片技术状况良好的情况下,如果泵油压力不符合要求,则应检查膜片弹簧的张力;如果密封性不符合要求,应检查进、出油阀片的磨损和清洁程度;如果泵油量不符合要求,应检查内、外摇臂和凸轮轴偏心轮的磨损程度。当检查和调整后如果还不正常时,应对有关机件或汽油泵进行更换。

表 3.1 机械膜片式汽油泵主要参数

型号	凸轮轴转速/r · min^{-1}	泵油量/l · min^{-1}	出油口关闭压力/kPa	停止泵油 1min 后压力下降/kPa
262	1 200	>1.5	20 ~ 30.66	<2.66
$262A_1$	1 800	>0.84	20 ~ 30.66	<2.66
266	1 200	>3.16	20 ~ 30.66	<5.33
266G	1 200	>3.16	20 ~ 30.66	<5.33
$266A_1$	1 800	>2.5	20 ~ 30.66	<5.33
$266A_{16}$	1 800	>2.5	20 ~ 30.66	<5.33
$265A_2$	2 200	>3.5	26.66 ~ 33.33	
268	1 200	>3.16	26.22 ~ 36.66	<2.66

3)电动晶体管式汽油泵的检查

电动晶体管式汽油泵的泵油压力、泵油量和密封性的检测与机械式汽油泵的检测基本相同,以下简单介绍电动晶体管式汽油泵故障诊断方法。良好的电动汽油泵在打开点火开关后,应能听到"嘣、嘣"声,用手抚摸其外壳也能感到有轻微的振动。否则,电动晶体管式汽油泵可能有故障。

电动晶体管式汽油泵的故障主要有机械部分故障和电路部分故障两大类,可采用下面方法进行诊断和排除。

第 1 步:将电动汽油泵火线拆下,并以该火线搭铁试火,如有火说明电源正常,否则进行下一步试验。

第 2 步:选取一只量程为 2A 的直流电流表,以电表的一端接火线,另一端接油泵接线架,接通后,如果电表指针无指示、指示超过 2A,或虽指示 1.2A 左右但无摆动,都说明电路部分有故障,可按第 3 步继续检查。如果电表指针指示 1.2A 左右,并有明显的来回摆动现象,说明电路部分完好,振荡正常,故障不在电路而在机械部分,可按第 4 步继续检查。

第 3 步:用万用表检查电路部分有无短路、断路或接触不良的地方,若有进行重新连接,保证整个电路正常。

第 4 步:检查机械部分有无磨损变形等,若有应进行检修或更换。

3.2.2 化油器故障诊断

化油器是传统发动机燃料供给系中最重要的装置,它能配置一定数量和适当浓度的可燃混合气，以满足发动机各种工况的需求。传统发动机可以根据化油器供油量和混合气质量来进行故障分析，因此对化油器供油量和混合气质量的检测显得非常重要。不过，随着电喷发动机的逐渐普及，化油器发动机将渐渐被淘汰，因此这里仅就化油器的一般检测做一简单介绍。

(1)供油量(燃油消耗量)的检测

供油量的检测请参见第 5 章燃油经济性检测有关内容。

(2)混合气质量的检测与调整

混合气质量的评价指标一般用空燃比或过量空气系数等表示，混合气质量的好坏直接影响混合气燃烧情况，因此对混合气质量进行检测和调整，不仅可以降低汽车尾气有害物的含量，而且还可以提高发动机动力性和燃油经济性。能配制高质量混合气的化油器不仅能够保证发动机的动力性和经济性，而且排气污染也能控制在规定范围内。混合气质量不同，则废气排放物成分尤其是废气中 CO、HC 和 NO_x 的含量便不同，根据这一原理，只要对废气进行分析，就可以大致知道发动机混合气质量的好坏。因此只要有 1 台废气分析仪和 1 只转速表，就可以在化油器调整前、调整中和调整后检测废气中的污染物，从而得到混合气质量的好坏，并通过调整可将废气污染物控制在规定范围内或将混合气质量调整到最佳。

用废气分析仪对化油器进行检测和调整的方法得到了广泛的应用。废气分析仪有许多种类，各种废气分析仪的原理和具体使用方法请参见第 4 章排放污染物检测部分，这里只介绍采用不分光红外线废气分析仪和转速表检测化油器并进行调整的步骤和方法。

第 1 步：预热发动机到正常工作温度。

第 2 步：预热红外线废气分析仪，一般要求预热 30min，然后对废气分析仪进行校准。

第 3 步：从化油器上拆下空气滤清器，把转速表连接到发动机上，把发动机调整到规定怠速转速。

第 4 步：把红外线废气分析仪的取样探头插入汽车排气管中，插入深度不小于 300mm。

第 5 步：使发动机在怠速下运转，直到红外线废气分析仪的指示表头指针稳定后，读取 CO 和 HC 值。

第 6 步：若废气中的 CO、HC 值超标，则应在仪器的监测下进行调整。此时可先将怠速混合气浓度调节螺钉拧入，如果原怠速混合气过浓的话，此时 CO 和 HC 值会降低(随怠速调整螺钉的拧入，CO 和 HC 值可能又会升高，这是因为混合气过稀引起缺火造成的，遇到这种情况应把怠速调整螺钉拧出，直到符合要求)，但发动机转速将会下降，此时应调整节气门开度限位螺钉使发动机怠速符合要求。观察此时的 CO 和 HC 值，如果不合要求再重复上述调整，直到 CO、HC 值和怠速转速都符合要求为止。

第 7 步:把发动机转速提高到中速稳定运转(对于轿车发动机此转速约为 2 500 ~3 000r/min),此时 CO 和 HC 的浓度应该减小。当红外线废气分析仪表头指针稳定时,读出 CO 和 HC 值,如不符合要求应检查主量孔及空气量孔通道。

第 8 步:在第 7 步转速下轻轻抖动节气门,CO 指示表头的指针如偏至浓度较大一侧,表明加速泵工作正常,否则为加速供油量不足,应检查加速泵。

第 9 步:装上空气滤清器,再次检测怠速和中速时的 CO 和 HC 值。此时 HC 指示值应不变,CO 的指示值应略为提高,但不得超过 1%,否则应拆检空气滤清器,清洗或更换滤芯。

用废气分析法评价混合气质量,除了涉及化油器的调整外,还与发动机温度、发动机转速、点火正时、点火系技术状况、配气正时、汽缸密封性和汽缸内涡流运动等有关,因而废气成分(排气污染物)是个重要的诊断参数。

3.3 润滑系故障的诊断与检测

发动机润滑系的技术状况,直接影响整机的工作性能和使用寿命。发动机运行过程中,所发生的机油压力的变化、机油品质的恶化以及机油消耗量的增加等现象,除了与润滑系本身有关外,还常常与曲柄连杆机构的技术状况有关。因此,检测机油压力、机油品质变化程度和机油消耗量,既能表征润滑系的技术状况,又可直接或间接反映曲柄连杆机构中有关配合副的技术状况。

3.3.1 机油消耗量的检测

在对车用发动机机油消耗量进行检测时,可按照一定的行驶里程定期进行。检测前,发动机应先进行预热(水温达 80℃以上),停止发动机运转 5min 后进行机油消耗量测量(每次测试时的条件均应该相同)。下面介绍质量测定法和油标尺测定法。

(1)质量测定法

首先预热发动机至一定温度,然后停止发动机运转并立即打开放油塞,放出机油池内的机油,当机油由液流变成滴流往下滴时,记下放油时间,拧上放油塞,再将已知质量的机油加入油底壳至规定的液面,使车辆进行实际运行。车辆运行若干里程后,若需要测试机油消耗量,只要按同样的测试条件和放油时间,放出油底壳内的在用机油,并称量出其质量就可以了,加入和放出的质量之差即为机油消耗量。这种方法费时费力,但测量精度较高。

(2)油标尺测定法

用油标尺进行测定前,将车辆置于水平硬地面上,预热后停止发动机运转,将机油加至油底壳规定的液面高度,然后在机油标尺上清楚地画上刻线,以记住这一液面位置。其后车辆投入实际运行,使机油消耗至油标尺下限或行驶一定里程时停止运行,仍置车辆于原地点,按原测试条件,向油底壳内加入已知量(质量或体积)的机油,使液面仍升至机油标尺上所划的刻线,所加油量即为机油消耗量。这种方法比较简单,但由于机油池内机油表面积太大,机油标尺上较小的高度误差,便会带来较大的机油量测量误差。

3.3.2 机油压力的检测与诊断

(1)机油压力的检测

机油压力的大小,是发动机润滑系技术状况好坏的重要指标,通常机油压力的大小,可直接通过汽车仪表板上的机油压力或油压信号指示灯显示而测得,这种方法所得到的压力值精度较差,但也能满足使用中的检测要求。常用的检测方法是,当打开点火开关时,机油压力表指针指示为"0",如装有油压信号指示灯则灯亮。发动机启动后,油压信号指示灯在数秒内熄灭,而机油压力表则指示某一较高的数值,并随发动机温度增加逐渐指示正常。一般汽油机机油压力应为0.18~0.392kPa,柴油机应为0.294~0.588kPa。当机油压力不符合要求时,可通过下述方法进行分析、诊断。

(2)机油压力不正常的诊断

一般机油压力不正常有两种可能,一种是机油压力高于规定值,另一种是机油压力低于规定值,下面分别介绍其原因及诊断方法。

1)机油压力过高的诊断方法

①引起机油压力过高的原因

机油压力过高的原因有机油压力表失准;润滑油变稠或新换润滑油粘度太大;主油道及分油道内积垢太多或曲轴主轴承、连杆轴承、凸轮轴轴承间隙太小;限压阀调整不当等。

②诊断方法

第1步:未启动发动机前,检查机油压力表指针能否回零,若不能回零,则故障在机油压力表。

第2步:若压力表良好,拔出油尺,检查油面高度。若油面太高,则故障在此;若油面不高,可用手捻试润滑油粘度,并与规定标号新润滑油进行对比。若粘度太大,则故障原因在此。

第3步:如润滑油限压阀露在发动机机体外部,可检查限压阀的技术状况。如限压阀调整不佳,球阀或柱塞阀发卡,则故障原因在此。

2)机油压力过低的诊断方法

①引起机油压力过低的原因

机油压力过低的原因有很多,主要有以下几个方面:机油压力表失准;机油压力传感器故障;润滑油粘度降低(可能是汽油泵膜片破裂使汽油漏入油底壳或燃烧室未燃气体窜入油底壳，将润滑油稀释）；油底壳油面太低；机油泵齿轮磨损、泵盖磨损或泵盖衬垫太厚造成供油能力太低；润滑油集滤器滤网堵塞；润滑油限压阀调整不当、关闭不严或弹簧折断；内外管路有泄漏之处；曲轴主轴承、连杆轴承或凸轮轴轴承磨损松旷，轴承盖松动，减摩合金脱落或烧损等。

②诊断方法

第 1 步：初次启动发动机时，观察机油压力表的指示情况。若刚启动时压力正常，然后迅速下降至低于规定值，说明油底壳存油量不足，可停车后拔出机油尺检查，看机油高度是否在规定范围内，如果油面过低，即为故障原因。

第 2 步：初次启动发动机时，若刚启动机油压力就低，说明故障不在油底壳的存油量上，故障可能在传感器或机油压力表。检查润滑系外露部分有无明显泄漏之处，如无泄漏，再按第 3 步检查机油压力表的技术状况。

第 3 步：检查机油压力表的技术状况时，可先检查机油压力表与传感器导线两端的连接状况。若连接完好，可将导线从传感器上拆下，然后打开点火开关，使导线与机体搭铁，如果机油压力表指针急速上升到最大，说明压力表良好；若压力表指针不动或仅动一点，则说明压力表有故障。

第 4 步：若机油压力表良好，则检查传感器的技术状况。从发动机机体拆下传感器，然后启动发动机，观察机油流动情况，若流出的机油压力很足，说明传感器有故障；反之，若机油流动压力不足，油道又无堵塞，说明故障不在传感器，按第 5 步继续查找。

第 5 步：如润滑油限压阀露在发动机机体外部，可停熄发动机检查限压阀的技术状况，若限压阀弹簧太软、弹簧折断、磨损严重或调整状况不佳，则故障在限压阀。

第 6 步：若限压阀良好，还需继续检查。拔出机油尺，用手指检查机油品质。主要是对粘度进行检查，若润滑油太稀，说明润滑油粘度发生变化，应更换润滑油。

第 7 步：若润滑油粘度良好，应进一步检查机油泵、集滤器、内部管路或各处轴承间隙。

3.3.3 油质检测

润滑油的品质对发动机性能也有较大的影响，对于已经用过的润滑油通常须要对其质量进行检测。已用润滑油的分析与新润滑油的物理化学分析不同，它主要是分析润滑油的污染性质和程度，当污染达到一定程度时，应更换机油。润滑油油质的检测通常采用机油污染分析仪，下面介绍两种机油污染分析仪的检测原理方法，供读者参考。

(1) 光缆机油分析仪

此种机油污染分析仪结构原理如图3.22所示，检验时，测量槽套管经润滑油加注口插入发动机油底壳中，润滑油经套管的进油口进入测量槽。然后，接通仪器的光源,使灯泡的光束经光缆支路和光缆传入测量油槽中。光束在穿过测量油槽后,照射到反射镜上,反射过来的光通过光缆和另一条光缆支路照射到光电管上。光束在穿过测量油槽的过程中,其能量被吸收,吸收多少取决于油槽中润滑油被污染的程度。与新润滑油相比,光电管产生的光电流下降值,便是润滑油被污染的尺度。光电流下降值可直接显示在电流表上,表上的刻度为润滑油污染程度(百分数)。

仪器的测量槽间隙可通过调整螺栓进行调整,可调范围为 0.1 ~ 0.5mm。测量油槽套管很细,可以插入直径为 6mm 的加油口中。

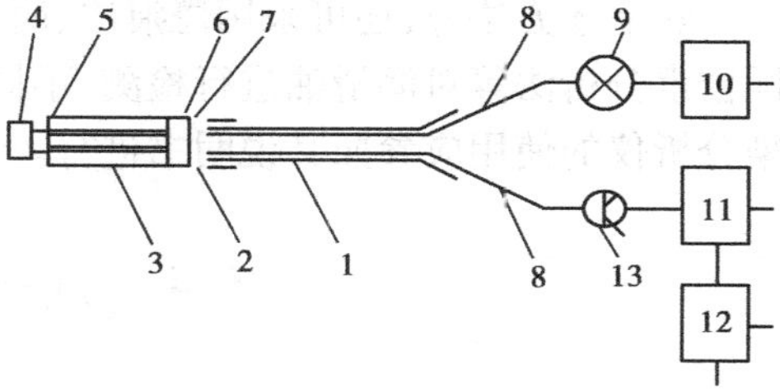

1—光缆　2—进油口　3—测量槽套管
4—调整螺栓　5—密封盖　6—反射镜
7—测量槽　8—光缆支路　9—灯泡
10—光源　11—信号放大　12—信号处理及读出装置　13—光电管

图 3.22　光缆式机油分析仪原理图

光缆机油分析仪主要用于监控和确定最佳换油时期。

(2) 机油污染不透明度分析仪

这种分析仪是通过测量一定厚度润滑油膜的不透明度来反映润滑油内碳物质的含量,以表示润滑油的脏污程度,其结构原理如图 3.23 所示。稳压电源为电桥和光源提供稳定的电源,光源发出的光通过放油样的玻璃油池而传到光敏电阻。光敏电阻作为电桥的一个桥臂,电桥的输出端接电流放大器,而直流放大器的输出端接一个指示读数的电流表——光电表,表盘按百分刻度。油池中放入干净机油时,指针指示为零;当润滑油污染程度达到极限值时,指针指示为 80%。为了使用方便,表盘用 3 种颜色表示污染的大致范围:红色表示应更换润滑油的“换油区”;黄色表示润滑油的“可用区”;绿色为“良好区”。测试前,先在油池中放入干净油样,调整表头指针为零,然后再换入需要测量的油样。由于测试油样与标准油样的透光度不同,照在光敏电阻上的光线强度就不一样,润滑油污染越严重,透光越弱,光敏电阻阻值变化越大,电流表指针指示也越大。

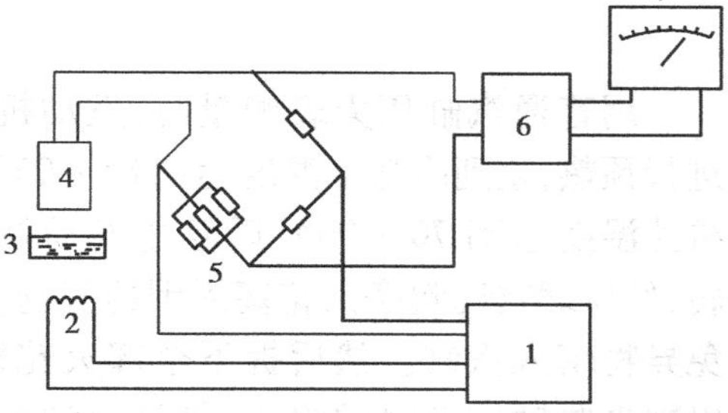

1—稳压电源　2—光源　3—试样油池
4—光电管组成的平衡电桥　5—电阻
6—直流放大器　7—透光度表

图 3.23　机油污染不透明度分析仪原理示意图

这种仪器的优点是结构简单,使用方便。缺点是测量精度差,使用范围窄,而且不能测出有添加剂的润滑油其添加剂残余能力以及润滑油含杂质的成分。

除上述方法外，还可采用斑痕法、简易化验法、化学分析法、光谱分析法、放射性同位素分析法等对润滑油进行检测，不同分析仪其使用方法也不一样。各种机油污染分析仪的使用应参照其说明书进行。

3.4 汽缸密封性检测

汽缸密封性与汽缸、汽缸盖、汽缸衬垫、活塞、活塞环和进排气门等的零件技术状况有关。这些零件组合起来就构成了汽缸组，它们组成了发动机的心脏，其技术状况的好坏，不但在很大的程度上决定了发动机的动力性和经济性，而且对发动机的寿命也有较大的影响。在发动机使用过程中，由于汽缸组零件的磨损、烧蚀、结胶、积炭等原因，将会引起汽缸密封性下降，因此汽缸密封性是表征汽缸组技术状况的重要参数。汽缸密封性的诊断参数主要包括汽缸压缩压力、曲轴箱漏气量、汽缸漏气量或汽缸漏气率、进气管真空度等。下面就这些参数的检测一一进行介绍。

3.4.1 汽缸压缩压力的检测与诊断

(1) 用普通汽缸压力表测量

1）检测条件与方法

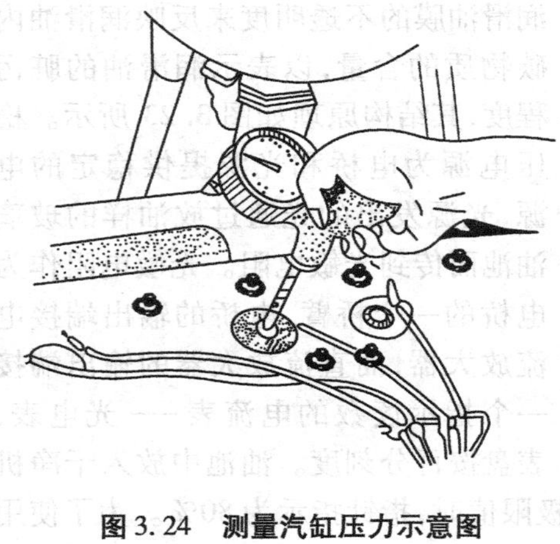

图 3.24 测量汽缸压力示意图

用普通汽缸压力表测量时，发动机应进行预热，直到冷却水温度达到 85 ~ 95℃，机油温度达到 70 ~ 90℃ 后停止发动机运转，用压缩空气吹净火花塞周围的脏物，以免异物落入汽缸。然后拆下全部火花塞，以减少曲轴转动时的阻力，打开化油器的节气门和阻风门，再把专用汽缸压力表的锥形橡皮头插在被测量缸的火花塞孔内，扶正压紧（如图 3.24 所示），然后用启动机带动曲轴转动 3 ~ 5s（汽油机转速应大于等于 130 ~ 250r/min，柴油机转速应大于等于 500r/min），等到汽缸压力表表针指示并保持最大压力读数后停止转动。记下读数，取下压力表，按下单向阀使压力表指针回零。按此法依次测量各缸，测量次数不得少于 3 次。

2）检验标准

汽缸压缩压力标准值通常由制造厂提供，若不知道标准值，可根据下列经验公式计算：

$$p = 0.15\varepsilon - 0.22\,(\text{MPa})$$

式中：ε——压缩比。

对单缸压缩压力和各缸压力差都有一定的规定，通常压缩压力应不低于标准值的30%，同一发动机各缸压力差额应不大于0.1MPa。

3）结果分析

测量结果可分为符合标准、低于标准和高于标准3种情况。若测得结果超过原厂规定标准，则是燃烧室容积减小了，主要原因是燃烧室内积炭过多，汽缸衬垫过薄或缸体与缸盖接合平面经多次修理磨削过多等。引起测得结果值低于原厂规定标准的原因较多，而且原因较复杂，应进行以下分析。

向该缸火花塞孔内注入20~30ml机油，然后用汽缸压力表按上述方法重新测量汽缸压力并记录。如果第二次测出的压力比第一次高，接近标准压力，表明是汽缸、活塞环、活塞磨损过大或活塞环对口、卡死、断裂及缸壁拉伤等原因造成汽缸密封性下降；如果第二次测出的压力与第一次大致相同，即仍比标准压力低，说明进、排气门或汽缸衬垫不密封；如果两次检测结果均表明某相邻两缸压力都相当低，说明是两缸相邻处的汽缸衬垫烧损窜气。

以上对汽缸活塞组不密封部位的故障分析和推断比较粗略，不能精确地确定故障的具体部位。为了准确判断故障部位，可在测出汽缸压力之后，针对压力低的汽缸，采取如下简易办法进行诊断：拆下空气滤清器，打开散热器盖，用一条长3m的橡胶管，橡胶管的一头接在压缩空气气源（压力在588.40kPa以上）上，另一头通过锥形橡皮头插在火花塞孔内。用手柄摇转发动机曲轴，使被测汽缸活塞处于压缩终了上止点位置，将变速器挂入低挡，拉紧手刹车，然后接通压缩空气，注意倾听漏气声。如漏气声在化油器口，说明进气门密封不良；如漏气声在排气消声器口处，说明排气门密封不好；如在散热器加水口处看到有气泡，说明汽缸垫密封不良，造成汽缸与水套之间相通；如漏气声在相邻两缸火花塞口处，说明汽缸衬垫在这两缸之间烧损，相互窜气；如漏气声在加机油口处，说明汽缸活塞环或汽缸磨损，活塞与汽缸密封性差。

用普通汽缸压力表测量汽缸压缩压力不但测量精度低，而且费时费力，需要把火花塞拆下，一缸一缸地测量。实验表明，这种方法的测量结果不但与汽缸内各处的密封程度有关，而且还与曲轴的转速有关。某发动机汽缸最大压缩压力与曲轴转速的关系曲线如图3.25所示。可以看出，当曲轴转速小于1 500r/min时，即使很小的转速变化量，也会引起压缩压力测量值的较大变化，而在检测时由启动机带动曲轴达到的转速一般仅在300r/min以内，可见曲轴转速的变化对测量结果影响之大。因此，在检测汽缸压缩压力时，必须准确地控制曲轴（即启动机）的转速，以提高测量精度。

（2）电感放电式汽缸压缩压力仪

由于用普通汽缸压力表测量法既费时费力，又不能保证测量精度，因此出现了电子汽缸压缩压力测量仪，电感放电式汽缸压缩压力仪就是其中之一。图3.26是电感放电式汽缸压缩压力仪与发动机之间的连接示意图。其基本原理是通过检验点火线

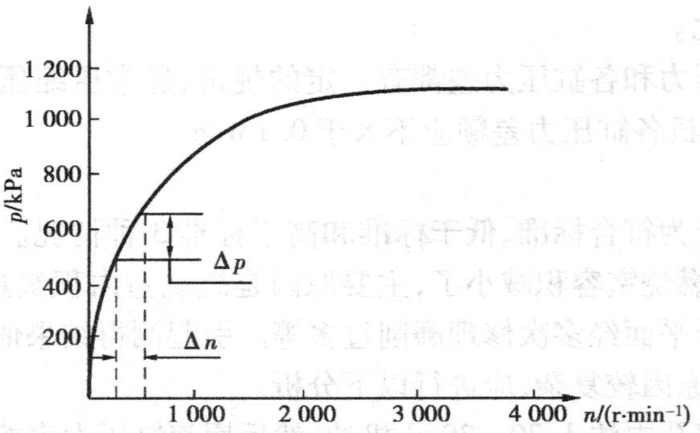

图 3.25 汽缸最大压缩压力与曲轴转速的关系曲线

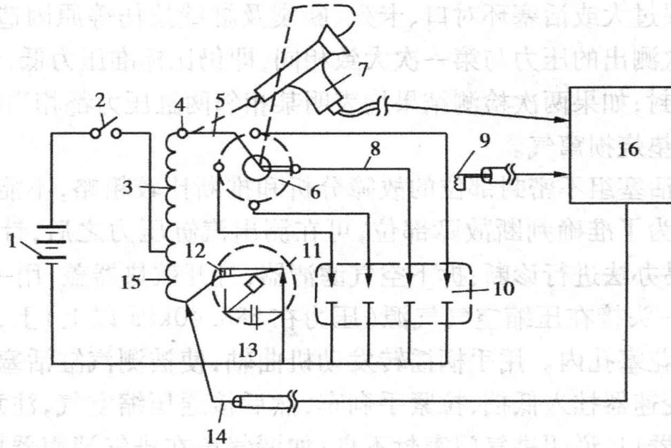

1—蓄电池 2—点火开关 3—次级绕组 4—接头 5—总高压线 6—配电器 7—次级电压信号传感器 8—分高压线 9—同步信号传感器 10—火花塞 11—触点 12—触点臂 13—电容 14—初级电压信号传感器 15—初级绕组 16—处理电路

图 3.26 电感放电汽缸压力仪接线图

圈次级电感放电电压来确定各缸压缩压力的。发动机点火线圈次级电压典型波形如图 3.27 所示,次级电压波形可分为三部分。第一部分叫电容放电部分,如图 3.27 所示陡峭的 V_A部分,它是火花塞的击穿电压;第二部分叫电感放电部分,如图 3.27 所示平坦的 V_B部分,它是火花塞跳火期间一直持续的电压;第三部分是振荡电压 V_C,它是火花塞的火花消失后产生的自由振荡部分。试验表明,电感放电部分的电压和汽缸压缩压力具有一定关系,如图 3.28 所示。由图 3.28 可以看出,两者之间具有近似直线的对应关系。因此,测出电感放电部分的电压,就可以根据一定的关系式得到汽缸压缩压力。

电感放电式汽缸压缩压力仪的信号获取元件是传感器,其作用是取出次级电压信号。传感器串联于点火线圈次级绕组和高压线之间(图 3.26 所示),触发测头从第一缸高压线感应出用来区分各缸压力的同步信号，还从点火线圈的初级绕组引出作为获得门信号和复零信号的输入电压信号。上述 3 个信号输入到处理电路中，进行方法和变换处理后，输送到显示装置进行显示。

(3) 启动电压降汽缸压缩压力仪

启动机产生的转矩是启动机电流的函数，而转矩又与汽缸压缩压力呈正比，因此可以得出启动机电流与汽缸压缩压力之间的关系，通过测量启动机电流就可以获得汽缸压缩压力，启动电压降汽缸压缩压力仪就是基于这一原理制成的。

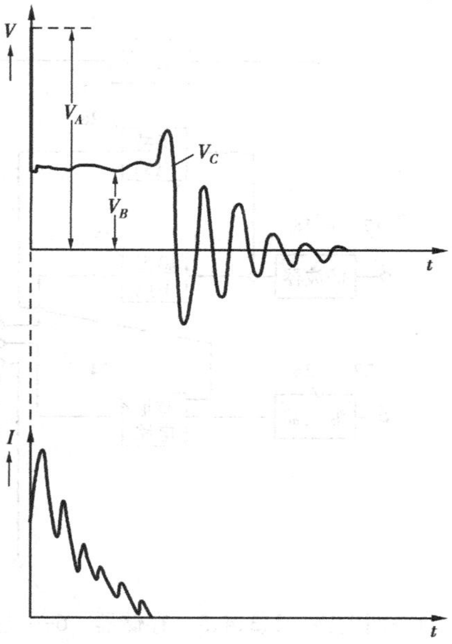

图 3.27　次级电压波形图

用启动电压降汽缸压缩压力仪进行汽缸压缩压力测量时，需要测量与某缸压缩压力相对应的启动电流值。其电流值的测量电路简图如图 3.29 所示，主要包括与非门 1、存储器 2 ~5 和级进计数器 6。存储器2 ~5的输入端，都经测量放大器 7 供以蓄电池电压降信号，输出端 9 ~ 12，连在存储器值的指示器上，主要用于检查发动机各缸的压力；计数器 6 输出端的导线 13 ~ 16 和存储器 2 ~ 5 的控制输入端相连，用于依次驱动存储器 2 ~ 5。这样就保证了每次放大器 7 供给的信号只存储在一个存储器内。与非门 1 可用于对存储器进行驱动。

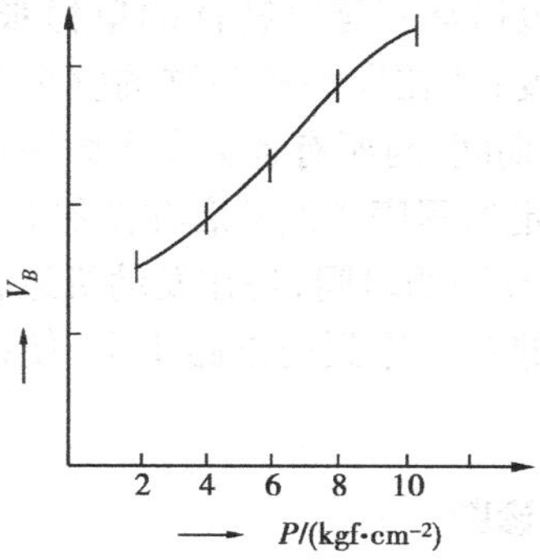

图 3.28　点火电压与汽缸压力间的关系

低通滤波器 18 和脉冲整形装置 19 的作用是抑制干扰信号，与发动机点火脉冲相应的信号连接在电路的始端 17 上，这些信号经低通滤波器 18 和脉冲整形装置 19 加到非门的一个输入端 20。门电路的另一个输入端 21 仅供给与某一特定选择汽缸点火脉冲相应的信号，一般是选择第一缸点火脉冲信号。为了得到这个信号，需要通过电感或电容传感器使电路始端 22 与发动机第一缸火花塞高压线相连。第一缸点火脉冲信号经低通滤波器 23 和脉冲整形装置 24 加到与非门的输入端 21。门电路 1 的工作条件是除门电路输入端 27 供给的开启信号外，只有当两个门电路的输入端 20 和 21 同时加信号时，它才允许信号通过，到它的输出端 25，即到级进计数器 6 的输入端。为此，脉冲整形装置 24 还需加一保

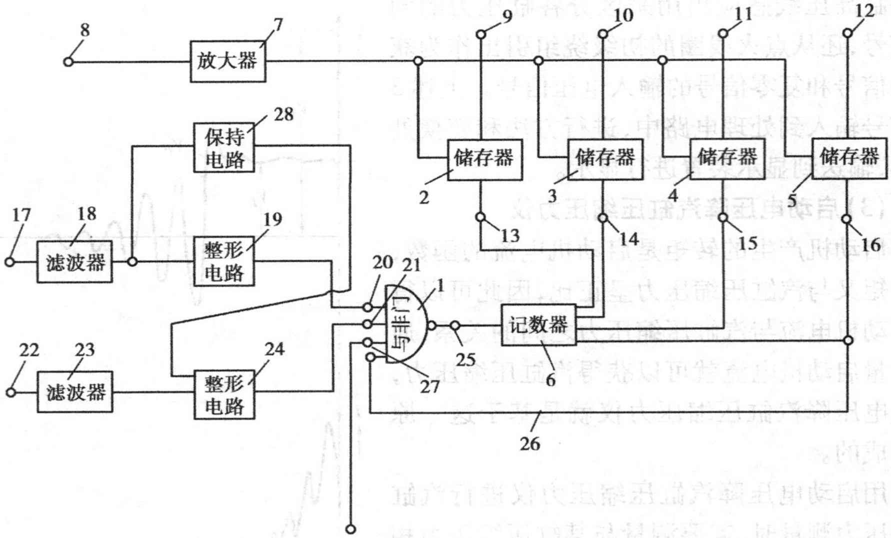

1—门电路 2、3、4、5—存储器 6—级进计数器 7—放大器 8、9、10、11、12—输入端接头
13、14、15、16—输出端接头 17—点火脉冲信号 18、23—滤波器 19、24—整形电路
20、21、27—门电路输入端接头 22——缸脉冲信号输入端接头 25、26—导线 28—保持电路

图 3.29 启动电压降汽缸压缩压力仪电路简图

持电路，串连在门电路的输入端 21。该保持电路包括具有延时特性的单稳张弛级。它使供给的被选缸点火脉冲信号延长到这样的程度：即在发动机各缸的整个工作循环中，至少供给门电路输入端 21 一个信号，在这个期间，与所有各缸点火脉冲相应的信号允许通过门电路 1，驱动计数器。计数器按预定的程序依次开启存储器 2 ~ 5，以便存储蓄电池电压降信号。延时电路 28 使门电路导通的时间，是在发动机运转期间内的规定时间，如 4s。导线 26 通过最后驱动的存储器 5 连到门电路 1 上，使在一个存储循环完成后，关闭门电路。

3.4.2 曲轴箱窜气量和汽缸漏气率的检测与诊断

1）曲轴箱窜气量的检测

当发动机运转一段时间后，由于汽缸与活塞之间长期高速摩擦，从而使汽缸及活塞接触面磨损，活塞环弹性下降，活塞与汽缸烧蚀或粘结。所有这些都会使汽缸与活塞之间密封性下降。活塞与汽缸之间密封不良，将导致工作介质和燃气从不密封处窜入曲轴箱，这就是曲轴箱窜气。汽缸与活塞、活塞环间的不密封程度越高，窜入曲轴箱的气体量就越大。曲轴箱窜气量随使用时间增加其变化率很大。据有关资料介绍，国外新发动机曲轴箱的窜气量约为 15 ~ 20l/min，而磨损了的发动机可高达 80 ~ 130l/min。在确定的工况下，曲轴箱窜气量表示汽缸活塞组的技术状况或磨损程度，同时还反映了发动机的功率和燃油消耗量的变化情况。图3.30表示功率随曲轴箱窜气量增加逐渐下降、油耗随曲轴箱窜气量增加线性增加的情况。

对曲轴箱窜气量可采用流量计进行测量。图3.31是一种测量气体流量的玻璃流量计简图,它实际上是一种压差式流量计。测量时,堵住机油尺口、曲轴箱通风进出口等,也就是将曲轴箱密封,由加机油口处用橡胶管将漏窜气体引出,输入气体流量计。当气体沿图3.31中箭头方向移动时,由于流量孔板两边存在压力差,使压力计水柱移动,直到气体压力与水柱落差平衡为止,因此该水柱落差的大小反映了气体压力的大小。通过把对应压力的气体流量标度在压力计上,就可直接从压力计水柱高度确定窜入曲轴箱气体的数量。流量孔板有不同直径的小孔,测量时可根据漏窜气体流量的多少进行选用。

另外,发动机曲轴箱窜气量还与发动机的转速和外部负荷有关,特别是负荷对曲轴箱窜气量影响最大。就车检测曲轴箱窜气量时,一般是在底盘测功试验台上、坡道上或低挡行驶时用制动器进行加载,而节气门全开,发动机转速控制在1 000 ~ 1 600r/min范围内。

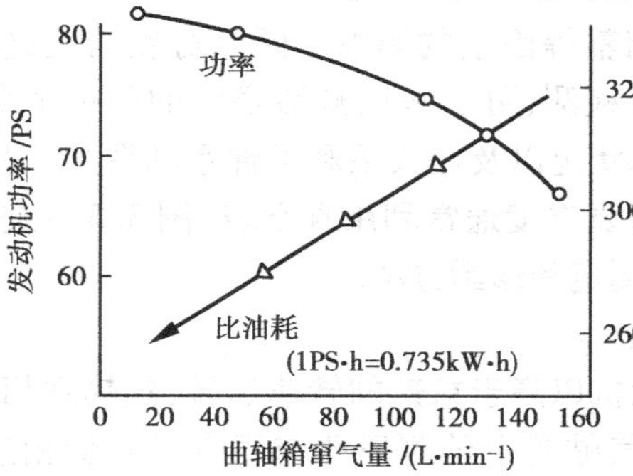

图3.30 曲轴箱窜气量与发动机功率和油耗的关系

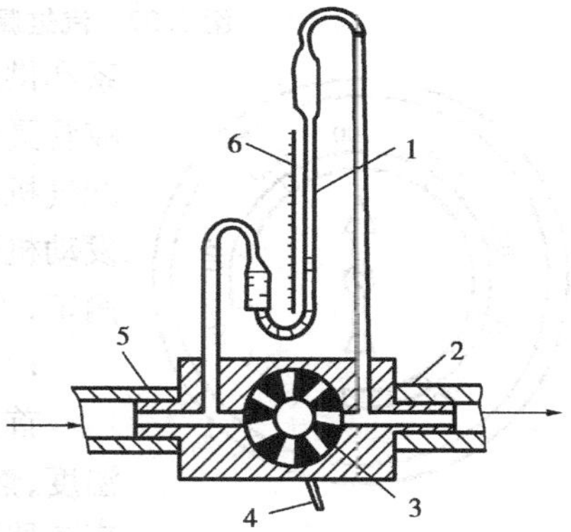

图3.31 气体流量计示意图

2)汽缸漏气率的检测

图3.32所示为检测汽缸漏气率的仪器及漏气部位示意图。对汽缸漏气率、汽缸压力和曲轴箱窜气量的检验都是为了检测汽缸的密封程度,但三者的检测方法有很大差异。汽缸漏气率检测时,发动机不运转。其方法是让活塞停留在压缩行程某一固定位置,从火花塞或喷油嘴处通入一定压力的压缩空气,然后测量从汽缸活塞组不密封处所漏出的压缩空气,进而确定各缸的故障和磨损情况。其具体过程这里不再详述。

3.4.3 进气岐管真空度检测与诊断

发动机进气岐管真空度受汽缸活塞组的磨损、配气机构零件技术状况以及点火

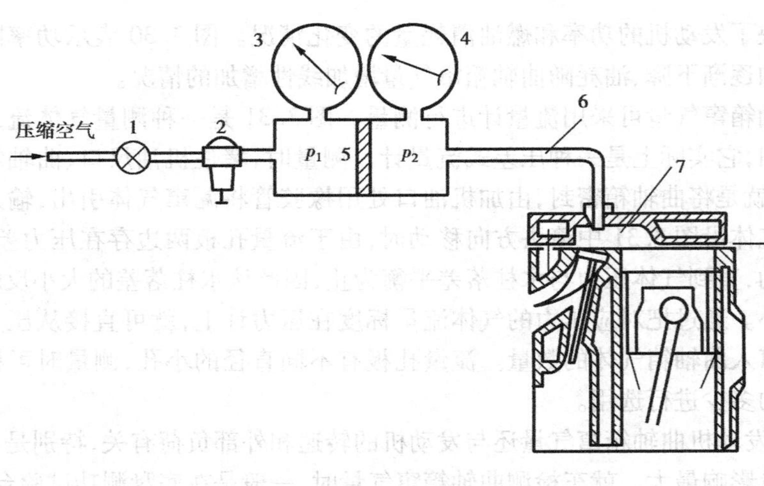

（箭头表示漏气部位）

1—进气阀门　2—调压阀　3—进气压力表　4—漏气率表

5—量孔　6—出气软管　7—汽缸燃料室

图3.32　汽缸漏气率检测仪及漏气部位示意图

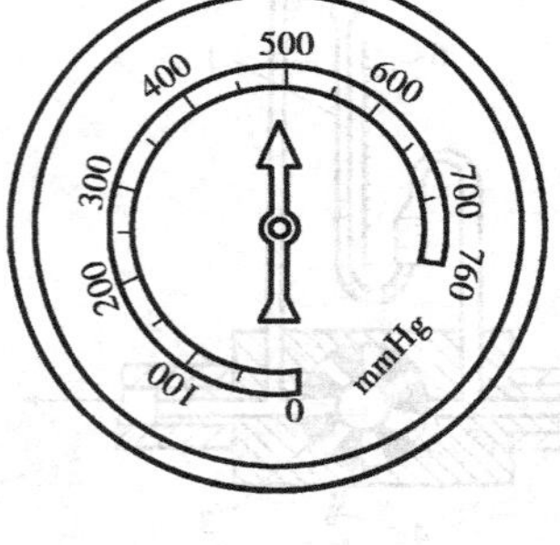

图3.33　真空表表盘

系和供油系的调整等因素的影响。因此对发动机进气岐管真空度进行检测，可了解汽缸活塞组的磨损情况、配气机构的技术状况以及点火系和供油系的调整状况。发动机进气岐管真空度通常利用真空表（图3.33）进行测定，下面介绍测定和诊断方法。

1）测定方法

首先让发动机以高于怠速的转速运转，预热到相应温度，然后把进气岐管上的测压孔与真空表软管相连。变速器置于空挡位置，让发动机在怠速工况下运转，此时读取真空表上的指针读数。

2）测试结果分析

①海拔高度为零且发动机怠速运转时（后面各项的条件相同），正常情况下真空表指针应稳定地指在480～530mmHg范围内，当迅速启、闭节气门时，真空表指针能在50～635mmHg范围之间摆动。

②若真空表指针低于480～530mmHg，则可能是活塞环、进气管或化油器衬垫漏气造成的。

③若真空表指针时时摆动到100mmHg左右，则说明某进气门口处有结胶；若真空表指针有规律地下跌10mmHg高度，为某气门烧毁；若真空表指针跌落50mmHg，表示气门与气门座配合不严；若真空表指针跌落在350～430mmHg之间，则是点火提前角太小。

④若真空表指针很快地在350～450mmHg之间摆动，表示进气气门杆与其导管磨损严重。

⑤若真空表指针在250～560mmHg之间缓慢摆动，而当发动机转速升高时，摆动加快，则气门弹簧弹力不足；若真空表指针在350～400mmHg之间缓慢摆动，则断电器触点接触不良或火花塞电极间隙太小；若真空表指针在330～430mmHg之间缓慢摆动，则为化油器调整不良。

⑥若真空表指针停留在200～380mmHg之间，则可能是气门机构失调或气门开启太晚。

⑦若真空表指针在130mmHg以下，则化油器或进气管衬垫漏气。

⑧若真空表指针在130～480mmHg之间大幅度摆动，则说明汽缸衬垫漏气。

⑨若真空表指针最初指示较高，然后跌落到0，接着又返回400mmHg，则为排气消音器堵塞。

第4章　汽车的安全环保检测

4.1　转向轮定位的检测

在汽车直线行驶过程中，要求汽车车轮沿行驶方向做纯滚动。考虑到路面结构形状、汽车受载荷下各部变形等的影响以及改善转向性能的需要，在转向轮定位时设计有主销外倾角、前轮前束、主销后倾角以及主销内倾角。为保证汽车转向车轮无横向滑移而沿直线做纯滚动，还要求车轮外倾角和车轮前束有适当的匹配，否则，车轮就可能在直线行驶过程中边滚动边滑动而产生侧向滑移现象，使轮胎产生异常磨损，破坏车轮的附着条件，严重时汽车将丧失直线行驶能力。侧向滑移量的大小与方向可用侧滑试验台来检测。

4.1.1　转向轮定位与侧滑

侧滑是指由于前束与车轮外倾角配合不当，使汽车行驶过程中，车轮滚动方向与汽车行驶方向不一致，导致车轮与地面之间产生的一种相互作用力。这种作用力垂直于汽车行驶方向，使轮胎处于边滚边滑的状态。侧滑使汽车的操纵稳定性及行驶安全性变差，燃油消耗量增加并加速轮胎的磨损。

如果让汽车驶过可以在横向自由滑动的滑板，由于存在上述车轮对地面的作用力，汽车通过滑板时使滑板产生侧向滑动，因此可以通过对滑板滑移量的测量来反映车轮的侧滑量。通常对车轮侧滑的检测并不是直接检测汽车的前束和外倾角，而是通过检测判断这两个参数的匹配是否恰当。为了更好地理解转向轮定位与侧滑的关系，有必要先介绍有关侧滑的一些基本知识。

(1)正前束引起正侧滑，正外倾引起负侧滑

转向轮正前束的作用正好与正外倾的作用相反(前束与外倾的正负见“四轮定位”部分)。当转向车轮具有正前束时，汽车向前行驶过程中，两前轮具有向内收缩靠拢的趋势(如果将两个有正前束的车轮用一根可以自由伸缩的轴连接起来，车轮向前滚动的过程中，两只车轮将向内互相靠近)，我们称其引起的侧滑为“正侧滑”；而具有正外倾的转向轮，轮胎则相当于圆锥的一部分(其锥顶在车轮外侧，参见图4.8)，向前滚动时将有向外张开的趋势，我们称其引起的侧滑为“负侧滑”。在理想的情况下转向轮向内收缩靠拢的力与向外张开的力相互抵消，以保持车轮的直线滚动。这时,我们认为汽车前轮前束和外倾角这两个参数的匹配就是恰当的,也就是“零侧滑”。

在侧滑试验台上,滑板向外滑动的数值为“+”(进口设备常记为“IN”),向内滑动则为“-”(进口设备记为“OUT”)。所谓“正前束引起正侧滑”的意思是,当前束的作用大于外倾角的作用时,产生的侧向作用力使滑板向外滑动,此时仪表显示数值的符号为“+”。同理,“正外倾引起负侧滑”的意思是当外倾角的作用大于前束的作用时,滑板向内滑动,显示数值的符号为“-”。明白了这一原理,在进行侧滑检测时,根据仪表上显示数值的正负号,就可知道如何对定位参数进行调整。

(2)影响侧滑量的因素

车轮的侧滑量受多方面因素的影响,常见的影响因素有:

①汽车前轮轮毂轴承间隙过大,左右松紧度不一致;转向节主销与衬套磨损,转向节臂松动,或直拉杆球头磨损松旷;左右轮胎气压不等,或左右轮胎磨损不一;左右悬架性能不一;前后轴不平行等。

②轮胎上有水、油污或花纹中嵌有小石子,轮胎气压不符合规定,以及在测量时会影响轮胎与滑板之间的作用力的其他因素。

上述因素对侧滑量都有或多或少的影响,因此在检验侧滑以前,首先应消除这些因素的影响。当对侧滑量进行调整时,也应该首先对这些影响因素进行检查,然后进行调整。

(3)汽车前轮侧滑量对汽车使用性能的影响

①对轮胎磨损的影响

侧滑时,车轮在侧滑力的作用下边滚边滑,因此使轮胎磨损急剧增加,同时还会引起偏磨,导致轮胎使用寿命下降。例如,EQ1090E 汽车的前轮侧滑量从 1m/km 增加到 5m/km 时,轮胎磨损增加约 140%。

②对汽车行驶阻力、加速性能和燃料经济性的影响

汽车前轮侧滑量过大会使汽车的行驶阻力增加,对汽车的动力性、燃料经济性及制动性能均有不利影响。例如对某一车型在前轮侧滑量为 5.2m/km 和前轮侧滑量为 0.2m/km 时分别测试,前者与后者相比,其滚动阻力增加了约 30%,加速性能降低了约 7.5%,等速行驶燃料消耗量增加了 5% 左右。

③对直线行驶性的影响

汽车前轮侧滑量增大,对汽车的直线行驶性干扰很大。由于车轮与地面的侧向作用力,使得汽车保持直线行驶的能力大大下降。同样以 EQ1090E 这种车型为例,前轮侧滑量每增大 1m/km,EQ1090E 汽车增加(12~23)cm/100m。

④对汽车操纵稳定性的影响

前轮侧滑量过大,还直接影响汽车的操纵稳定性。对于侧滑量较大的汽车,常表现为高速时方向不稳,方向盘左右抖动,转向沉重或发飘等。因此当发现汽车轮胎磨

损加剧,汽车油耗增加,动力性下降,或转向操纵性能下降时就应对侧滑量进行检测。

4.1.2 侧滑试验台的结构与工作原理

(1)侧滑试验台的构造

根据汽车通过滑板行驶时,滑板在引起侧滑的作用力下会产生滑移的原理,大多数侧滑试验台均采用滑板式。检测时使汽车前轮在滑板上通过,通过测量左右方向位移量的方法来检验侧滑量。滑板式侧滑试验台按其结构形式可分为单滑板式和双滑板式两种,其中双滑板式侧滑试验台都是双板联动的。在国外也有采用滚筒式的。用这种试验台检测时,前轮由模拟路面的滚筒来驱动,同时有3个小滚子紧贴轮胎,小滚子可以在互相垂直的两个方向上自由摆动,由小滚子的支座来测量侧向力。这种试验台的优点是可以边检测边调整,但其缺陷是结构复杂、安装困难、成本高。国内也生产有这种滚筒式侧滑试验台,如QCT-1型从动滚筒式检测前轮侧滑调整台就是这种形式。在检测时,也是将两前轮放在4个滚筒上,由电机带动的后滚筒驱动车轮转动,模拟汽车道路行驶状态。两前滚筒是从动的,而且在横向可以自由滑动,因为支撑两前滚筒的轴承座固定在两块可以左右自由滑动的滑板上,由此可以检测出前轮侧滑量,该试验台属于滚筒滑板试验台的综合。这种试验台检测调整方便、测量精度高,但成本高,结构复杂。

下面重点介绍应用最为广泛的滑板式侧滑试验台。

如图4.1所示为双板联动式侧滑试验台的结构简图,主要由机械部分、侧滑量检测装置、侧滑量定量指示装置和侧滑量定性显示装置等几部分组成。

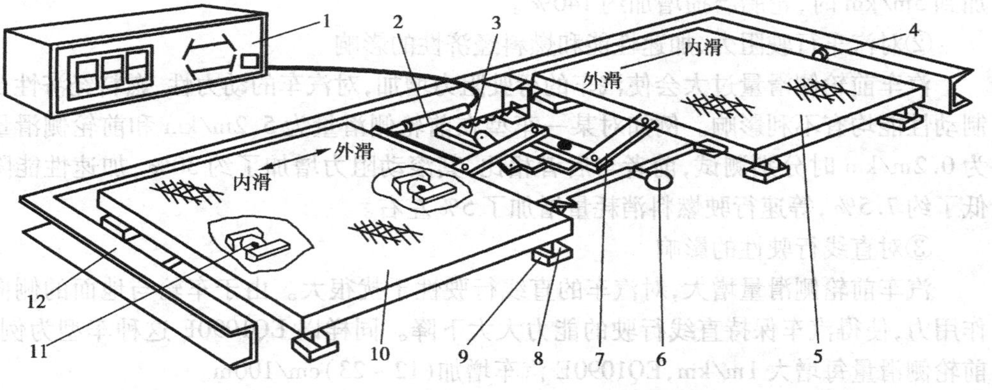

1—侧滑台仪表 2—传感器 3—同位机构 4—限位装置 5—右滑板 6—锁定装置 7—双摇臂杠杆机构 8—滚轮 9—导轨 10—左滑板 11—导向装置 12—框架

图4.1 数字显示的双板联动式侧滑台结构

1)机械部分

机械部分主要包括左右滑动板、双摇臂杠杆机构、回位装置、导向和限位装置等。通常由于侧滑试验台的规格型号不同,滑板的长度也不同,滑板的纵向长度有500mm、800mm 和 1 000mm 三种。当显示装置显示的侧滑量为 5m/km 时,对应于这 3 种滑板的位移量分别是 2.5mm、4mm 和 5mm。双滑板联动式侧滑试验台左右两块滑板同时向外或同时向内移动,且移动量相等。在其中一块滑板上装有位移传感器,将滑板的位移量变成电信号送给侧滑量显示装置。不同厂家的试验台可能所用位移传感器也不一样,有些用的是电位计位移传感器,有些用的是差动变压器位移传感器,还有一些用的是自整角电机位移传感器。

2)侧滑量检测装置

侧滑检测装置由左右两块滑板、杠杆联动机构和位移传感器等组成。侧滑检测装置的作用是把车轮的侧滑量通过传感器转换成电信号,并经过分析处理后由指示装置进行显示。

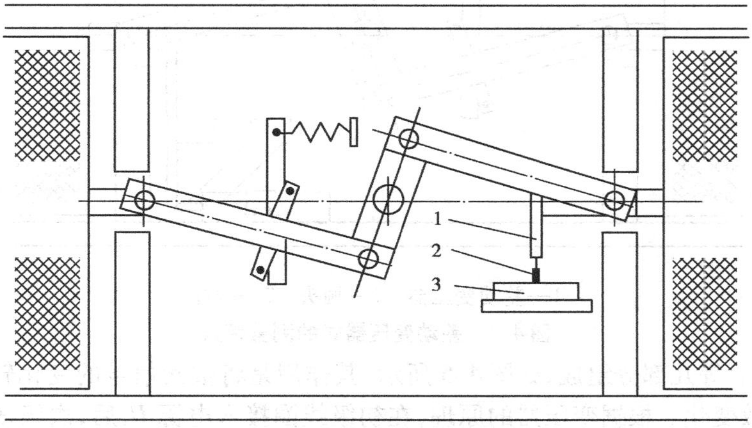

1—拨杆 2—触点 3—电位计

图 4.2 电位计式测量装置

为了增大车轮与滑板之间的附着力,侧滑板通常用花纹钢板制成,以减少车轮与滑板之间可能产生的滑移。滑板下面安有滚轮,通过滚轮滑板可以沿滑道左右自由滑动但不能前后移动。滚轮和滑道应进行定期润滑和保养,以减小滑板的运动阻力,提高检测精度。通常滑板与框架用弹簧相连,当检测完毕车轮离开滑板后,滑板能在弹簧的回位作用下恢复到原来的起始位置。

图 4.2 所示为采用电位计式位移传感器的测量装置示意图。其测量原理是通过拨杆将滑板的移动量变为电位计触点的位移,从而引起电压值的变化。

电位计式测量装置的电路原理如图 4.3 所示,在电位计两端加上一定的电源电压,当电位计的滑动触点随滑动板移动时,电阻丝的电阻发生变化,触点的输出电压也发生变化,且与位移量成正比,通过指示装置可指示出对应于滑动板的位移量。

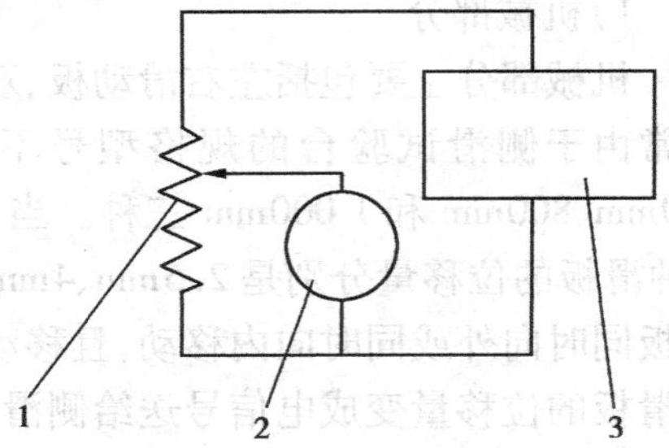

1—电位计　2—指示计　3—稳压电源

图 4.3　电位计式测量装置的电路原理

采用差动变压器式位移传感器的测量装置,其位移传感器的安装位置如图 4.4 所示,这种测量装置的原理是由滑动板带动位移传感器的拨杆位移,传感器输出与位移量成正比的电压量,并传递给指示装置。

差动变压器式传感器由初级线圈、次级线圈、铁心等几部分组成,如图 4.5 所示,其作用是将被测信号的变化转换成线圈互感的系数变化。根据变压器的原理,在初级线圈接入电源 U_1 后,次级线圈即感应输出电压 U_2,滑动板移动时引起铁心的移动,从而引起线圈互感系数的变化,此时的输出电压随之做相应的变化。差动变压器式传感器的特点是结构简单、灵敏度高、测量范围大且使用寿命长,故应用广泛。

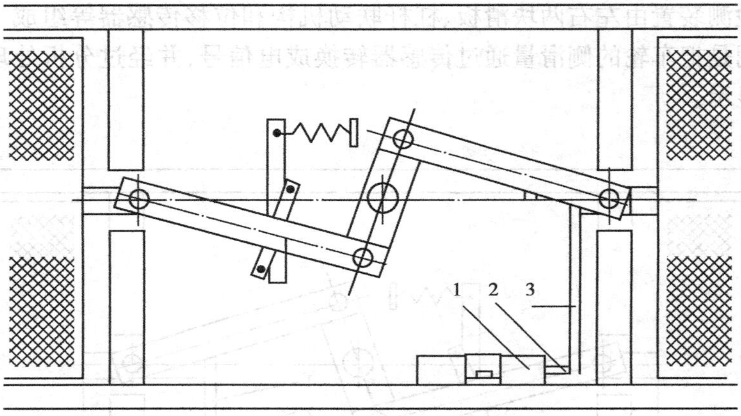

1—差动变压器　2—触头　3—拨杆

图 4.4　差动变压器式的测量装置

3)侧滑量指示装置

从测量装置出来的电信号需要转换成对应的侧滑量,再用一定的显示装置显示出来。侧滑试验台指示装置有指针式显示、数码管显示和液晶显示等几种,有的还带有峰值保留功能。以前通常采用指针式显示,现在基本上都用数码管显示和液晶显示。把传感器电信号变为侧滑量通常要进行标定,以得到每一电压值所对应的侧滑量。在仪表的线路板上安装有电位计,用于标定或调整。目前侧滑试验台已向智能化发展,具有自动检测显示、结果打印和与外界通信等功能。

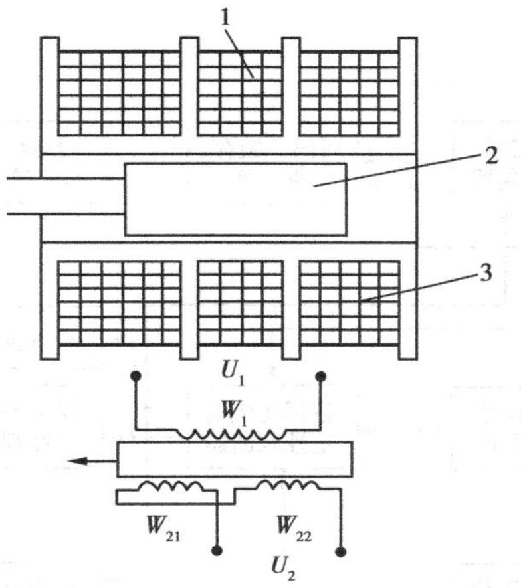

1—初级线圈 2—铁心 3—次级线圈

图4.5 差动变压器式传感器结构及工作原理

数字式侧滑仪用数字显示侧滑量值，一般用“+”、“-”号表示侧滑方向。如图4.6所示为数字式侧滑仪测量电路原理图。由电位计式位移传感器 W_1 输出滑动板位移的电压量，再由运算放大器OP将传感器输出的电压量放大到模数转换器A/D能够满量程转换的电压值。电位计 W_2 上提供相对零点参考电压 $U_R=2.5V$。当滑板无位移时，放大器OP输出2.5V；当两滑板分离时，OP输出的电压小于2.5V。在滑板到达极限位置时，OP输出为OV；反之，当两滑板合拢时，OP输出大于2.5V。待滑板位于极限位置时，OP输出为5V。这样，确保A/D转换器的模拟量输入电压始终

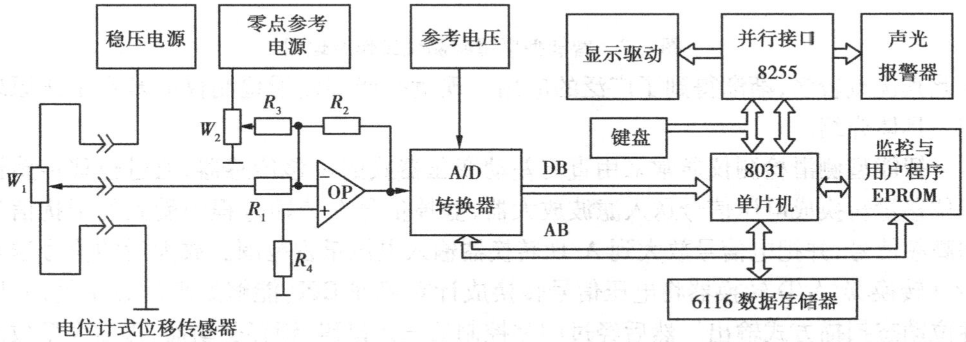

图4.6 数字式侧滑台测量电路原理图

在0~5V内变化。由于单片机只能处理数字量，因此用A/D转换器将输入的侧滑模拟电压量转换成数字量，并送入单片机8031进行运算处理。单片机根据预先固化在用户程序存储器内的测试程序运算测量结果，判别侧滑方向，定性判断合格与否，并驱动显示装置显示判定结果和测试结果。

如图4.7所示是智能型侧滑检测仪的工作框图。智能型侧滑检测仪能够自动进行检测，自动显示、存储或打印测量结果，并能与计算机等智能设备进行通信，特别适合于全自动检测站进行集中控制。数字图形显示方式的指示装置能够及时记录侧滑量的大小，并能将数据进行锁存，以保证车轮驶离侧滑台后，操作人员能读取侧滑量的显示值。当后轮通过或前轮后退通过滑板时，自动清零复位，为下次测量做准备。

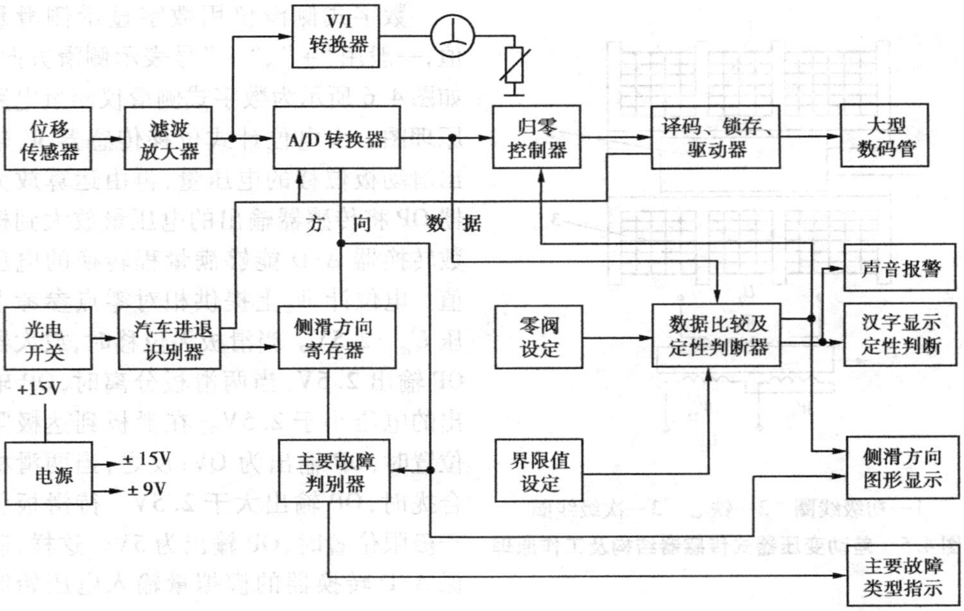

图 4.7 智能型侧滑检测仪工作原理图

因此其优点较多,渐渐得到了广泛的应用。现就智能型侧滑检测仪的基本工作原理作一具体介绍。

智能型侧滑检测仪通常采用直流差动变压器式的位移传感器,通过位移传感器把位移量转换成电压信号送入滤波放大器,滤掉信号在传输过程中受到的干扰信号和高频信号,并把电信号放大到 A/D 转换器输入电压量程范围。放大后的信号送入 A/D 转换器,A/D 转换器将电压信号转换成计算机或 CPU 能够处理的数字量,并以逐位动态扫描方式输出。然后经过归零控制器送入译码、锁存驱动器,再由大型数码管或液晶显示器显示侧滑量。当检测完后,汽车开离侧滑板,在汽车前轮离开滑动板的瞬间,红外线光电开关发出结束信号,汽车进退识别器接到此信号后,通过识别判断,发出指令信号停止 A/D 的转换,并保存已转换的数据,保持该数据并显示在屏幕上,以便操作人员读取。这种侧滑仪在汽车后退时也能自动进行数据采集测量,以便与前进时的侧滑量对比分析。当汽车前进和后退的侧滑量测出后,智能型侧滑检测仪便进行自动分析,如果侧滑量不符合要求,则用图形和文字方式指示出车轮定位故障的主要原因及诊断结果,检测人员可以根据诊断结果对车辆进行调整。

在检测时,如侧滑量超过规定值,侧滑量定性显示装置用蜂鸣器或信号灯以声、光信号同时报警,以引起检测人员注意。同时显示装置也会快速显示出检测结果不合格。

(2)侧滑台的工作原理(以双板联动式侧滑台为例)

1)滑动板仅受到车轮外倾角的作用

这里以右前轮为例,先讨论前轮前束为零,只存在车轮外倾角时的情况。具有外倾角的车轮,其中心线的延长线必定与地面在一定距离处有一个交点 O,此时的车轮相当于一圆锥体的一部分,如图4.8所示。当车轮向前或向后运动时,车轮的运动相当于滚锥在地面上滚动。

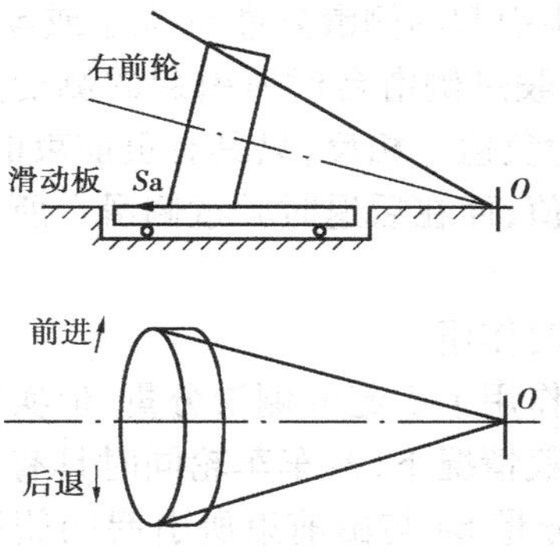

图4.8 具有外倾角的车轮在滑动板上滚动的情况

从图4.8可以看出,当只具有车轮外倾角的车轮在侧滑板上滚动时,车轮有向外侧滚动的趋势,由于受到车桥的约束,车轮不可能向外侧移动,从而通过车轮与滑动板间的附着作用带动滑动板向内运动,运动方向如图4.8所示。此时滑动板向内移动的位移量记为Sa(即由外倾角所引起的侧滑分量)。按照规定(见本章——“转向轮定位与侧滑”),具有正外倾角的车轮,由于其类似于滚锥的运动情况,因而无论汽车向前还是向后行驶其所引起的侧滑分量均为“负”;反之,当车轮有负外倾角时,无论汽车向前还是向后行驶其所引起的侧滑分量均为“正”。

2)滑动板仅受到车轮前束的作用

车轮前束是为了消除具有外倾角的车轮类似于滚锥运动所带来的不良后果而设计的。下面讨论汽车外倾角为零,车轮只存在前束时车轮在滑板上的运动情况。

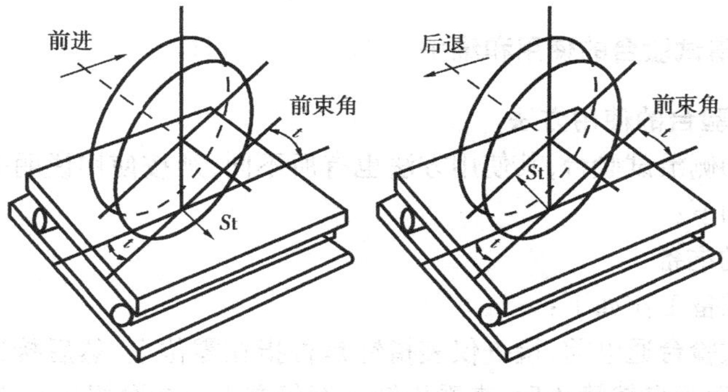

图4.9 具有前束角的车轮在滑动板上滚动的情况

只具有前束的车轮在前进时,由于左右轮向前收拢,车轮有向内滚动的趋势,但两轮受到车桥的约束作用,在实际前进驶过侧滑台时,车轮不可能向内侧滚动,而车轮与滑动板间的作用力会带动滑板向外侧运动。此时,车轮在滑动板上做纯滚动,滑动板相对于地面有侧向移动,其运动方向如图4.9所示。此时测得的滑动板的横向位移量记为St(即由前束所引起的侧滑分量)。按上述规定,汽车前进时,由车轮正前束引起的侧滑分量St大于或等于零,而由车轮负前束引起的侧滑分量St小于或等于零。只具有前束的车轮在后退时的情况与前进时正好相反,即由车轮正前束引起的侧滑分量St小于或等于零,而由车轮负前束引起的侧滑分量St大于或等于零。

综上所述,只具有前束的车轮,在前进时驶过侧滑台时所引起的侧滑分量为正值,在后退时驶过侧滑台所引起的侧滑分量为负值。相反,只具有负前束的车轮,在前进时驶过侧滑台时所引起的侧滑分量为负值,而在后退时驶过侧滑台所引起的侧滑分量为正值。

3)滑动板受到车轮外倾角和前束角的同时作用

前面讨论了汽车只在外倾角或只在前束作用下引起的侧滑分量,但实际上汽车是同时受到外倾角和前束的共同作用。在一般情况下,汽车车轮同时具有正外倾角和正前束,其前进时由外倾角所引起的侧滑分量Sa与由前束所引起的侧滑分量St的方向相反,如果Sa与St大小相等,则两者相互抵消,侧滑量为零;在后退时两者方向相同,侧滑量等于Sa与St两分量之和。如外倾角及前束值不大,可以认为在前进和后退的两种状况下,侧滑分量(Sa和St)数值(即大小)不变。设车轮在前进时通过侧滑台所产生的侧滑量为A,在后退时的侧滑量为B,考虑前面所规定的符号,可得到以下结论:B小于或等于零,且B的绝对值大于或等于A的绝对值,即后退时侧滑量的绝对值大于或等于前进时侧滑量的绝对值。

使用者可根据以上的分析,得到前束与外倾角几种配合情况下侧滑台板的运动规律,结合车轮正负外倾、正负前束在汽车前进和后退时对侧滑的影响判断出引起车轮侧滑的主要因素。

4.1.3 侧滑试验台的使用和维护

(1)侧滑试验台的使用方法

不同类型的侧滑试验台,其使用方法也有所不同,须按使用说明书的规定进行。一般使用方法如下:

1)检测前的准备

检测前的准备工作如下:

①在侧滑试验台通电前,检查仪表指针是否指在零位上;然后接通电源,左右晃动滑动板,待滑动板自然静止后,查看指针是否仍在零位或数据显示仪表上的侧滑量数值是否为零。如发现不为零,对于指针式仪表,可以用零点调整电位计或游丝零点调整旋钮将仪表校正为零;对于数字显示仪表,可按下校准键,调节调零电阻,直到侧

滑量显示值为零,或按复位键进行清零。

②检查侧滑台及周围场地上有无机油、石子、泥污等杂物,若有则应清理干净。

③检查各连接线路有无短路或断路情况,若有则应先进行检修或更换。

④检查并清除轮胎上的油污、泥污和嵌入的石子、杂物等并检测轮胎气压是否符合各自的规定值,若不符合应先把轮胎气压充到规定值。

2)检测步骤

①放下滑板的锁止手柄,接通电源。

②汽车以3~5km/h的低速垂直地驶过滑动板,在汽车通过侧滑板时严禁转向和制动。注意车速不能过高或过低,速度过低会引起失真误差,速度过高也会因台板的惯性力和仪表的动态响应滞后而影响测量精度。

③当被测车轮从滑动板上完全通过后,察看指示仪表的显示结果,读取数据中的最大值,同时记下滑动板的运动方向,以便区别滑动板是向内还是向外滑动。进行记录时,应注意数值的正负号,滑动板向外侧滑动,侧滑量记为正值,表示车轮向内侧移动(即IN);滑动板向内侧滑动,侧滑量记为负值,表示车轮向外侧移动(即out)。

④完成测量后,把滑动板锁紧,并切断侧滑试验台的电源。

3)检测时的注意事项

①不允许超过容许吨位的汽车驶入侧滑台,以防压坏或损伤机件。

②不允许汽车在侧滑台上转向或制动,否则会影响测量精度和检验台的使用寿命。

③前驱动的汽车在测试时,不应该突然加油、收油或踏离合器,这样会改变前轮受力状态和定位角,造成测量误差。

④不允许在试验台上停放任何车辆。

⑤注意经常保持试验台内外的清洁。

(2)侧滑台的维护

1)当侧滑试验台不使用时,一定要锁紧滑动板,以防止在外界接触或碰撞下晃动而损坏测量机件。

2)保持试验台表面及周围环境清洁,以免侧滑台受到污染而锈蚀。

3)在侧滑台不使用时,上面不要堆放杂物或停放车辆,以防滑动板及测量机构受压变形而损坏。

4)侧滑台在每使用1个月后,应重点检查测量装置、蜂鸣器或信号灯在侧滑量超过规定值时能否正常工作。若蜂鸣器、信号灯或限位开关工作状况不良时,应给予及时调整或更换。

5)侧滑台在使用3个月后,除作上述保养检查外,还需检查测量装置的杠杆机构指针和回位装置及联动装置等动作是否灵敏。如动作不灵活或有迟滞,应及时查出故障原因并进行排除。

6)侧滑台在使用6个月后,除进行上面所述的检查保养外,还需要拆下滑动板,检查滑动板下的滚轮及导轨,检查各部位有无脏污、变形、松动、锈蚀、磨损等情况,并进行清洁、紧固和润滑工作。对不能使用的零部件应进行更换。

7)侧滑台在使用1年后,除进行以上各项检查外,还须进行标定,包括接受有关计量部门的鉴定以确保测量精度。

(3)侧滑台的检定和调整

汽车侧滑台长期使用后,由于零部件磨损变形、连接件松动等会造成测量精度下降,因此需要定期进行检定和调整,才能再投入使用,以保证测量结果的可靠性。

1)侧滑台的检定

侧滑台的检定需按照国家标准《汽车安全检测设备——双滑板式侧滑试验台检定技术条件》(GB11798.1—89)的有关规定进行。

2)侧滑台的调整

通过对侧滑台的检定,往往会发现一些不正常的地方或损坏的零部件,出现测量误差较大的情况。引起测量精度下降有两个原因:其一是机械方面的原因,主要是滑动板及联动机构等机械构件在制造过程中存在一些缺陷或隐患的暴露,以及长期使用后机件磨损、间隙增大所造成;二是电气方面的原因,测试仪表内的电子器件日久氧化、老化,或使用过程中的操作不正确而造成零点漂移或电阻值发生变化,或部分元件损坏所致。当出现测量精度明显下降时就应当进行调整,调整方法如下:

①进行仪表零点调整。

侧滑台显示仪表零点调整有两种方式:

电零位调整:利用仪表上的零点调整电位器,改变电阻值的大小进行零点调整。

机械零位调整:当电零位调整仍无法将仪表指针调到零点时,可通过机械的方法进行调整。比如调整回位弹簧预紧力、改变传感器的安装位置、改变滑臂转动角度等。

②调整示值超差。所谓示值超差就是指示结果偏离正常结果值过大。当侧滑台左右滑动板的示值偏大或偏小时,可通过仪表板上增益电位器进行调整。有些侧滑台的仪表板上设有两只调整增益用的电位器,对滑动板的向外(out)和向内(in)可分别进行调整。在检定中常可发现,由于联动机构间隙过大或轴承松旷,可造成仪表示值超差。在这种情况下,应注意对机构配合间隙进行调整。如适当增加调整垫片或对轴承座圈进行镀铬补偿磨损量等,以及改变调整螺母的松紧度以消除间隙,必要时需更换损坏的零部件。

③调整报警判定点超差。由于报警点规定在5m/km处,但往往报警判定点超差超过5m/km点,这称为报警判定点超差。当出现报警判定点超差时,应当进行调整。有些仪表板上有电位器调整点,通过它可以方便地进行调整。当无此电位器调整点时,可用机械调整方法来解决,如调整滑动板下面的机械行程开关进行调节。

④调整动作力超差。滑动板动作力超差时,可以通过对回位弹簧预紧力进行调整来解决,必要时甚至可更换回位弹簧。在测定滑动板动作力时,常可发现在滑动板移动过程中,动作力不均匀,当滑动板移到某一点时,动作力突然增加,造成动作力超差。其主要原因是滑动板发卡所致。应注意检查滑动板有无弯曲变形,下滑板导轨是否平直,上下滑动板间润滑是否良好或有无脏污物造成移动阻力等。机体变形应进行调平校正,并进行彻底清洗和润滑作业。

4.1.4 转向轮定位的检测

前面已提及,汽车在正常使用过程中,当出现车胎异常磨损、汽车维持直线行驶能力差、转向沉重或方向不稳定时,就应当检查和校正前轮定位。此外当更换悬架或转向系统的主要零部件以及汽车前部发生碰撞事故后也需要进行前轮定位的检查或调整。

汽车前轮定位的检测主要指对各前轮定位参数的检测,在汽车静止状态下,用车轮定位仪对前轮定位参数进行几何法测量。前轮定位仪有多种类型,如有便携式水准车轮定位仪、便携式光束水准车轮定位仪、电脑四轮定位仪和固定光学式车轮定位仪等。对于不同的前轮定位仪,其检测方法也有所不同。对于电脑四轮定位仪我们将在四轮定位章节中作专门介绍,下面以便携式光束水准车轮定位仪为例介绍前轮定位仪的检测原理及使用方法。

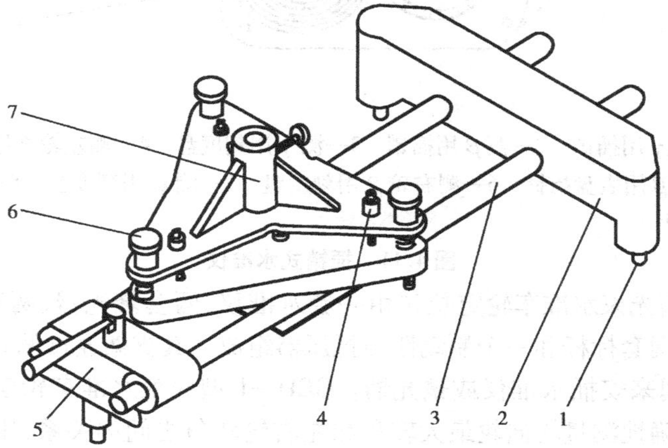

1—支架固定脚 2—固定支架 3—导轨 4—定位螺栓、螺母
5—活动支架 6—调节螺栓 7—调整支座

图4.10 支架总成

(1)前轮定位检测仪

不同厂家生产的光束水准车轮定位仪,如武汉汽车研究所研制的GCD—1型光束水准车轮定位仪、营口产的QD—2型水准式车轮定位仪,其工作原理和使用方法

基本上是相同的。但这两种车轮定位仪在车轮上的安装方式不同:GCD—1 型车轮定位仪配备有一个专门的支架进行安装,见图 4.10 所示。支架卡在轮辋上,它能以其自身的补偿来消除轮辋变形对测量结果的影响。水准仪为插销式,在支架上可以在互相垂直的两个方向上安装,图 4.11 是水准仪的外形图。而 QD—2 型是用磁力将水准仪吸在轮辋上或吸在转向节的指端,只能在一个方向上安装,并在水准仪上设有两支互相垂直的气泡管,用来调整水平度。

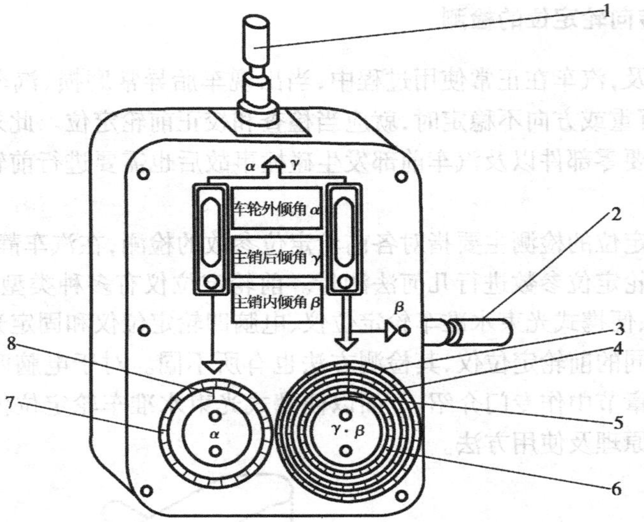

1—测 α、γ 用插销　2—测 β 用插销　3—测 γ 用刻度盘　4—测左轮 β 用刻度盘　5—测 γ、β 用表盘指针　6—测右轮 β 用刻度盘　7—测 α 用刻度盘　8—测 α 用表盘指针

图 4.11　插销式水准仪

GCD—1 型光束水准车轮定位仪由一套水准仪、两套聚光器、两套支架、两套转盘、两套标尺、两套标杆和一个制动踏板抵压器组成。其支架通过偏心机构牢牢地安装在轮辋上,用来安插水准仪或聚光器。GCD—1 型光束水准车轮定位仪的主要功能是用转盘准确地测量转向轮最大转角和左右轮转角之间的关系,用水准仪配合转盘测量车轮外倾角、主销内倾角和主销后倾角,用聚光器和标杆精确地测量前束,并可用聚光器和标尺定性地进行后桥缺陷分析等。

(2)转向轮定位检测前的准备

1)受检汽车的准备

①首先查阅被检汽车使用说明书,确定前轮定位角检测时的载荷状态(如空载、满载),如说明书中没有明确规定,则应当在空载状态下进行。

②转向轮轮胎应为新胎或磨损均匀的半新胎，且轮胎气压应符合规定值。

③检查前轮轮毂轴承、转向节与主销是否磨损或松旷，如有磨损或松动情况应先进行调整或修理。

④检查汽车制动器是否完好，包括行车制动器和驻车制动器，若有问题，应进行调整和修理后。

2）检测场地的准备

①如果不是在专用检测场地进行，首先应检查检测场地的地面是否平整，若不平整应把检测场地刨平，而且应当尽量接近水平。

②对于专用检测场地，通常在场地内都预留有一定大小和深度的坑，在检测时，把检测转盘放入相应的预留坑内，并调整两转盘中心距到与被测汽车前轮轮距相同。如无预留坑，或找不到对应大小的坑，可在汽车后轮下面垫上与转盘相同厚度的木板，以保证前后轮着地面在同一水平面上。

3）汽车的停放位置

在进行检测时，汽车的两转向轮必须正确地停放到检测仪的转盘上。在汽车行驶上转盘之前，首先应当使两转向轮基本上处于正常行驶的直线前进状态并正对两转盘中心，然后将汽车两转向轮缓缓驶上转盘上，并使其主销轴线的延长线基本上通过转盘中心。如果汽车的转向机构有直线行驶位置标记，将转向盘转到直行位置。没有标记的可用聚光器和标尺来确定转向的中间位置，操作方法如下：

①取下转盘锁止销，拉紧汽车手刹车。

②在左右转向轮上分别安装支架，并将聚光器插入支架孔中，给聚光器通以12V的电源。

③将聚光器光束水平地投向过后轮轴线且与后轮垂直的三角架标尺上（应注意左右两侧标尺的位置要相同，即相对于汽车纵向对称平面对称）。调节聚光器的焦距，直到标尺上得到图4.12所示清晰的带缺口的扇形图像（以下简称指针）为止，并读出两侧指针指示数值。如果两侧数值相同，则认为转向机构处于中间位置；如果两侧数值不同，例如左侧为6，右侧为14，则应向右转动转向盘，使两侧指针均应指示到 $(6+14)/2=10$，此时汽车转向轮即处于直线行驶位置。

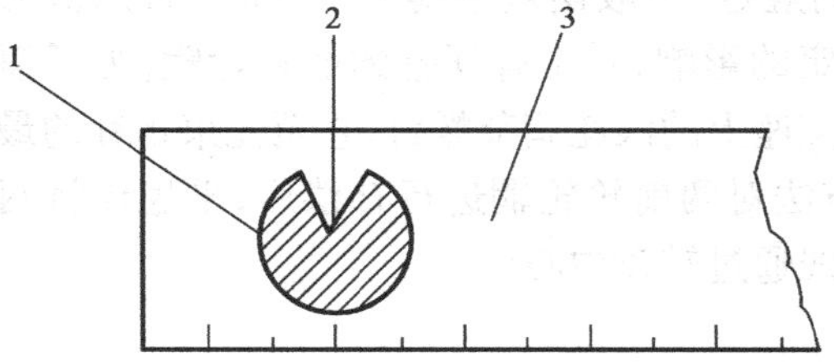

1—光束　2—指针　3—标尺

图4.12　光束指针在标尺上的投影

④直线行驶位置找好后，用举升装置将两前轮平衡地举升，使两前轮离开转盘，然后将转盘刻度调零，插好锁销，最后再将两轮平稳地落放到转盘上。

4)支架的安装

①根据车轮轮辋形式不同,支架总成配有内张式和外张式两种固定脚。先将用来固定支架的两个固定脚卡在车轮轮辋的适当位置,再移动活动支架,使其也卡在轮辋上,然后转动活动支架的偏心卡紧机构,将3个固定脚卡紧在轮辋上。这时,3个固定脚的定位端面应贴紧在轮辋边缘上,且基本上分度均匀。

②松开调整支座弹性固定板的固定螺栓,直到调整支座可以沿导轨滑动。通过特制的芯棒调整支座孔的中心与车轮轴线基本重合,最后拧紧固定螺栓。

5)轮辋变形的检查与补偿

①将聚光器的定位销插入支座孔中,使销轴定位端面与支座定位端面紧紧贴合,然后用弹簧卡固定螺栓,使聚光器牢牢的固定在支座上。

②平稳地顶起被检车辆的左右转向轮,使其离开转盘,此时车轮应能在手力下自由转动。

③将标杆放在被检车辆车桥的前面或后面7倍轮辋半径处。标杆应放在便于检测的位置上(测前转向轮时标杆通常放在前桥的前面)。

④对聚光器通以12V电源,此时聚光器发出光束指针。转动聚光器调整盘,使光束指针的扇形缺口朝上(如图4.12所示)。然后调节聚光器的可伸缩套筒,使光束指针清晰地指示到带有刻度盘的标盘之上。松开聚光器弹簧卡固定螺钉,缓缓地转动车轮一周,读出光束指针指示的最大值与最小值。把最大值与最小值相减就是轮辋端面的摆差。通常对摆差有一定的规定,一般摆差不得大于3mm,否则认为轮辋不合格。另外,摆差对测量结果有一定的影响,对于有摆差的前轮轮辋,为了消除对前轮定位值的检测误差,可转动调整支座上的滚花调节螺钉,直至光束指针的最大值与最小值接近相等为止。通过这种方法对两前轮轮辋进行补偿后,平稳地将两前轮停放到转盘上,并使主销轴线的延长线通过转盘中心。

(3)车轮定位检测

1)前轮前束的检测

①前束的测量位置

在进行转向轮前束测量前,首先应弄清楚被检汽车前束测量部位,不然会使实际前束值与测量值之间出现较大误差。汽车转向轮前束测量点的高度,应该位于转向轮轴线的水平面上,具体测量点则应在转向轮的径向位置上的轮辋内侧边缘处。由于各汽车制造厂对具体的测量点的规定有所不同,因此应将在原厂规定的前束测量位置上的前束值,统一换算成轮辋内侧边缘处的前束值,然后进行比较。具体换算方法如下:

$$\text{前束值} = \frac{(\text{原厂规定的前束值} \times \text{轮辋内侧边缘处的径向尺寸})}{\text{原厂规定的测量点处的径向尺寸}}$$

表4.1中给出了部分车型的前轮前束值及测量位置。

表 4.1　部分车型的前轮前束值及测量位置

车型	前束的测量位置	前束值/mm
北京 BJ2020	两转向轮轮胎胎面中心线间	3 ~ 5
北京 BJ1040		1.5 ~ 3
解放 CA1091		2 ~ 4
东风 EQ1090E		1 ~ 5
五十铃 TXD50		4 ~ 6
跃进 1060	两转向轮轮胎内侧断面突出点间	1.5 ~ 3
斯堪尼亚 LT110		1 ± 1
菲亚特 682N3	两转向轮轮辋内侧边缘间	2 ~ 3
依发		1 ~ 4
却贝尔 D450	两转向轮制动鼓内侧的边缘间	0 ~ 4
黄河 JN1171/127	两转向轮内侧直径为 648mm 或 430mm 的圆周上	3 ~ 4.5
南京依维柯		1.5 ~ 2.5

②前束的测量方法

当做好准备(在进行轮辋补偿后,汽车两前轮停放于转盘上,并找正直线行驶位置)后,就可进行测量。在检测前束的过程中转向盘或车轮不得再转动,前束的测量步骤见图 4.13 所示。

第 1 步:调整标杆长度,使同一标杆两标牌之间的距离略大于被测车轮轮距,并能使聚光器光束指针大致投射到标牌的中间位置。两套标杆一定要调整到相同长度,特别是标杆之间的距离一定要相等,否则将直接对测量结果产生影响。

第 2 步:将调整好的两套标杆分别放在前桥的前面和后面,并与前桥平行。如前所述两标杆之间的距离为轮辋直径的 7 倍,即每一标杆与车轮轴线的距离为轮辋半径的 7 倍。

第 3 步:先将一侧聚光器投向前标杆的标牌上,左右慢慢移动前标杆,使光束指针指到某一整数位置上,如“15”。再将聚光器光束投向后标杆的标牌上,采用同样的方法,使光束指针也指到某一整数位置上,如“25”。然后用另一侧聚光器分别向前标杆与后标杆投射光束,并分别记录光束指针的指示值,通过指示值可计算出前束的大小。例如,如果前标牌指示 10,后标牌指示 15,则前束值为 15 - 10 = 5(mm)。

2)外倾角的检测

①外倾角的测量原理

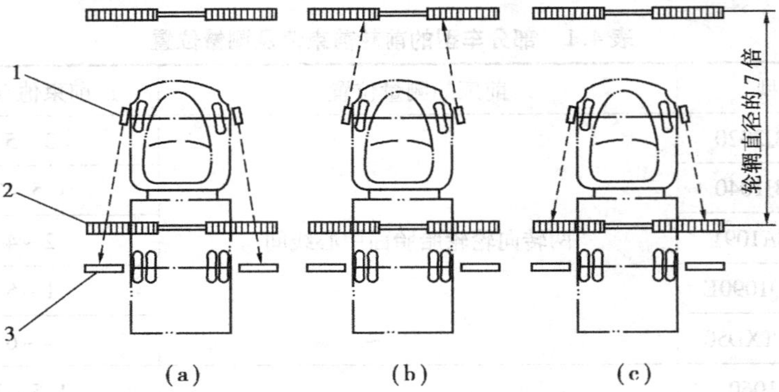

1—聚光器　2—标杆　3—标尺

图4.13　前束测量步骤

(a)找直线位置　(b)、(c)测量前束

转向轮外倾角的检测是采用水准仪在转向轮保持直线行驶状态，但静止不动的情况下直接检测得到的。当转向轮有外倾角度时，通过支架与转向轮平面垂直安装的读数水准仪也必然与水平面具有相同的夹角，转向轮外倾角的检测原理见图4.14。

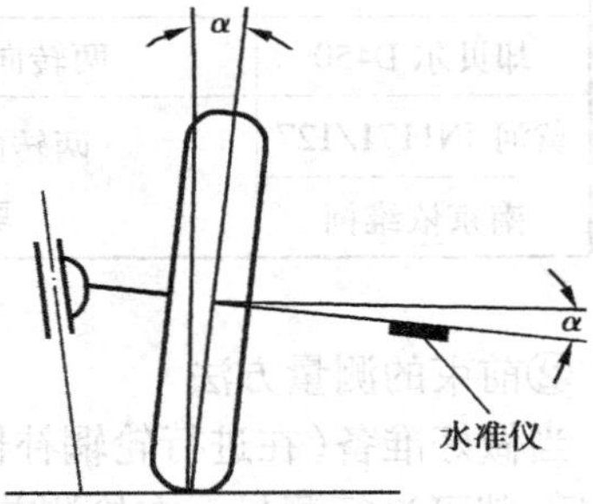

图4.14　转向轮外倾角测量原理

②外倾角的测量方法

在外倾角测量时，将水准仪上的"α、γ"销(如图4.11所示)插入支架座相应孔中，并使水准仪在左右方向上大致处于水平状态。把弹簧卡锁紧螺钉轻轻拧紧，使水准仪牢牢固定在支架上。转动"α"调节盘，直到水准仪的水准气泡处于中间位置，此时就保证了水准仪水平安装。然后在"α"调节盘上读出指示线所指示的角度值，此角度值就是被测车轮的外倾角。

3)主销后倾角的检测

①主销后倾角测量原理

在进行主销后倾角测量时，水准仪的安装位置是水准气泡管的方向与车轮的中心平面相垂直。检测主销后倾角是利用车轮绕主销转动一定角度的方法间接测量的，与检测过程中车轮是否转动无关，所以检测主销后倾角时，可以不进行车轮制动。检测主销后倾角的原理如图4.15所示，测量时将车轮绕主销转动一定的角度，通常是把车轮先向外转动20°，回正后再向内转动20°(车轮向汽车纵向对称平面方向转动为内转，背离对称平面方向转动为外转)。由于主销后倾角的存在，在车轮转动过程中，转向节轴轴线与水平面之间的夹角会发生变化，测出这一夹角的变化值，就可

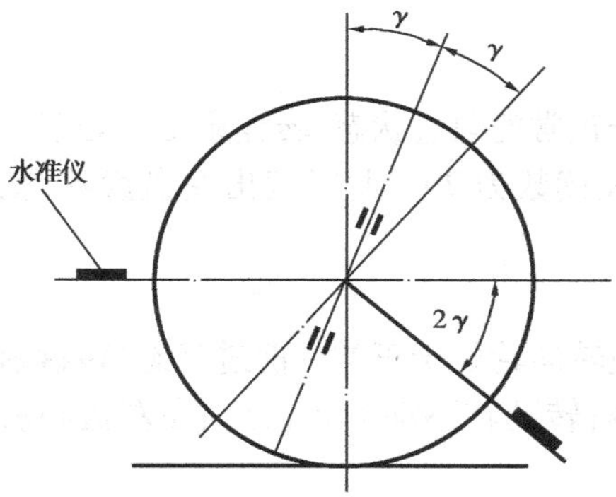

图 4.15 主销后倾角测量原理

间接得到主销后倾角的值。

②主销后倾角测量方法

Ⅰ将汽车转向轮平稳地置于转盘上，车轮保持直线行驶状态，使主销轴线的延长线通过转盘中心，拉紧手刹。

Ⅱ将水准仪“α、γ”销（如图 4.11 所示）插入支架座孔中，将车轮向外转 20°（左轮向左转或右轮向右转），松开弹簧卡锁紧螺钉，并使水准仪沿定位销“β”方向大致处于水平状态，然后拧紧螺钉。

Ⅲ转动“γ、β”调节盘，使其指示红线与仪表板绿、红、黄盘零刻度线重合。

Ⅳ调整水准气泡组件调节旋钮，使气泡处于中间位置。

Ⅴ转动转向盘使转向轮先回正，然后向内（与前面相反方向）转动 20°，调整“γ、β”调节盘，直到水准气泡处于中间位置为止。此时，“γ、β”盘红线所指所指示的值就是主销后倾角的测量值。

4）主销内倾角的检测

①主销内倾角的测量原理

与主销后倾角测量方法相似，主销内倾角是由转向轮绕主销转动过程中的车轮转动角的变化而间接测量的。检测主销内倾角时，水准仪的安装位置是水准气泡管的方向与车轮中心平面相平行，因而车轮在地面上的滚动会直接影响检测结果，在主销内倾角测量时必须用脚制动对车轮进行制动，不能让车轮自由转动。测量时需将车轮绕主销转动，通常是先向外转 20°，回正后再向内转 20°（理论上应当转 90°，但由于结构约束不能实现）。因主销内倾角的存在，车轮绕转向主销转动的过程中，使得转向节与转向轮绕转向节轴轴线偏转一定角度。同样测出这一偏转角度的变化量，主销内倾角就可根据这一变化量间接得到。

②主销内倾角的测量方法

Ⅰ用脚制动器制动车轮。

Ⅱ取下水准仪，使“β”销插入支架座孔中，把弹簧卡锁紧螺钉拧紧。

Ⅲ旋转转向盘使转向轮向外转 20°，弹簧卡锁紧螺钉松开，使水准仪沿“γ、β”定位销方向大致处于水平状态，再把弹簧卡锁紧螺钉拧紧。

Ⅳ调整“γ、β”调节盘，使其红线与绿、红、黄盘上的零刻度线重合。

Ⅴ调节水准泡组件调节旋钮，使气泡处于中间位置。

Ⅵ转动转向盘，使转向轮回位，然后向内转 20°，调整“γ、β”调节盘，直到气泡处于中间位置。此时，“γ、β”调节盘上的红线在红盘（右转向轮时）或黄盘（测左转向轮时)上所指示的值,即为主销内倾角测量值。

5)转向随动角的测量

进行转向随动角的测量时,使转向轮处于正常的前进状态,转盘扇形尺处于零刻度位置。然后将车轮向左转,使右转盘扇形尺读数为20°,此时读出左盘读数,就是左轮转角。同理可检测右轮转角。

6)车轮最大转角及转角差的测量

进行车轮最大转角及转角差的测量时,使转向轮处于正常的前进状态,转盘扇形尺处于零刻度位置。将转向盘分别向左和向右转到转不动为止,分别在左盘和右盘读出转角指示数值,就是最大转角及转角差。

4.2 汽车制动性能检测

制动系是汽车底盘的主要组成之一,其技术状况变化直接影响汽车行驶及停车的安全性。因此,它是安全检测中的重点和必检项目之一。

4.2.1 制动系常见技术故障

(1)制动装置的技术要求

为了保证汽车的行驶安全,国家标准 GB7258—1997《机动车运行安全技术条件》对制动系提出如下要求:

1)汽车应同时具有行车制动器、驻车制动器和应急制动器。汽车行车制动、应急制动和驻车制动的各制动系统以某种方式相联。三种制动器应保证当其中一个或两个系统的操纵机构的部件失效(行车制动的操纵踏板、操纵连接杆件或制动阀的失效除外)而不起作用时,仍具有应急制动功能。但行车制动器、驻车制动器和应急制动器不能同时起作用。

2)行车制动在产生最大制动作用时的踏板力也有一定的要求。对于座位数小于或等于9的载客汽车应不大于500N;对于其他车辆应不大于700N。

3)对踏板自由行程的要求。座位数小于或等于9的载客汽车踏板自由行程不得超过120mm,其他车辆不得超过150mm;液压行车制动在达到规定的制动效能时,踏板行程不得超过踏板全行程的3/4;制动器装有自动调整间隙装置的车辆的踏板行程不得超过踏板全行程的4/5。

4)驻车制动操纵装置的安装位置要适当,其操纵装置必须有足够的储备行程,一般应在操纵装置全行程的2/3以内产生规定的制动效能;驻车制动机构装有自动调节装置时允许在全行程3/4以内达到规定的制动效能。

5)采用气压制动的机动车当气压升至600kPa且在不使用制动的情况下,停止空气压缩机3min后,其气压的降低值应不大于10kPa。在气压为600kPa的情况下,将制动踏板踩到底,待气压稳定后观察3min,单车气压降低值不得超过20kPa,列车气压降低值不得超过30kPa。

6)采用液压制动的汽车在保持踏板力为700N达到1min时,踏板不得有缓慢向地板移动的现象。

7)驻车制动应通过纯机械装置把工作部件锁止,并且施加于操纵装置上的力:手操纵时,座位数小于或等于9的载客汽车应不大于400N,其他车辆应不大于600N;脚操纵时,座位数小于或等于9的载客汽车应不大于500N,其他车辆应不大于700N。

8)气压制动系统必须装有限压装置,确保储气筒内气压不超过允许的最高气压。

9)汽车、无轨电车和四轮农用运输车的行车制动必须采用双管路或多管路,当部分管路失效时,剩余制动效能仍能保持原规定值的30%以上。

10)汽车在运行过程中,不应有自行制动现象。

11)采用气压制动系统的汽车,发动机在75%的标定功率转速下,4min(汽车列车为6min,铰接公共汽车和无轨电车为8min)内气压表的指示气压应从零开始升至起步气压(未标起步气压者,按400kPa计)。储气筒的容量应保证在不继续充气的情况下,车辆在连续5次全制动后,气压不低于起步气压。

(2)制动系常见技术故障

1)制动距离延长

汽车制动距离是指汽车以一定的速度行驶,从驾驶员踩下制动踏板到汽车完全停下所驶过的距离。通常对应的初速度其制动距离都有一定的规定。汽车以一定的初速度行驶,制动时的制动距离超过了该速度下的规定值,则称为制动距离延长。制动距离与制动初速度及制动减速度的关系式为:

$$S = \frac{1}{3.6}(\tau'_2 + \frac{1}{2}\tau''_2)v_0 + \frac{v_0^2}{2 \times 3.6^2 j_a} \qquad (4.1)$$

式中:S——制动距离,m; τ'_2——制动系的反应时间,s;

τ''_2——制动力上升时间,s; v_0——制动初速度,km/h;

j_a——制动减速度,m/s^2。

当汽车的初速度一定时,制动距离的长短随着制动减速度的大小和制动时间τ'_2和τ''_2的长短而变化。制动减速度愈大则制动距离相应缩短;制动时间τ'_2和τ''_2愈长,则制动距离增大。制动时间与制动器的结构及调整有关。

制动减速度的大小取决于制动器摩擦力矩的大小,而摩擦力矩的大小又取决于制动鼓与制动蹄片之间的正压力和摩擦系数的大小。由于制动管路堵塞、破裂、接头松动,会导致管路压力不足,造成制动鼓与制动蹄间正压力下降;而摩察片沾油、过热等则会造成摩擦系数下降。这些都将使汽车制动距离延长。

2)制动跑偏

制动跑偏现象是指汽车在制动时不是按直线方向减速停车,而是自行偏向左方或右方。

车辆制动时的跑偏情况比较复杂,影响制动跑偏的因素也很多。比如,汽车悬架系统的形式、结构及刚度,制动时车辆的初始状态,道路路面状况,前轮定位参数,左右轮制动力的平衡情况,车辆载荷的分布状况等都对跑偏有影响。但就车辆本身而言,影响汽车制动跑偏的因素主要有两个方面:一个是汽车左右车轮的制动力不相等,特别是前转向桥左右车轮制动力的不相等;二是汽车制动时,悬架导向杆系与转向杆系在运动学上的不协调而发生运动干涉。

3)制动失效

制动失效是指当踩下制动踏板时,汽车仍按原来的速度行驶,不能减速或停车。

液压制动系统中制动总泵皮碗翻转或损坏,不能提供制动油压、制动管路破裂或接头处发生泄漏使制动油压大大降低、制动液严重不足或产生气阻、制动操纵机构的机械连接部位有脱开之处;气压制动系统中储气筒内无压缩空气、制动控制阀不能打开或排气阀不能关阀、气路发生堵塞、制动控制阀膜片或制动气室膜片破裂漏气、气路严重漏气等都会引起制动失效。这些原因都会使加到制动踏板上的踏板力无法传递到制动蹄或制动块上,因而制动蹄(块)与制动鼓(盘)之间就不能产生正压力和摩擦力矩,从而完全丧失制动作用。制动失效将严重影响行车安全,一旦发生,后果不堪设想。

4)制动拖滞

制动拖滞是指施加制动后,松开制动踏板,制动器不能迅速解除制动而仍剩有一定的制动作用,导致汽车车速继续降低的现象。

对于气压制动系引起制动拖滞现象的主要因素有:制动鼓支撑销变位、制动蹄回位时卡滞、制动气室推杆伸出过长或因弯曲变形而卡住、控制阀臂和排气阀的行程调整不当,或排气阀弹簧折断使排气阀不能打开,制动凸轮转动不灵活而在回位时卡滞等。

汽车制动拖滞现象也会影响汽车行驶安全。其不仅会加剧汽车的侧滑和甩尾,并会导致制动器过热和制动蹄片烧蚀,从而降低汽车的制动性能。因此,一旦出现汽车制动拖滞现象,就应当对制动系进行检修,及时排除故障。

5)制动侧滑(或甩尾)

前面已提及,如果汽车前轮定位参数匹配不当,汽车行驶时会引起车轮侧滑。但是在汽车制动时,即使前轮定位参数匹配合理,汽车有时也会向侧面发生滑动乃至打转,这种现象称为制动侧滑(或甩尾)。

汽车在制动过程中,当车轮还没有彻底抱死时,才有一定的承受侧向力的能力;随着制动力的增大,车轮抱死后,便失去了其承受侧向力的能力,此时一旦有侧向力作用在汽车上,就可能发生侧滑。轮胎与路面的状况(附着情况)对制动侧滑有很大的影响,通常汽车在附着性能差的滑溜和湿路面上制动时,出现侧滑现象较多。

汽车车轮抱死与制动侧滑之间有以下关系:

①前轮抱死,后轮滚动,可能出现侧滑。汽车按直线行驶,处于稳定状态,但前轮失去转向能力。

②后轮抱死,前轮滚动,汽车后轴侧滑,严重时即发展为甩尾,是一种极危险的不稳定状态。

③当车速较高时,如果前轮先抱死,或后轮比前轮提前0.5s以内的时间先抱死,汽车可能出现侧滑;如果后轮比前轮提前0.5s以上的时间先抱死则会发生汽车后轴侧滑甩尾。

④当前后轮同时抱死时,汽车的附着系数利用率最高,但可能发生整体侧滑而偏离原行驶车道。

⑤车轮抱死后,路面附着性能越差(路面越滑),制动时间越长,侧滑越严重。

严格地说,制动侧滑不是一种故障现象,但一旦出现制动侧滑时,就应当采取一定的措施,以防发生危险。发生制动侧滑时,通常可采取以下措施:把转向盘朝侧滑的一边转动并立即放松制动踏板,停止制动,然后从新调整汽车位置。当汽车的位置调正后,再平稳地把转向盘转到原来的位置。现代汽车已广泛采用防抱死制动系统(ABS),以防止产生车轮抱死的情况,因而制动侧滑现象很少发生。

4.2.2 制动性能检测

制动性能的检测通常可以在道路上进行,也可以在试验台上进行。道路检测法虽有直观、简便的优点,但也存在许多问题,如要受交通条件和气候条件等的影响。因此,室内台架试验法在国内外得到了广泛的应用。室内台架试验通常在制动试验台上进行,制动试验台可以其滚筒或跑板作为移动的路面来近似地模拟汽车行驶时实际制动过程。室内台架试验法具有迅速、准确、经济、安全、不受外界自然条件的限制、试验重复性好和能定量地指示出各车轮的制动力或制动距离等优点。因此这里主要介绍用制动试验台检测制动性能的方法。

1)制动试验台的类型

制动试验台按不同的分类方法,可以分为不同的类型。常见的分类方法有:按试验台测试原理不同,可分为反力式和惯性式两类;按试验台支承车轮形式不同,可分为滚筒式和平板式两类;按试验台检测参数不同,可分为测制动力式、测制动距离式和多功能综合式等种类;按试验台测量装置至指示装置传递信号方式不同,可分为机械式、液压式和电气式等。

在上述各类制动试验台中,反力式滚筒制动试验台(测制动力式)和惯性式滚筒制动试验台(测制动距离式)以其结构简单、使用方便迅速而得到了广泛使用。惯性平板式制动试验台使用很少。多功能综合试验台功能比较齐全,不仅能检测车辆的制动性能,还能进行底盘测功、模拟道路行驶,进行加速性能、滑行性能、燃料经济性能和车速表指示误差的检测等,但其结构复杂、测试费时费事、使用成本高。本节主要介绍反力式滚筒制动试验台和惯性式滚筒制动试验台。

2)反力式制动试验台

①结构

图4.16为反力式制动试验台制动力测量原理示意图。进行测量时,将被检汽车的车轮2置于两个滚筒1上,用电动机3通过减速器驱动滚筒转动,然后通过滚筒带动车轮旋转。当车轮制动时,车轮给滚筒一个与旋转方向相反的反力,该力通过电动机3、杠杆5传给测力秤4,并由测力秤的指示表显示出来,从而测出了车轮的制动力。试验台主要由制动力承受装置、驱动装置、制动力检测装置和制动力指示与控制装置组成。

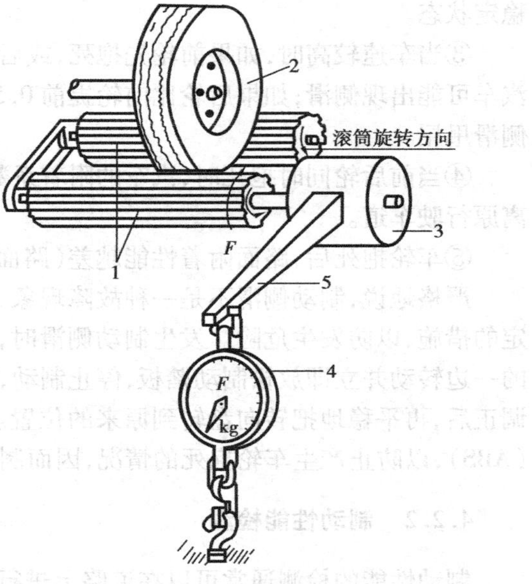

1—滚筒 2—车轮 3—电动机 4—测力秤 5—杠杆

图4.16 反力式制动试验台制动力测量原理图

Ⅰ制动力承受装置

制动力承受装置主要由两副滚筒组成,每副滚筒有一个主动滚筒和一个从动滚筒(有些还有第三滚筒,起举升器的作用)。滚筒通常用碳钢制成,滚筒的外圆周表面上通常开有纵向矩形槽或涂有高摩擦性能的耐磨涂料,以增加车轮与滚筒间的附着力。两副滚筒分别用轴承安装在试验台框架上。在两滚筒之间装有举升器,主要起举升作用,使汽车顺利驶上和驶下滚筒,防止汽车进入或开出滚筒时发生冲击。举升器可采用气压式或液压式,当车辆驶入、驶出滚筒时,举升缸将托板升起,使车轮平稳驶入、驶出滚筒,减少了冲击(当具有第三滚筒时,由于第三滚筒兼起举升器的作用,因此没有单独的举升器)。在制动时,车轮制动力的反作用力作用在滚筒上,因此可对滚筒的受力进行测量来检测制动力。

Ⅱ驱动装置。驱动装置由电动机、减速器和传动链条等组成,其作用是驱动滚筒带动车轮旋转。电动机的转速经减速器内一蜗轮蜗杆副和一直齿轮副的两级减速后传给主动滚筒,主动滚筒通过链条带动从动滚筒旋转。减速器壳体为浮动连接,能绕滚筒轴自由转动。

Ⅲ制动力检测装置。制动力检测装置由测力杠杆和检测装置等组成。检测装置的形式很多,如自整角电机式(即同步电机式)、电位计式、差动变压器式和应变片式等。测量装置中,有一测力传感器,用来测量由传动齿轮传给测力臂再传给测力弹簧的作用力,传感器将被测的作用力以电信号的形式输出,然后输送到指示装置。

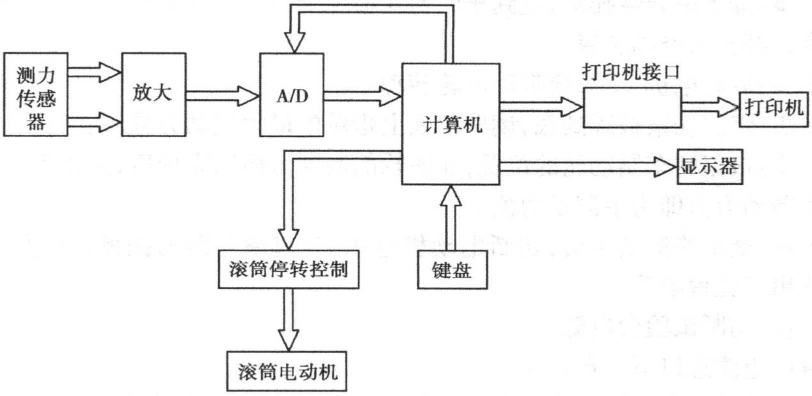

图 4.17　FZ—10B 型汽车制动试验台计算机控制框图

Ⅳ制动力指示与控制装置。控制装置有电子式与电脑式之分。电子式的控制装置多配以指针式指示仪表。现代制动试验台已经向智能化方向发展,多为电脑式控制装置并配以数字显示器。我国目前生产的反力式制动试验台大多也为电脑式。图 4.17 所示是国产 FZ—10B 型汽车制动试验台的计算机控制框图。从图 4.17 中可以看出,从测力传感器传来的电信号,经直流放大后,转换到 A/D 转换器的输入信号范围内,然后送往模数转换器 A/D 转换成数字量,通过计算机进行数据采集、存储和处理后,由数码管显示或打印机打印出检测结果。

制动试验台使用的指针式仪表有两种型式:一种是一轴单针式,另一种是一轴双针式。一轴单针式有两个刻度盘,两个指针,分别指示左右轮的制动力,这种型式便于分别观看左右轮的制动力。一轴双针式只有一个刻度盘,两个表针分别指示左右轮的制动力,这种型式便于对左右轮的制动力进行比较。

②反力式制动试验台的使用方法

Ⅰ在使用前,要对被检汽车做好如下准备:

a. 检查轮胎气压是否符合汽车制造厂的规定,若不符合规定,应将气压充到规定值。

b. 检查轮胎是否沾有水、油等或轮胎花纹沟槽内是否嵌有小石子,若有则一定要清除干净。

c. 检查汽车各轴轴荷是否超过试验台允许范围。

Ⅱ准备工作完成后按下列步骤检测:

第 1 步:接通试验台电源并预热。

第 2 步:升起举升器的托板或第三滚筒。

第 3 步:将汽车垂直于滚筒方向驶入试验台,让前或后车轮停放在举升器托板上。

第 4 步:降下举升器托板,直到车轮与托板完全脱离而支撑在滚筒上为止。将变速器的变速杆挂入空挡位置。

第 5 步:启动电机,使滚筒带动车轮转动。

第 6 步:将制动踏板踩到底,读取仪表上指示的最大制动力数值。

第 7 步:根据驻车制动轮的位置,在该轮的制动力检测完毕后,拉紧手刹,仪表指示的最大制动力值即为手制动力值。

第 8 步:全部检测结束后,切断电动机电源,升起举升器的托板(或第三滚筒),把汽车开出试验台滚筒。

第 9 步:切断试验台电源。

测量中应注意以下几点:

a. 超过试验台允许轴重或轮重的汽车,一律不准驶上试验台进行检测。

b. 检测时,发动机应处于熄火状态,变速器应挂入空挡位置,对采用气压系统进行制动的汽车,其储气筒气压应大于或等于 590kPa。

c. 在车轮驶上滚筒后,应让车轮随滚筒自由转动几圈以保证车轮与滚筒的良好接触。

3)惯性式制动试验台

惯性式制动试验台的基本原理是用飞轮的旋转动能来模拟汽车在道路上行驶时的平移动能。滚筒相当于一个移动的路面。在一个较大的光面滚筒上串联一组惯性飞轮,其与滚筒旋转惯量之和等于汽车行驶时的惯量。由于滚筒与车轮的线速度相等,所以飞轮与滚筒便能模拟汽车在某速度下行驶时的动能。测得此时汽车制动后的滚筒旋转圈数,即可求得汽车在该速度下的制动距离。

图 4.18 所示为双轴惯性式制动试验台。它可以同时测试双轴车辆所有车轮的制动距离。被测汽车置于滚筒组上,前滚筒组的位置可根据被测汽车轴距由油缸 4 来调节,调节后用油缸 5 夹紧定位。左右主动滚筒用半轴与差速器 6 相连,再经差速器与变速器 7、花键轴 8 相接。后滚筒组上将有第三滚筒 12,防止汽车制动时向后跳动。测试时,由被试车驱动后滚筒旋转,并经过离合器 11、花键轴 8、变速器 7、差速器 6 带动前滚筒及汽车前轮一起旋转。此时,按被测汽车行驶时的惯性等效重量配置的飞轮 14 也一起旋转。当车轮制动后,滚筒及飞轮将在惯性作用下继续旋转,其继续旋转的圈数(即相当于汽车的制动距离),则取决于被测车轮制动系的技术状况。车轮制动后滚筒旋转的圈数,由装在滚筒轴端的遮光圆板及装在滚筒架板上的光源和光电传感器发出信号,用计数器来记录。图 4.19 所示为制动距离测量原理方

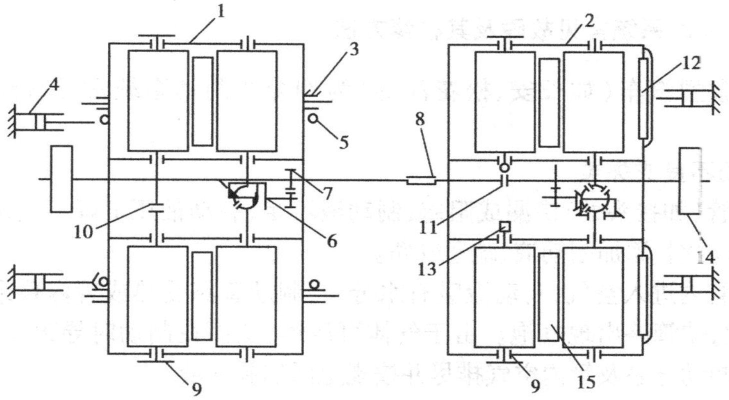

1—前滚筒组 2—后滚筒组 3—导轨 4—推拉油缸 5—夹紧油缸 6—差速器 7—变速箱 8—花键轴 9—制动距离测试元件 10—电磁离合器 11—电磁离合器 12—第三滚筒 13—测速发电机 14—飞轮 15—举升器

图 4.18 双轴惯性式制动试验台示意图

框图。这种试验台亦可测取制动减速度(或制动力)的大小。测减速度是利用滚筒两边的测速发电机作传感器,通过电子线路在加速表中分别示出两轮的减速度大小和制动时间的先后,测速发电机电压的不相等则反映了滚筒即车轮减速度的差别。

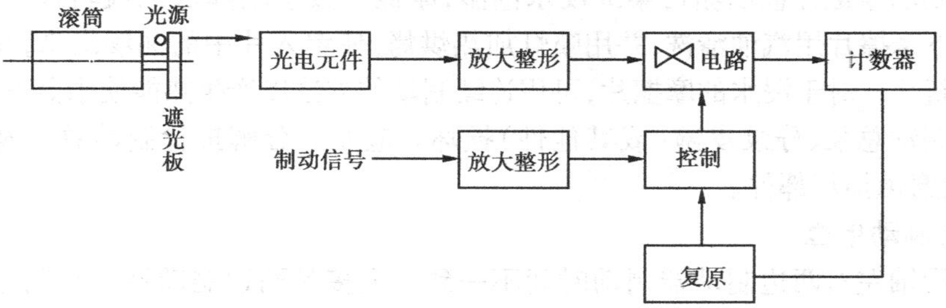

图 4.19 制动距离测量

为了保证左右车轮在制动前转速相等,左右滚筒之间用电磁离合器连接。电磁离合器在制动信号开始发出时分离,以保证左右车轮在制动时的独立性。

前后滚筒之间装有举升器,便于汽车进行试验时进出方便。

惯性式制动试验台,由于采用高速模拟,比较接近实际道路行驶条件,因而试验结果更为可靠,并可发展成进行加速、滑行、测功等试验的多功能台架。但是,由于试验台飞轮组的配置要符合被检车辆的惯量要求,因此设备结构复杂、试验台调整等准备工作繁重。

4.2.3 制动系统常见故障及其检修方法

下面以微型汽车(如长安、松花江等)为例介绍制动系统常见故障及其检修方法。

(1)制动不良或失灵

1)制动管(如接头处)渗漏或阻塞,制动液不足,制动油压下降。应定期检查制动管路、排除渗漏、添加制动液、疏通管路。

2)制动管内进入空气,制动液吸有水分,当制动管路受热或管内残余压力太小时,水分气化,使管路出现气泡。由于气体可压缩,从而在制动时导致制动力下降。维护时应将制动分泵及管内空气排尽并按规定添加制动液。

3)制动间隙不当。制动摩擦片工作面与制动鼓内壁工作面在不制动时的间隙过大,制动时,分泵活塞行程过大,以至制动迟缓、制动力下降。维修时应按规范全面调校制动间隙(如用平头起子从调整孔拨动棘轮,将制动蹄完全张开,间隙消除,然后将棘轮退回3~6齿,以得到所规定的间隙)。

4)制动鼓与摩擦片接触不良,制动蹄变形或制动鼓圆度超过0.5mm以上,导致摩擦片与鼓接触不良,制动摩擦力矩下降。若发现此现象,必须搪削或校整修复。制动鼓搪削后的直径不得大于220mm,否则应予更换新件。

5)制动摩擦片被油垢污染或浸水潮湿,摩擦系数急剧降低,引起制动失灵。维护时拆下摩擦片用汽油清洗,并用喷灯加热烘烤,使渗入片中的油渗出来;渗油严重时更换新片。对于浸水的摩擦片,可用连续制动的方法以产生热能使水蒸发。

6)制动总泵、分泵皮碗(或其他件)损坏。应及时分解拆检制动总泵及分泵皮碗,更换磨蚀损坏部件。

(2)制动单边

1)同轴左右两边制动器制动时间不一致。大多是两边制动器制动间隙不均所引起。遇此现象,可按规定重新调校各轮制动间隙。

2)同轴的制动力各异。这通常为某边制动分泵漏油、制动摩擦片油污、两边制动器摩擦系数或接触面差异以及左右轮胎气压不等而引起。可用汽油清洗摩擦片、修磨摩擦片、调整轮胎气压、排除渗漏等方法解决。

3)车轮定位失准及左右轮胎磨损不一。应找准原因之后分别按规定予以调校或换件。

(3)制动噪音

1)制动鼓失圆,其圆度误差超过0.5mm,制动鼓工作面变形(椭圆),制动时片与鼓贴合瞬间发生碰撞,同时发出尖锐的撞击响声。维护时拆下制动鼓按规范标准进行搪削,并进行平衡性能校验,不平衡量控制在200g·cm之内。

2)制动摩擦片表面太光滑、摩擦系数小,当制动压力大时,光滑的表面滑磨时便产生摩擦噪声。在摩擦副之间存在异物挤压摩擦表面,也会产生摩擦噪音。维修时可拆下制动鼓清除异物,并用粗砂纸打磨摩擦片,并使之配合副接触面积达 70% 以上。

3)制动摩擦片严重磨损,表面出现沟槽及不规则形状,或制动鼓有白口,制动时不能完全有效地和制动鼓贴合;或制动支撑板变形、破坏了鼓与片的同轴度,摩擦单边而出现噪声。维修时,更换摩擦片并校正制动支撑板。

(4)制动拖滞引起的制动鼓发热

1)制动间隙过小、踏板自由行程过小。当放松制动踏板时,制动力不能完全解除,使得摩擦副长时间处于接触状态。表现为起步困难、动力差、油耗高,用手抚摸轮鼓表面感到烫手。遇此情况应按规范重新调整制动间隙。

2)制动手柄没完全放开。原因可能是调整不当或操作上的疏忽,致使摩擦副长时间处于摩擦状态而发热。必要时按规范进行调整。

3)制动产生的热量使回位弹簧受热变形而弹力下降,不能保证制动摩擦蹄片及时回位而导致制动鼓发热。检查确认后更换回位弹簧。

(5)驻车制动器失灵

常见为拉索或外套锈蚀,牵引弹簧折断、脱落或弹性消失,致使手制动松不开或失效。应检查制动操纵拉索和制动系统部件表面有无损伤,手柄操纵动作是否灵活,有无卡滞现象,拉索连接头和固定部位是否松动损坏,必要时修复或换件。

检修时对拉索加注润滑脂进行润滑或更换损坏件,重新按修理规范调整制动手柄转动量。用 196N 力作用于驻车制动手柄上,向上拉起手柄齿板移动 5 ~ 7 个齿,即可完全制动驻车为正常手柄行程;若齿板移动超过 7 齿以上,则表明制动间隙过大或拉索伸长,应重新进行调整。

4.3 汽车车速表检测

4.3.1 汽车车速表检测

车速表是提供汽车行驶速度信息的重要仪表,驾驶员在行车途中能够正确控制车速,是提高运输生产力与保证安全行车的关键。车速表使用时间长后由于内部磁场减弱、游丝老化、车轮直径磨损减小等原因会产生误差,车速表故障或失灵将直接影响驾驶员对汽车行驶速度的判断。因此,定期检验车速表对于保障行驶安全是非常重要的。

(1)国家标准的有关规定

在《机动车运行安全技术条件》(GB 7258—1997)中,对车速表的技术状况及检测都有一定的规定:车速表允许误差范围为 +20% ~ -5%,也就是当汽车的实际车速为40km/h时,车速表指示值应在38km/h~48km/h范围内,如果超出这一范围,车速表的指示就不合格,应进行调整和检修。

(2)车速表误差的形成及测量原理

1)车速表误差的形成

①车速表组成部件的磨损与老化等引起车速表误差

汽车车速表由车速指示部分和测量行驶距离装置两部分组成,其具体组成为可转动的活动盘、转轴、轴承、齿轮、游丝等机械零件和磁性元件等。车速表是由车轮的转动来驱动的,然后通过一定的传动比把动力传到转轴和转轴机构,再利用电磁感应原理,来驱动指示部分的指针摆动,从而显示出汽车的行驶速度。随着汽车行驶里程的不断增加,在工作过程中,组成车速表的零部件不可避免地要产生磨损或损坏,电磁元件也会逐渐发生磁性变化或氧化,所有这些因素都会影响车速表的显示及显示结果的准确性,导致车速表显示有误差,甚至无法显示。

②汽车轮胎磨损引起车速表误差

前面谈到,车速表的最初动力来源于车轮,然后通过传动转换装置把汽车车轮转速转换成汽车直线行驶速度,其转换公式为:

$$v \approx 0.377\frac{r_k n}{i_k i_0}$$

式中:v——汽车行驶速度,km/h;

r_k——车轮滚动半径,m;

n——发动机转速,r/min;

i_k——变速器传动比;

i_0——主减速器传动比。

由上式可以看出,车速表最终显示的车速值不仅与车轮转速有关,而且还与轮胎半径有关。随着汽车行驶里程的增加,轮胎会逐渐磨损,当轮胎磨损后,汽车轮胎的滚动半径会变小,因此,在变速器输出转速不变的情况下,汽车的实际行驶速度便会因轮胎的磨损而发生变化,车速表的显示值与汽车实际行驶车速就会有一定的误差。

此外,轮胎气压的变化也会使车速表产生误差,这与轮胎磨损差不多,当轮胎气压低时,车轮滚动半径减小,从而使指示值偏高。

2)车速表误差的测量原理

由于车速表误差不能超过规定范围,因此为了对汽车车速表的指示误差进行控制,需对车速表进行检测。同样,车速表的检测方法有道路试验法和室内台架试验法两种,道路试验法是汽车在某一预定长度的试验路段上以不同车速等速行驶通过时,测出汽车通过预定路段所用的时间。由于路段长度知道,因此可以计算出汽车实际行驶车速,然后与驾驶室内车速表显示的车速值进行对比,就可以求出车速表在不同车速下的指示误差。

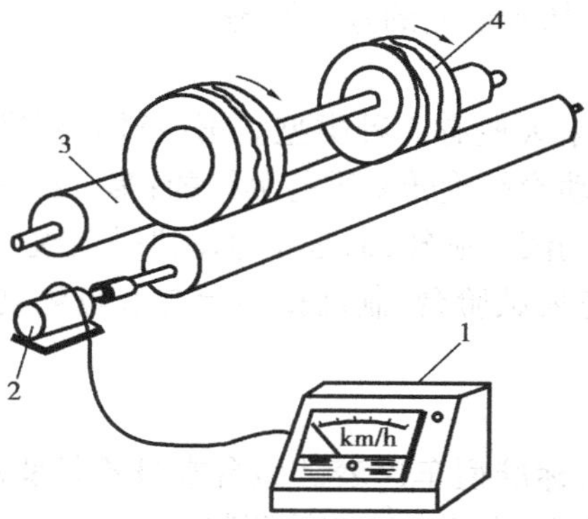

1—速度指示仪表　2—速度传感器　3—滚筒　4—被测车轮

图 4.20　车速表误差的测量方法

道路试验测量车速表误差时，需要规定的路段，环境条件对测量结果有一定的影响，且测量需花大量的时间。因此通常是在滚筒试验台上进行台架试验检测车速表误差。图 4.20 所示是用台架试验法测量车速表误差的原理图。在测量时把滚筒作为连续移动的路面，被测车轮停放在滚筒上，由发动机经传动系驱动车轮旋转，车轮旋转带动滚筒旋转。在滚筒的端部装有速度传感器（测速发电机），速度传感器所发出的电压大小与滚筒的转速成正比，而滚筒的转速又与车速成正比，因此传感器的电压也与车速信号成正比。滚筒的线速度、圆周长和转速之间具有以下关系：

$$v = I \cdot n \cdot 60 \times 10^{-6}$$

式中：v——滚筒的线速度，km/h；

I——滚筒的圆周长，mm；

n——滚筒的转速，r/min。

在车轮与滚筒之间无滑转时，车轮的线速度与滚筒的线速度相等，因此计算得到的线速度值 v 就是汽车行驶的准确车速，当轮胎与试验台滚筒的接触情况越接近轮胎与路面的接触情况时，速度值 v 就越接近在路面上行驶时实际车速值。测试时，车速表试验台上的指示装置显示出由上式计算所得到的车速值 v，将其与车内车速表上的指示值进行对比，就可以求出车速表指

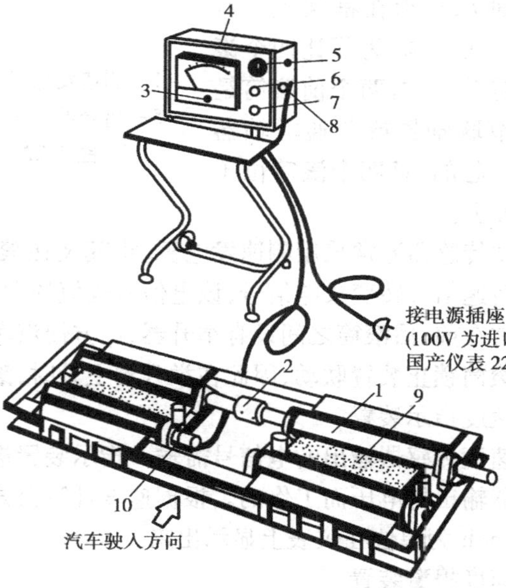

1—滚筒　2—联轴器　3—零点调整螺钉　4—速度指示仪表　5—蜂鸣器　6—报警灯　7—电源灯　8—电源开关　9—举升器　10—速度传感器（测速发电机）

图 4.21　标准型车速表试验台

示误差。这就是采用台架试验检测车速表指示误差的基本原理。

(3)车速表试验台

车速表试验台的种类繁多,但概括起来大概有3种类型。第一种是标准型车速表试验台,这种试验台是依靠被测车轮带动滚筒旋转来进行测量的;第二种是驱动型车速表试验台,这种试验台不是靠车轮带动滚筒旋转,而是用电动机带动滚筒旋转进行测量;第三种是综合型试验台,它把车速表试验台、制动试验台与底盘测功试验台组合在一起,具有多种功能。

1)标准型车速表试验台

图4.22所示是标准型车速表试验台,标准型车速表试验台本身不带驱动装置,它是靠驱动车轮带动滚筒旋转进行车速检测,主要由速度检测装置、速度指示装置和速度报警装置组成。

①速度检测装置

速度检测装置主要由滚筒、速度传感器、联轴器和举升器等组成。滚筒常有2个或4个,直径为370mm或185mm,滚筒的两端都用轴承支承在框架上。对于四滚筒式结构,为了让四个滚筒同步转动,左右两个前滚筒是用万向节联轴器或普通联轴器连接在一起的,且四个滚筒位于同一平面上。

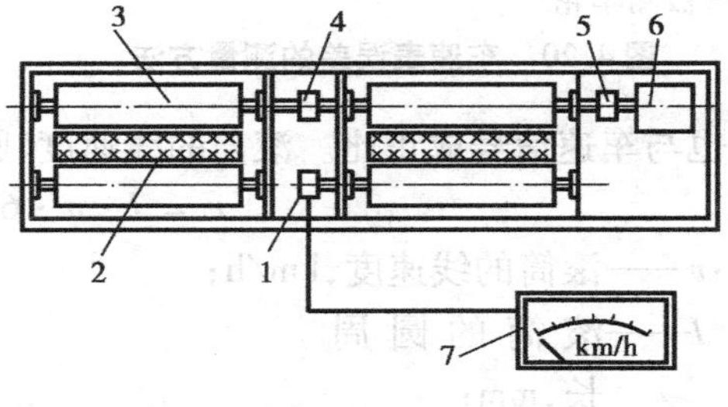

1—测速发电机 2—举升器 3—滚筒 4—联轴器
5—离合器 6—电动机 7—速度指示仪表

图4.22 电动机驱动型车速表试验台

速度传感器通常采用测速发电机,将其装在滚筒的一端。速度传感器的作用是把滚筒转速信号转变成电信号,该电信号幅值的大小与滚筒转速成比例。

通常在前、后滚筒之间设有举升器,以方便汽车车轮顺利驶上或开出试验台。举升器和滚筒锁止装置联动,因此在举升器上升时,滚筒不会转动。

②速度指示装置

从速度传感器输出的电信号需输入指示装置进行显示。速度指示装置是按照速度传感器输出的电压而工作的。根据速度计算公式由滚筒圆周长与转速可以算出速度,以km/h为单位在仪表上显示出来。

③速度报警装置

速度报警装置是为了能在测量时便于判别车速是否合格而设置的。例如在指示仪表上,38~48km/h的范围内涂成绿色区域,表示合格区域,在低于38km/h和高于48km/h的范围涂成红色区域,表示不合格区域,或在速度超过绿色区域时就用报警灯或蜂鸣器进行报警,以引起注意。

2)驱动型车速表试验台

驱动型车速表试验台本身带有驱动装置(如图4.22中的电机6),它是针对检测由从动车轮驱动的车速表而设计的。驱动型车速表试验台进行测试时,用电动机带动滚筒转动,然后用滚筒带动被测汽车的从动车轮旋转,从动车轮旋转再驱动汽车车速表进行指示。

驱动型车速表试验台的构造基本上与标准型车速表试验台相同,其区别仅在于驱动型车速表试验台滚筒的一端装有电动机。驱动型车速表试验台的滚筒和电动机之间一般都装有离合器,如果把滚筒和电动机之间的离合器分离,则驱动型车速表试验台就具有与标准型车速表试验台完全相同的功能。

4.3.2　车速表试验台的使用方法

车速表试验台的使用方法因试验台的牌号和型式的不同而略有差异,在用车速表试验台进行测量前应认真阅读试验台的使用说明书,操作步骤和方法以使用说明书为准,这里仅介绍车速表试验台的一般使用方法。

1)试验台的准备

①检查滚筒是否清洁;

②检查举升器是否能够正常工作、导线的接触情况是否良好;

③车速表试验台使用之前应用调零旋钮将指针调零。

2)被检车辆的准备

对于被检车辆,其轮胎上不得有水、油等或花纹沟槽内不得嵌有小石子等杂物,并且轮胎气压应符合汽车制造厂家的规定值。

3)检测方法和步骤

第1步:接通试验台电源,升起前后滚筒之间的举升器;

第2步:将被检汽车垂直驶上车速表试验台并将输出车速信号的车轮停放在举升器托板上;

第3步:落下举升器,并确认轮胎与举升器托板完全脱离;

第4步:对于不在试验台上的车轮,应用三角木挡块抵住,以防汽车在测量过程中从试验台上驶出。

第5步:对于标准型车速表试验台,首先启动汽车,等到汽车的驱动轮在滚筒上转动稳定后,把变速器从低挡换入高挡,踩下加速踏板使驱动轮平稳地加速运转。当汽车车速表的指示值达到规定检测车速时,读取试验台速度表的指示值;或当试验台速度表的指示值达到检测车速时,读取汽车车速表的指示值。对于驱动型车速表试验台,应首先接合试验台离合器,使滚筒与电动机连在一起,然后将汽车的变速器挂入空挡,接通试验台电源启动电动机,使电动机驱动滚筒带动汽车输出车速信号的车轮旋转,再分别读取试验台速度表的指示值和汽车车速表的指示值。

第 6 步:检测完后,制动车轮使滚筒停止转动。注意对于驱动型车速表试验台,必须先切断电动机的电源,然后再踩制动踏板进行制动;

第 7 步:升起举升器,撤去车轮挡块,缓慢地将汽车开下试验台;

第 8 步:切断试验台电源。

4)使用注意事项

①超过试验台允许载荷的汽车,不得开上试验台进行测量;

②试验台上不准停放车辆或其他杂物;

③安装在检测线上的驱动型车速表试验台,如不用电动机驱动被检汽车车轮,则一定要注意在检测前用离合器将滚筒与电动机脱开。

4.4 排放检测

近年来,环境污染已发展成全球性的社会问题,引起世界各国有关部门的极度重视。汽车排放的尾气中,具有很多有害气体和微粒,严重污染人类生存的环境,影响人类的健康,因此,监督并检测汽车废气污染物浓度,并严加限制,已成为汽车检测项目中非常重要的部分。

汽车尾气排放中对人类有害的污染物主要是一些气体和微粒,如 CO、HC、NO_x 等气体和烟尘,这些污染物主要是混合气浓度不当及燃烧不充分引起的。汽车排放的污染物不仅来自尾气,还有相当一部分 HC 是从汽车的曲轴箱、化油器等部位蒸发排出的。随着社会上汽车数量的急剧增加,汽车的排放物对环境、特别是城镇环境的污染越来越严重。因此,各国对汽车排放都有一定的限制,而且越来越严格,我国也不例外。我国现行汽车排放污染物检测标准是以欧洲汽车排放标准为样本而制订的,并正逐渐向其靠拢。我国国家技术监督局 1999 年 3 月 10 日颁布的 GBl4761—1999《汽车排放污染物限值标准》,相当于欧洲 I 号标准,已在 2000 年 1 月 1 日实施。由于我国汽车工业发展较晚,排放污染物限值水平要达到欧洲目前的标准,还需要全社会的共同努力。

4.4.1 轻型汽油车排放污染物的检测

轻型汽油车排放污染物的检测通常使用 15 工况法,检测设备主要有:底盘测功机、废气分析仪、定容取样器、计算机管理系统和环境站等。

(1)底盘测功机

底盘测功机主要是模拟汽车道路行驶条件,使得可以在室内对排放污染进行检测。底盘测功机的具体内容请见相关章节。

(2)废气分析仪

废气分析仪由检出器和控制单元组成,主要有不分光红外线废气分析仪和氢火焰离子化型废气分析仪。不分光红外线废气分析仪用于对 CO、CO_2进行检测；氢火焰离子化型废气分析仪用于对 HC 进行检测。

(3)定容取样器

容积泵式定容取样测量系统原理如图 4.23 所示，汽车排出的废气与过滤后的空气在稀释风道里混合并进行稀释。在抽气泵的作用下稀释后的废气经过由温度调节器控制的换热器和加热器，抽气泵所抽的稀释废气流量可以从抽气泵转速表的指示器上读取。由于气体的密度与温度有关，因此设立了温度传感器对温度进行测量，以便准确计算气体流的质量。被测废气样本通过取样泵吸入样气袋中。另外为消除环境条件对测量结果的影响，用来稀释排气的空气也应进行收集分析，通常是通过取样泵收入环境室样气袋中。当整个测量完成后，采用废气分析仪对各样气袋中的气体分别进行分析，从而得出测量结论。

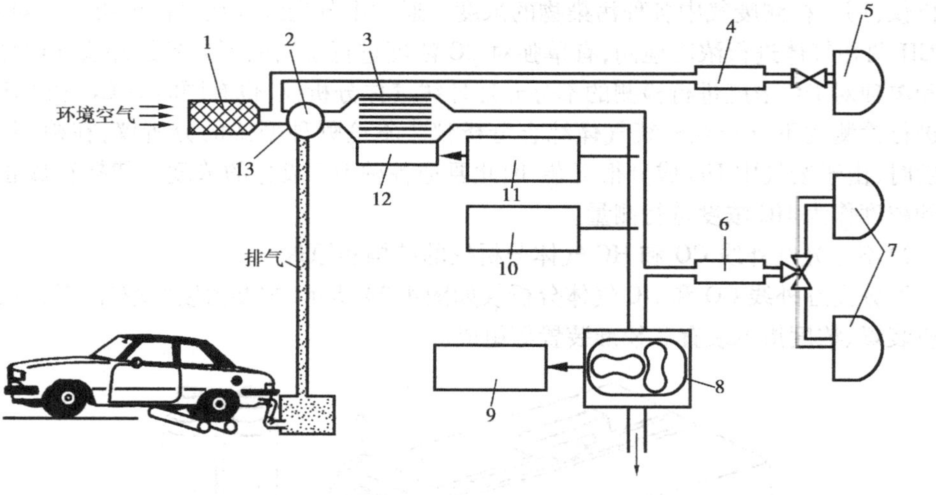

1—过滤器　2—混合室　3—换热器　4—取样泵　5—环境空气袋　6—取样泵　7—样气袋　8—抽气泵　9—转速表　10—温度显示器　11—温度调节器　12—加热器　13—混合室

图 4.23　容积泵式定容取样测量系统

(4)计算机管理系统

计算机管理系统是一控制中心，相当于人的大脑，实现对试验准备、试验过程、试验结果的全面控制管理，并监视这一过程，同时完成测试数据的采集和分析处理。所有这些均在计算机管理系统的控制下自动完成。

(5)环境站

环境站主要是对环境参数进行监测，如大气压力、温度等。对大气状态的检测是采用大气状态传感器(如温度传感器)，并通过数据处理电路与计算机管理系统连接，经计算机对比分析，确认试验环境是否能进行试验或试验结果是否可靠。

4.4.2 汽车排放污染物检测仪器

定容取样器只是把废气收集到样气袋中,并不能得到废气的具体成分含量,如果要知道废气中有害气体的具体含量,就需要采用一定的仪器对废气进行测量分析。常见对汽车排放废气进行检测的仪器有不分光红外线 CO 和 HC 气体分析仪、化学发光分析仪和氢火焰离子化学分析等。

(1)不分光红外线 CO 和 HC 气体分析仪

1)工作原理:汽车排放出的废气中,包含 CO、HC 和 CO_2 等气体,这些气体能够吸收一定波长范围的红外线。气体不同,所吸收的红外线波长范围不同;另外,废气中气体的浓度不同,所吸收的红外线的程度也不同,通常气体浓度与红外线吸收程度之间具有一定的比例关系。根据气体的这一重要性质,人们制成了不分光红外线气体分析仪,用来检测废气中各种污染物的浓度。通常不分光红外线气体分析仪只对 CO 和 CH 两种气体进行浓度检测,有单独对 CO 浓度进行检测的不分光红外线气体分析仪和单独对 HC 浓度进行检测的不分光红外线气体分析仪,也有同时对 CO 和 CH 浓度进行检测的不分光红外线气体综合分析仪。不论哪种型式的分析仪,在检测 HC 浓度时,由于废气中 HC 成分很复杂,因此要把各种 HC 成分的浓度一律换算成正己烷的浓度作为 HC 浓度进行测量。

2)不分光红外线 CO 和 HC 气体分析仪的结构和原理

不分光红外线 CO 和 HC 气体分析仪如图 4.24 所示,主要由废气取样装置、废气分析装置、浓度指示装置和校准装置等组成。

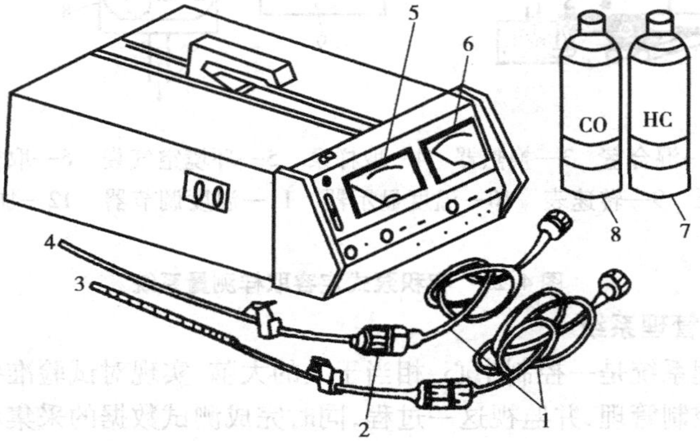

1—导管 2—滤清器 3—低浓度取样头 4—高浓度取样头 5—HO 指示仪表 6—HC 指示仪表 7—标准 HC 气样瓶 8—标准 CO 气样瓶

图 4.24 CO、HC 综合测量仪

①废气取样装置。废气取样装置通过取样探头 3 或 4,导管 1 和取样泵(未标

出)等从车辆排气管里进行废气取样,然后把炭粉、灰尘和水分等用滤清器和水分离器去掉,得到干燥而不含颗粒的“干净”的废气,再把废气送入分析装置进行分析。

②废气分析装置。不同的型号废气分析装置结构大同小异,其最大的不同点就是所用传感器不同。如按所采用传感器型式的不同,可把废气分析装置分为电容微音器式和半导体式废气分析装置。电容微音器式分析装置如图 4.25 所示,主要由测量室、标准气样室、测量气样室、红外线光源和放大器等组成。测量室又由两个分室组成,两个分室之间有通道,在通道上装有传感器,也就是金属膜式电容微音器。在测量 CO 浓度的测量室内要充入 CO 气样,在测量 HC 浓度的测量室内则要充入正己烷气样。从两个红外线光源发出的红外线,分别通过标准气样室和测量气样室后到达测量室。标准气样室内的标准气体不吸收红外线,测量室内充满被测废气,吸收掉一部分一定波长的红外线。因此,在测量室的两个分室内因红外线能量的差别出现了温度差异,温度差异引起压力差,导致金属膜片弯曲变形。废气中被测气体浓度愈大,金属膜片弯曲变形也愈大。膜片相当于电容的动极板,当膜片变形时,电容两极板之间距离发生变化,当电容接入电路后,就会引起电容两端电压发生变化,因此传感器把气体浓度的变化最终转换成电压的变化,此电压信号经放大器放大后送往浓度指示装置进行显示。

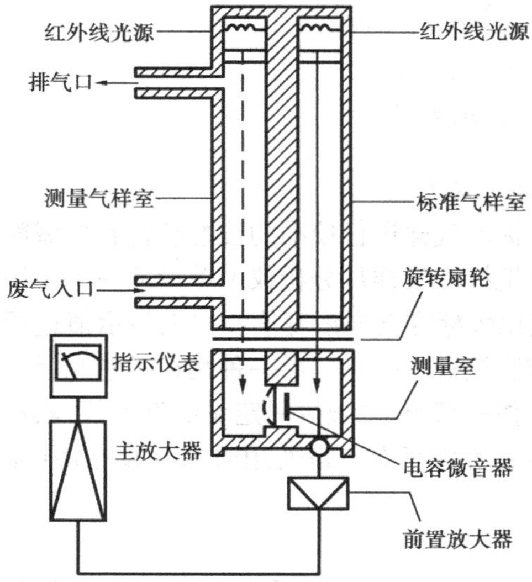

图 4.25　电容微音器式分析装置

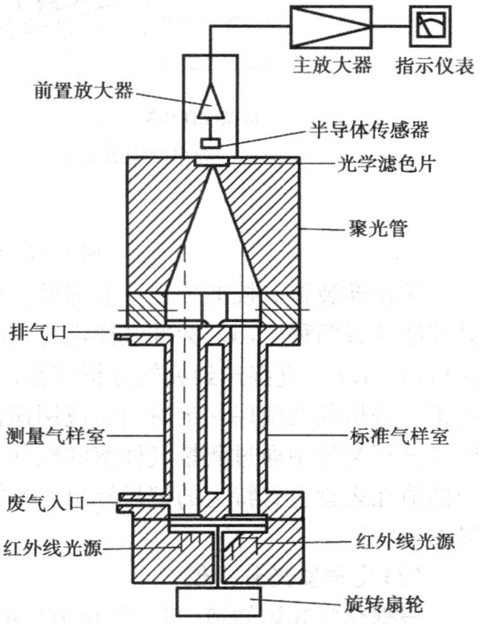

图 4.26　半导体式分析装置

半导体式分析装置如图 4.26 所示,从左右红外线光源发出的红外线,分别通过标准气样室和测量气样室后用聚光管聚光,然后输送到测量室。半导体式分析装置所采用的传感器是一种能按红外线能量强度改变成电信号的半导体元件，当气体浓度不同时，吸收红外线的多少也不同，从而引起红外线能量强度发生变化。由于该半导体元件本身对被测气体吸收红外线波长范围不具有选择性，因此在半导体元件前面放置了一片光学滤色片，滤去被测气体吸收的波长范围以外的红外线。由于两气样室的红外线能量不相同，通过半导体传感器把红外线能量差异转换成电信号，经放大器放大后送到浓度指示装置进行显示。

③浓度指示装置。图 4.27 所示为综合式气体分析仪的浓度指示装置示意图，主要由 CO 指示装置和 HC 指示装置组成，由气体分析装置中出来的电信号经放大后直接驱动指针进行显示。

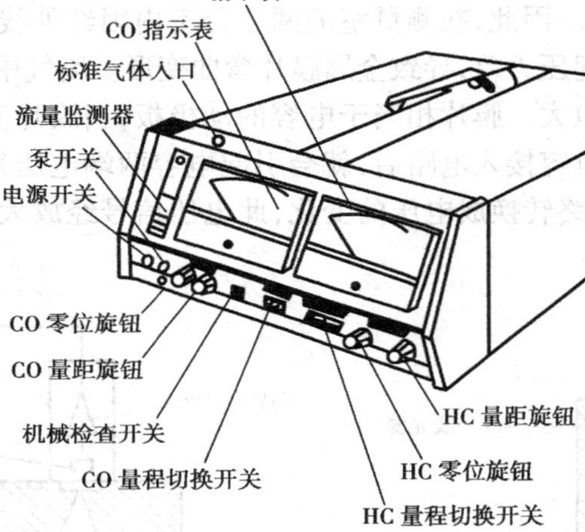

图 4.27　浓度指示装置

④校准装置。校准装置一般都设有加入标准气样进行校准的校准装置和机械简易校准装置两种。加入标准气样进行校准是把标准气样从分析仪上单设的一个专用注口（图 4.27）直接送到废气分析装置，通过比较标准气样浓度值和仪表指示值进行校正。分析仪在使用一定时间后应用该校准装置进行校正。后一种是通过遮光板把废气分析装置中通过测量气样室的红外线挡住一部分，以减少一定量的红外线，其对应的值在表盘上有特定的记号标出。本校准装置供每次测量使用时简易校正用（参见本节"四"）。

(2) 化学发光分析仪

根据化学知识知道，当一氧化氮（NO）与臭氧（O_3）在一定条件下时会发生化学反应，其反应化学方程式为：

$$NO + O_3 = NO_2 + O_2$$

化学发光分析仪就是根据这一原理制成的。在上述化学反应中部分 NO_2 分子达

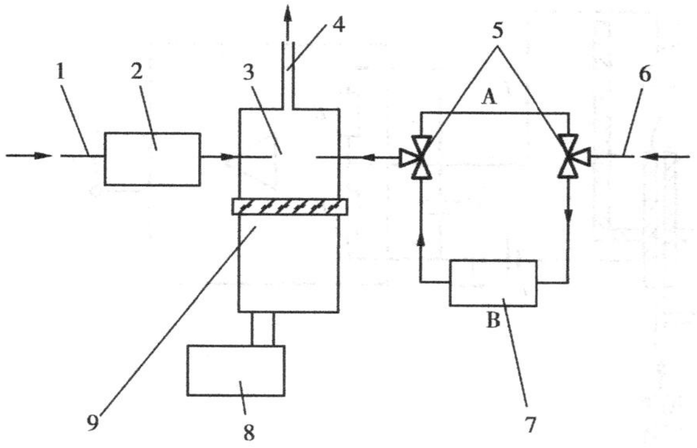

1—氧气入口 2—臭氧发生器 3—反应室 4—反应室出口
5—转换开关 6—气样入口 7—催化转换器 8—信号放大器
9—检测器

图4.28 化学发光分析仪的结构简图

到激发状态,其能量将以化学发光形式释放出来。所释放出的光线强度与NO的浓度、NO在反应室停留时间以及反应室中的压力和气体中其他成分有关。图4.28所示是化学发光分析仪的结构简图,废气样本可根据需要分别由通道A或B进入反应室3。A通道只能测气样中NO的浓度,当气样通过A通道进入反应室后,由于反应室内满足NO和臭氧的反应条件,因此NO和臭氧在反应室中进行化学反应,并由检测器9(相当于传感器)接收化学反应产生的光线,并将其转换成电信号,再通过信号放大器8进行信号放大后进入指示装置进行显示。

通道B由于有催化转换器7可以测得NO和NO_2的总和NO_x。当催化转换器保持一定的温度时,NO_2能全部转换成NO,其化学反应式为

$$2NO_2 = 2NO + O_2$$

气样由通道B进入催化转换器7后,气样中的NO_2被转换成NO,然后进入反应室,这样就测得了NO和NO_2的总和NO_x含量。

(3)氢火焰离子化学分析仪

氢火焰离子化学分析仪通常只对HC浓度进行测量,氢火焰离子化学分析仪是根据火焰导电的强弱与燃料种类有关的原理制成的。当HC燃烧时,HC的火焰产生比氢火焰高几个数量级的离子,因此有较强的导电性。如图4.29所示,在分析仪内,待测废气样和助燃气体氢气混合后进入燃烧器进行燃烧。在喷嘴和电极之间有一个90~220V的电压,HC燃烧产生的离子在喷嘴和电极之间形成一离子流,此离子流产生一电流,它的强度与HC中的碳原子数目成正比。碳原子含量越大,离子电流越大。把此电流送入指示装置进行显示,这样就测得了碳原子的浓度,进而可换算成HC的浓度。

(4)废气分析仪的使用方法

不同的废气分析仪,使用方法也有所不同,下面以最为常见的气体分析仪MEXA—324F(MEXA—324F是一种CO/HC红外线气体分析仪)为例介绍废气分析仪的使用方法。

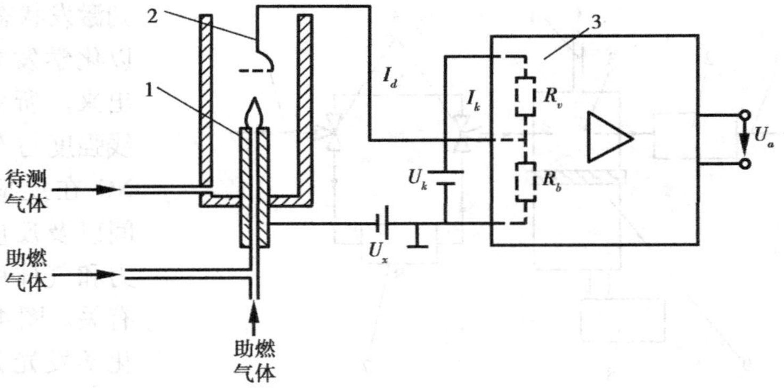

1—喷嘴　2—电极　3—测量信号转移器

图4.29　氢火焰离子化分析仪的原理图

1)使用前的准备

①检查标准气瓶、探头组件、取样管、软管夹箍、水分离器和过滤器组件是否齐全;

②将附件中的取样管连接到水分离器上,将附件中的探头(装有前置过滤器)安装在取样管的另一端,分别用软管夹箍夹紧;

③将水分离器连接到仪器的样品气入口,确认前置过滤器、粉尘过滤器,过滤器中已装入了清洁的元件;

④将电源线接到与仪器所标明的电压和频率一致的电源上,并用附在电源插头上的线夹接地;

⑤仪器校正。仪器校正包括零位校正和量距校正。进行零位校正时,应先预热仪器。取下水分离器,吸入清洁空气,待指示充分稳定后,调整零位旋钮,使指针指到零位。对仪器的量距校正进行校正时,将泵开关拨到“切”位置后,使标准气瓶的喷嘴对准标准气体入口,用力压紧直到指示稳定(一般只需7~8s)。从标准气入口取下标准气后,调整CO分析仪的量距旋钮,使其指示与气瓶标记的气体浓度相符;调整HC分析仪的量距旋钮,使HC分析仪的指示与在确定校正气体的值时算出的正己烷换算浓度相符。

2)检测

废气分析仪接通电源2~3min内就开始工作,但是,为了消除零点漂移,一般要求待接通电源30min后再进行测量。

①校正结束后,将水分离器连接到仪器的样品气入口,选择测定量程,再将探头直接插入汽车排气管出口;

②探头插入汽车排气尾管的深度一般不得小于30cm。如果插入深度不够的话,就有可能使测定值偏低,因此要十分注意。万一插入深度不到30cm时,将探头前后

移动 10cm 左右，看看指示值有无变化。如果无变化，就可以测量读数；

③测定结束后，将探头退出，同时将泵开关拨到“入”位置，直到指针回位到零刻度线附近；

④测量完毕 30min 后关机，拆下各附件并切断电源。

3）注意事项

①不要吸入水及汽油等易燃易挥发液体，否则会使探头、泵等损坏；

②不要堵塞探头前端的样品入气口和排气口；

③当流量监测器的指示进入红区时，应立即更换过滤器；

④不要把稀释剂、苯、汽油、水和火炉等放在分析仪附近；

⑤不要过度拉伸取样管，以免连接处泄漏或破裂；

⑥不要在探头插入汽车尾管时关上电源，测定完毕后也不要立即关闭电源。

4.4.3 燃油蒸发污染物检测

曲轴箱窜气、油管泄漏蒸发、化油器蒸发和油漆、涂层、轮胎等橡胶件挥发，都会产生 HC 气体。测定汽油车蒸发排放物的方法有两种：收集法和密闭室法。收集法所测试的是燃油系统汽油的蒸发排放物，密闭室法检测的除燃油系统汽油的蒸发排放外，还包括其他物质所挥发出的 HC。

（1）收集法检测 HC

1）“收集法”顾名思义就是采用一定的方法把蒸发物收集起来。通常是在规定的试验过程中，用收集器收集汽油车燃油系统各通大气口（如汽油箱通大气口、空气滤清器空气入口、活性炭罐通大气口、化油器浮子室通大气口等）蒸发排放出的汽油蒸气，来评定车辆蒸发排放水平的测试方法。

2）具体检测过程。收集法的检测过程由昼夜换气损失、热浸损失和运行损失三部分组成。昼夜换气损失是模拟车辆经历一昼夜温差变化后，燃油系统与外界之间进行气体交换而产生的蒸发排放量。试验时，在 1 小时内将油箱内预冷却到 15℃ 的汽油，以相同的升温速率，均匀加热到 30℃，测量该过程中燃油系统各通大气口排出的汽油蒸气量。热浸损失是汽车运行后车辆燃油系统处于较高温度的环境中而蒸发排放的汽油蒸气。试验时，汽车运行后，测量在紧接着的 1 小时静置中燃油系统通大气口的蒸发排量。运行损失是指汽车运行过程中燃油系统的蒸发排放。试验时，汽车以 40km/h 的车速运行 40min 后，测量整个过程中燃油系统各通大气口排放出的汽油蒸气量。

3）检测中的注意事项

①收集器应彻底干燥，若不干燥，则应进行烘干，并在收集器的各通大气口处连接除湿器。

②活性炭罐必须进行相应的预处理，否则会影响检测数据的准确性。

③燃油系统中各部件、管路及接头处不得泄漏,且在进行测量前燃油系统必须经过密封性试验,以确保完好。

④试验各环节均应在规定的温度下进行。为使汽车各部分温度均达到室温,试验汽车应在室温下放6小时以上;另外,为保证白天和夜间换气损失测量过程中汽油的升温过程均匀,试验燃油须在低于15℃的环境中放置6小时以上。

(2)密闭室法检测HC

1)密闭室法:通过模拟夏季在大城市内行驶等的一些典型工况,然后测量从燃油系统中蒸发出来的HC的质量。

2)检测方法:密闭室法的检测包括三部分,其一是整天换气损失试验,其二是运转循环试验,最后是热浸损失试验。整天换气损失试验就是昼间换气损失试验,指处于停车状态下的车辆,放完油箱内的所有燃油,然后往油箱里加入油温为10~14℃试验用的燃油,直到加入到油箱标称容积的40%时为止。把汽车开入密闭室,打开行李箱和车窗,等到油温到达14℃时,关闭密闭室并密封油箱。当油温达到16℃时,就开始进行试验,测出室内的大气温度、压力以及HC浓度值,这些值作为密闭室的初始值。然后等待一小时,当油温达到30℃时,再测量室内的大气温度、压力以及HC浓度值,这些值作为密闭室的终了值。当测量完毕后,关闭加热电源,打开密闭室密封装置,关好行李箱、车窗,在发动机熄火的条件下,将车辆移出密闭室。运转循环试验是指在昼间换气损失试验结束后的1小时之内,在发动机熄火条件下,将汽车移到底盘测功机上,按规定的市区15工况和市郊运转13工况下进行规定时间的运转试验,进行蒸发测量。热浸损失试验是指在运转循环试验结束后7min和发动机熄火后2min内,将汽车移到密闭室内,并密封密闭室,之后开始一个小时的热浸损失试验,其试验方法和原理与整天换气损失试验相同。

3)密闭室法的主要设备和仪器

①密闭室,长、宽、高大约为6m、3m、2.5m;

②加热自动控制装置,通常密闭室温度控制在20~30℃范围内;

③带有功率吸收装置和惯量模拟器的底盘测功机;

④氢火焰离子化分析仪。

4.4.4 汽油车怠速排放污染物检测方法

汽油发动机在怠速运转时,由于节气门开度很小,甚至全部关闭,因而发动机转速低,燃烧温度较低,残余废气量相对增大,使得CO和HC的排放量明显增多。因此汽油车排气污染物的测量应在怠速工况下进行。

怠速时汽车排放污染物CO和HC浓度的检测方法如下:

(1)检测前的准备

1)连接好所有附件。

2)接通电源,预热仪器半小时以上。

3)仪器校准,仪器校准包括简易校准和用标准气样校准。简易校准时接通简易校准开关,对于有校准位置刻度线的分析仪,用校准调整旋钮将指示仪表的指针调整到正对校准刻度线即可。如果没有校准位置刻度线,则要在标准气样校准后,立即进行简易校准并在表盘上作上记号。进行标准气样校准时,先让仪器吸入清洁空气,用零点调整旋钮把仪表指针调到与零点重合,然后关掉泵开关,并从仪器的标准气样注口注入标准气体,再用标准调整旋钮把仪表指针调到标准指示值。CO 的校准值就是标准气样瓶上标明的 CO 浓度值。而 HC 的校准标准值,由于是用丙烷作为标准气样,因此要按下式求出正己烷的换算值,再把它作为校准的标准值。

校准的标准值(正己烷换算值) = 标准气样浓度(丙烷) × 换算系数

通常在废气分仪器的铭牌上标有换算系数的大小,一般在 0.472 ~ 0.578 之间。

4)把取样头和取样导管安装到红外线气体分析仪上。注意仪表指针如果超过零点,则表明导管内壁吸附有较多的 HC,需要用压缩空气或布条等清洁取样探头的导管。

(2)被检汽车的准备

1)进气系统和排气系统不得有泄漏,且进气系统应当装有空气滤清器,排气系统应装有排气消声器;

2)按被检汽车使用说明书的规定调整好点火正时和怠速转速;

3)将分析仪的取样探头插入排气尾管,试其深度不得小于 400mm。否则排气管应加接管,并保证接口不漏气;

4)启动、预热发动机,使之达到规定的热状态。

(3)检测步骤

第 1 步:将发动机由怠速工况加速到 0.7 倍额定转速,稳定运转 5s 后,再降至怠速工况;

第 2 步:选择适当的量程;

第 3 步:将取样探头插入排气管中,插入深度大约为 300mm,待指针稳定后进行读数;

第 4 步:若为多排气管,则应对每管都进行测量,然后计取各管测量值的算术平均值;

第 5 步:检测完毕,拔出取样探头并按上述规定关机。

(4)注意事项

在进行怠速废气检测时,其注意事项与前面所讲废气分析仪的注意事项基本相同,这里就不再重复叙述了。

4.4.5 柴油机废气微粒的检测

(1)柴油机的废气微粒

柴油机的废气里除了包含汽油机的一些有害气体外，还包含大量的烟雾和微粒。柴油机废气微粒不是单一物质，而是许多物质组成的复杂混合物。对柴油机微粒的定义说法不一，其中美国环境保护局对柴油机微粒的定义得到了各国的公认，即稀释到51.7℃以下的柴油机废气流过带有聚四乙烯树脂的滤纸时，被滤纸所过滤下的所有物质都称为柴油机废气微粒。

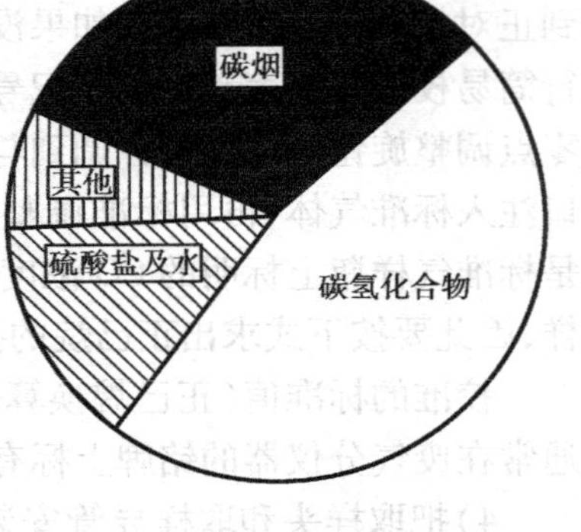

图4.30 柴油机废气微粒组成

通常柴油机废气微粒由以下几类物质组成(如图4.30所示)：

1)未氧化或未全氧化的碳氢化合物；

2)碳烟，呈石墨状，对气体和液体有很大的吸附能力，它是微粒中的主要成分；

3)硫酸盐及与硫酸盐组合的水和其他杂质。

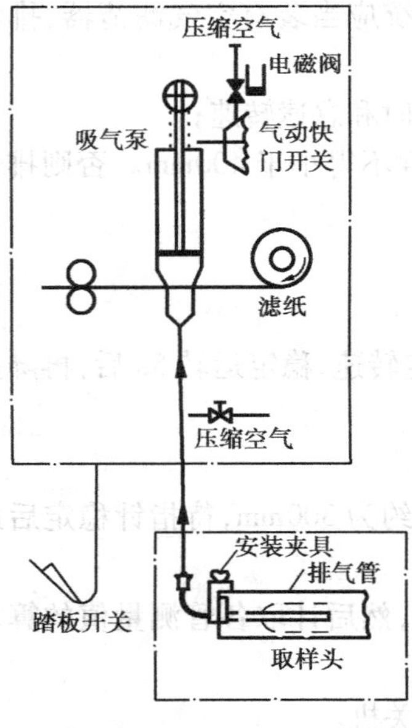

图4.31 废气取样途行路线图

(2)柴油机废气微粒的检测方法

柴油机废气微粒通常用烟度计来检测，烟度计有滤纸式烟度计、透光式烟度计和重量式烟度计等，下面分别对其基本原理作一介绍。

1)波许烟度计法

波许(Bosch)烟度计测量法是最常用的微粒快速测量方法。它是一种滤纸式烟度计，可以在很短时间内，通过一张滤纸把一定量的废气从排气管里抽出，然后对滤纸的污染情况进行测量。

常见滤纸式烟度计主要由废气取样装置、污染度检测装置、污染度指示装置和校准装置组成，如图4.31所示。废气取样装置把废气通过滤纸进行取样收集；污染度检测装置通过一定的传感器把采样滤纸的污染程度转换成电信号，然后送入污染度指示装置进行显示；校准装置对仪器进行调零等校准。

波许烟度计测量结果采用波许烟度进行计量。波许烟度的大小从0~10，当波许烟度为0时，对应的是纯白滤纸；当波许烟度10时，对应的是全黑滤纸。

2)透光烟度计法

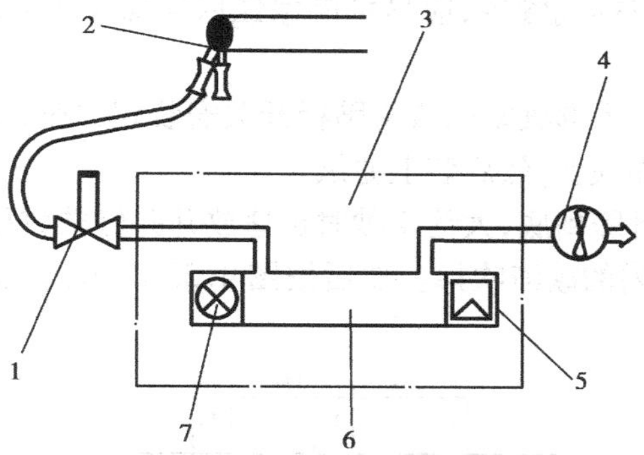

1—清洁气换向阀 2—取样探头 3—测量室 4—取样泵
5—信号接收器 6—测试管 7—光源

图4.32 采用透光烟度计测量微粒

透光烟度计是用一定的光源照射废气，在光源的正对面放一光电管进行测量的。由于废气中微粒浓度不同，因而由光源发出的光透过废气后，其强度也就不一样。当照射到光电管上的光强时，光电管产生的电流就大，反之，产生的电流就小。因此通过光电管就可以把废气微粒浓度的大小转换成电流的大小，然后把这一电流送入指示装置。在测量时，废气通过取样探头连续地进入测量室中的测试管（如图4.32所示），测试管的一端是光源，另一端是感光元件。通常透光烟度计的显示为0～100，透光烟度单位为0时，表示光线没有被废气吸收；透光烟度单位为100时，表示光线全部被废气中的碳烟所吸收。

（3）柴油车自由加速烟度的检测

在检测柴油车废气烟度时，如果能够模拟发动机在道路上行驶时的负荷，是最为理想的。但这一点要做到很困难，因而采用无负荷自由加速方法进行测量。当发动机处于怠速工况（离合器处于接合位置，加速踏板处于松开位置，装机械式或半自动变速器时，变速杆位于空挡，装有自动变速器时，选挡杆在停车或空挡位置），将加速踏板踩到底，维持数秒后松开，这时，汽车就处于自由加速工况。

1）检测前的准备

①仪器的准备

Ⅰ接通烟度计电源，预热5min以上。

Ⅱ检查用于控制和清洗的压缩空气的压力是否符合要求。

Ⅲ检查脚或手控制的吸气泵开关与吸气泵工作是否同步。

Ⅳ检查滤纸是否洁白、无污染，对不合格的，应更换。

②被检汽车的准备

Ⅰ检查所用柴油是否加有消烟剂，如果有，则应更换。

Ⅱ启动、预热发动机直到规定的温度。

Ⅲ进排气系统不得有泄漏。

Ⅳ应保证取样头插入排气管内的深度不得小于400mm，否则排气管应加长，并保证接口不得有泄漏。

2）检测步骤

①把取样探头迎气流方向固定在排气管内,应尽可能保证取样探头中心线与排气管轴线平行,如图4.31所示。

②将手动橡皮球通过远控软管引入驾驶室内或将踏板开关安装到加速踏板上。

③将吸气泵的活塞推到最前端并锁上,然后装上滤纸。

④先从怠速工况将加速踏板一脚踩到底,大约4秒时迅速放开并停歇数秒,重复3次这样的操作,其目的是将排气管内的碳渣吹掉。然后按图4.33所示的检测规程进行自由加速烟度的检测。

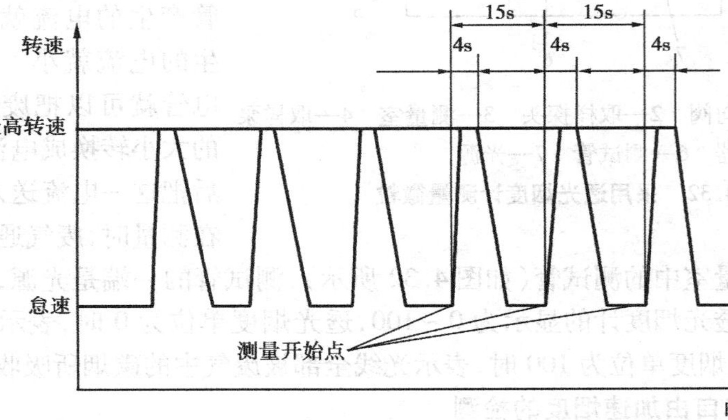

图4.33　自由加速烟度的检测

⑤将汽车怠速运转11秒,在怠速运转过程中用压缩空气吹取样探头和软管3~4s。

⑥将踏板开关与加速踏板一并踩到底,维持4秒后松开加速踏板,并停歇11s秒。

⑦更换新滤纸,将吸气泵的活塞推到吸气位置,同时用压缩空气清洁取样探头及软管3~4秒。如此重复3次,两次间隔时间为15秒。

⑧将试验所得3张滤纸,分别放在以10张为一叠的新滤纸上。用污染度检测装置对准滤纸中心,在仪表上读取指示值,所测烟度值为3次读数的算术平均值。

3)注意事项

①在装滤纸时,滤纸与取样装置装滤纸处的接触面要紧紧相贴,且在测量滤纸污染度时,要注意将污染度检测装置紧贴滤纸。

②测量时不要使软管弯曲,取样软管的内径和长度应符号规定值。

③烟度计应避免潮湿、阳光直射和振动等。

④检测结束后,取样头应套上保护套。

⑤所采用的滤纸一定要清洁,防止污染。校准所用标准色纸,不要放在日光下曝晒和灰尘多的地方。

4.4.6　五气检测

汽车排放污染物中的五气指 CO、CO_2、HC、O_2 和 NO_x 五种气体，为了对汽车尾气进行分析，进而对发动机混合气和燃烧情况进行分析，需要对这五种气体浓度进行检测。五气检测通常采用五气尾气分析仪，如西门子五气体汽车尾气测试仪、TECNOTEST 公司生产的 488 型尾气分析仪等，下面以 TECNOTEST 公司生产 TECNOTEST 488 型尾气分析仪为例介绍五气检测方法。

(1) TECNOTEST 488 测量原理

TECNOTEST 488 型尾气分析仪的外形如图 4.34 所示，主要用于检测汽车尾气中的 CO、CO_2、HC、O_2 和 NO_x 的含量及当时的转速 RPM 和温度，分析计算出发动机空燃比值，为使用者分析发动机故障提供依据。

图 4.34　TECNOTEST 488 型尾气分析仪外形图

当尾气检测探头插入汽车排气管进行测试时，尾气被吸入测量室。CO、CO_2、HC 由于它们分子中原子位置的不同，而吸收特定波长的红外线。所以通过特定波长红外线变化，可以测试到 CO、CO_2、HC 的浓度。O_2 和 NO_x 的百分含量是通过尾气分析仪的化学传感器检测。

(2) TECNOTEST 488 的性能特点

1) 自动化程度高：每次测试前自动清零、自检。冷凝水自动排出；标定操作简单，无须专业人员，自动提示更换过滤器；可根据环境压力的变化进行压力自动补偿；自诊断功能完善，当出现意外故障时自动提供故障代码，方便检测维修。

2) 具备多种燃料选择功能，可测试汽油、石油液化气、天然气的尾气排放情况。

3) 四气/五气配置可选，四气可直接升级为五气，检测 NO_x 的排放。

4) 配有三种接口，两种为标准 RS232 输出端口，可与检测线、发动机分析仪及计算机连接。

(3) TECNOTEST 488 技术参数

1) 响应时间 $<10s$，预热时间 $<10min$。

2）电压：220V、50Hz。

3）入口气体流量：0133L/s。

4）操作温度：5～40℃。

5）测量精度与范围（见表1）。

（4）测量方法

1）测试前的准备

第1步：设备准备，主要包括：

①开机预热

打开设备开关，2s后设备将检查所有的显示屏，此时“01”信号将在转速显示屏上显示，系统进行预热，时间大约10min。

②系统自检

系统预热结束后，转速显示屏上显示“21”，分析仪正在进行自动进行清零和自检。如果系统存在问题，转速显示屏上将显示故障码。

③待机状态

系统自检结束后进入待机状态，此时显示“03”码，表示系统已经做好了检测前的准备，随时可进行测试。

第2步：车辆准备。在现场检测之前需检查以下几个方面的车辆状态：

①车辆排气管通风性能好。

②确定空转速度、触点闭合角、点火角度的工作情况符合生产商的要求。

③确定待测车辆的燃料类型。

2）测量方法

①温度测量

将温度探头与设备连接好后，将探头一端插入机油箱中，温度显示器将显示此时机油温度。

②转速测量

预先设置发动机的冲程数，将转速感应夹夹到高压阻尼线上，启动发动机，转速显示器将显示转速数。

③尾气测量

在系统待机状态下，按泵启动键，分析仪进入测量状态。将发动机进行两次快速空转加速，然后回到慢速运转状态。将尾气采样探头插入排气管。分析仪将显示五种气体的浓度数值和空燃比值（空燃比值是根据测试结果CO、CO、HC计算分析得到的）。

第5章　汽车的主要性能检测

5.1　发动机功率的检测

发动机输出的有效功率是发动机的重要性能指标之一，通过这项指标，可以定性地评价发动机的技术状况，并定量地获得发动机的动力性。发动机输出的有效功率的大小直接影响汽车的动力性，因此，检测发动机有效功率，进而对发动机的技术状况进行判断是非常有必要的。

发动机有效功率的检测方法有稳态测功和动态测功，或称有负荷测功和无负荷测功两种。下面分别介绍两种测功方法的具体原理及过程。

5.1.1　稳态测功与动态测功

稳态测功是指当发动机在节气门开度一定，转速一定和其他参数保持不变的稳定状态下，用机械测功器、电涡流测功器、水力测功器、电力测功器或在底盘测功试验台上测定发动机功率的方法。稳态测功采用的是间接测量法，通过测量发动机的转矩 M_e 和转速 n，然后利用式(5.1)计算发动机有效功率 N_e：

$$N_e = \frac{M_e \cdot n}{9\,549}(\text{kW}) \tag{5.1}$$

采用稳态测功，可以测出发动机节气门在不同开度时的有效功率。当发动机节气门全开时，即为发动机全负荷状态下的有效功率。给发动机施加不同的负荷，在运转稳定后测出对应的转速及相应转矩，就可由式(5.1)计算出有效功率的大小。稳态测功的结果比较准确可靠，主要在发动机设计、制造、定型及院校和科研部门做性能试验时使用。其特点是测功一次费时费力较多，成本较高，且需要大型、固定安装的测功器，因而在一般运输、维修和交通监理部门中采用不多。并且，除底盘测功试验台外，其他测功器也不适合对汽车进行不解体检测。在稳态测功时，由于必须对发动机施加一定的外部负荷，因此也称为有外载测功或有负荷测功。

在发动机节气门开度和转速均变动的状态下测定发动机功率的方法，称为动态测功。由于动态测功时无须对发动机施加外部负荷，因而又称为无负荷测功或无外载测功。这种测功方法是：当发动机在怠速或空载的某一低速下运转时，突然全开节气门，使发动机克服自身惯性和内部摩擦阻力加速运转，用其加速性能的好坏直接反映出功率的大小。因此,只要测量出加速过程中的某一参数,就可得出发动机的最大功率。动态测功的优点是不需外加负荷,不需大型设备,既可以在台架上进行,也可以就车进行,因而大大提高了检测的方便性和迅速性,特别适用于检测在用车辆发动机的功率,但其最大的缺点是测量精度低、重复性差、仪器标定困难。

5.1.2 无负荷测功原理

(1)瞬时加速功率测量

发动机在没有外界负荷的情况下怠速运转,油门突然全开后加速到某一较高转速,此时发动机产生的动力,一部分用于克服各种阻力矩,剩余的动力,称为有效转矩 M_e,将全部用来加速发动机的运动部件(如果把发动机的所有运动部件看做是一个绕曲轴中心线转动的简单回转体,则发动机以其自身运动部件为载荷而加速运转)。因此,只要测出发动机在某一定转速下的瞬时加速度,就可得到发动机的动力性能。发动机加速过程的运动方程如下:

$$M_e = J \cdot \frac{dw}{dt} = J \cdot 2\pi \cdot \frac{dn}{dt} (N \cdot m) \tag{5.2}$$

式中:J——发动机运动部件(通常包含离合器从动盘、变速器输入轴及有关常啮合齿轮)对曲轴中心线的当量转动惯量($N \cdot m \cdot s^2$);

$\frac{dw}{dt}$——曲轴角加速度($1/s^2$);

$\frac{dn}{dt}$——对应转速 n 时的曲轴加速度(r/s^2)

把式(5.2)代入式(5.1)得:

$$N_e = \frac{2\pi J}{9\,549} \cdot n \cdot \frac{dn}{dt} \tag{5.3}$$

如果令

$$C_1 = \frac{2\pi J}{9\,549}$$

则

$$N_e = C_1 \cdot n \cdot \frac{dn}{dt} \tag{5.4}$$

由于加速过程不是稳定工况,因而其平均功率小于同一转速范围内稳态外特性平均功率,所以上式应乘以系数 K,即

$$N_e = K \cdot C_1 \cdot n \cdot \frac{dn}{dt}$$

若令

$$C_2 = KC_1$$

则

$$N_e = C_2 \cdot n \cdot \frac{dn}{dt} \tag{5.5}$$

式(5.5)表明,发动机在加速过程中,某一转速下的平均功率与该转速下的瞬时

加速度成正比。因此,只要测出加速过程中的某一转速及其对应的加速度,就可用式(5.5)求出该转速下的功率。对于一定型号的发动机,其转动惯量为一常数,如解放CA—10B型发动机的转动惯量为0.944 38N·m·s^2。所以,测量某一转速(通常为额定转速)下的功率,就可以用测量该转速下的角加速度来代替。如果能连续测量各转速下的角加速度,就可测量出整个加速过程中发动机的外特性,从而得到发动机的外特性曲线。

(2)平均加速功率测量

根据动能定理,发动机从一转速 ω_1 加速到另一转速 ω_2 的过程中,发动机驱动曲轴转动所做的功等于曲轴旋转动能的增量:

$$A = \frac{1}{2}J\omega_2^2 - \frac{1}{2}J\omega_1^2 \tag{5.6}$$

式中:A——发动机所做的功;

J——发动机当量转动惯量,同前;

ω_1、ω_2——发动机加速过程测定区间的起始转速和终止转速(1/s)。

假设转速从 ω_1 增加到 ω_2 的时间为 ΔT,则发动机在 ΔT 时间内的平均功率为:

$$N_{em} = \frac{A}{\Delta t} = \frac{1}{2}J\frac{\omega_2^2 - \omega_1^2}{\Delta T} \tag{5.7}$$

以 $\omega = \frac{\pi}{30} \cdot n$ 代入式(5.7)得:

$$N_{em} = \frac{1}{2} \cdot \left(\frac{\pi}{30}\right)^2 \frac{n_2^2 - n_1^2}{\Delta T}(\mathrm{kg \cdot m/s}) \tag{5.8}$$

式(5.8)中 n_1、n_2 均为指定转速,为定值。因此上式可简化为:

$$N_{em} = \frac{K}{\Delta T} \tag{5.9}$$

式中:$K = \frac{1}{2}J\left(\frac{\pi}{30}\right)^2(n_2^2 - n_1^2)$,$K$ 为常数,称为平均功率测功系数。

从式(5.9)中可以看出,平均功率与加速时间成反比,也就是油门全开时,发动机由转速 n_1 加速到 n_2 的时间越长,发动机的功率越小;反之,加速时间越短,发动机功率越大。这样,测量出某一转速范围内的加速时间就可大致了解发动机的动力性能,也就是说测量某一转速范围内的平均功率可以用测量从一转速加速到另一转速的加速时间 ΔT 来代替。

应该注意的是,以上介绍的发动机在加速过程中测量的功率是在非稳定状态下的功率,属于动态测功,而发动机额定功率是在稳定状态下的额定转速时的外特性功率,也就是最大功率。由于两者的测量条件不同,因而区别较大。此外,发动机在加速过程中输出的功率还与加速的方法有关。由于发动机制造厂给出的是发动机在稳态情况下的额定功率,因此通常需要知道加速状况下的功率与额定功率之间的关系。

下面以 CA10B 发动机为例来进行分析。

大量试验表明，为了减少怠速和加速泵的影响，在进行加速平均功率测量时，发动机的起始转速要稍高于怠速转速，而终止转速取额定转速较好。本例中的 CA10B 发动机，取起始转速 $n_1 = 1\ 000$（r/min），终止转速 $n_2 = 2\ 800$（r/min），实际测得 $J = 0.944$（$\mathrm{N \cdot m \cdot s^2}$），经过计算 $K = 35.4$。因此，CA10B 型发动机的平均加速功率为：

$$N_{em} = 35.4/\Delta T\ (\mathrm{kW})$$

CA10B 型发动机平均功率与同一转速范围内稳态使用外特性平均功率 N_{emw} 之间以及稳态外特性平均功率和最大功率 N_{emax} 之间有如下近似关系：

$$N_{emw} = D \cdot N_{em} = D \cdot 35.4/\Delta T\ (\mathrm{kW}) \tag{5.10}$$

$$N_{emax} = 1.17 N_{emw} \tag{5.11}$$

式中：D——动态系数（$D = 1.09$）；

N_{emw}——发动机使用外特性平均功率；

N_{em}——发动机加速过程平均功率；

N_{emax}——发动机最大功率。

所谓动态发动机使用外特性平均功率，就是和外特性曲线下面以 n_1 至 n_2 为底边的曲边梯形（cdn_2n_1）面积相等的同底矩形（abn_2n_1）的高度 h 所对应的功率数值，如图 5.1 所示。

由式（5.10）和式（5.11）有：

$$N_{emax} = 1.17 \cdot D \cdot 35.4/\Delta T\ (\mathrm{kW})$$
$$= 45.1/\Delta T\ (\mathrm{kW}) \tag{5.12}$$

式（5.10）、（5.11）、（5.12）表明了 CA10B 型发动机使用外特性平均功率、最大功率与加速过程平均功率之间的关系。对于动态系数 D 和 N_{emax}/N_{emw} 比值，不同的发动机，其数值不同，其具体数值须通过大量的试验获得。式（5.12）通常用于无外载加速测功仪的刻度标定，也是无负荷测功的原理所在。

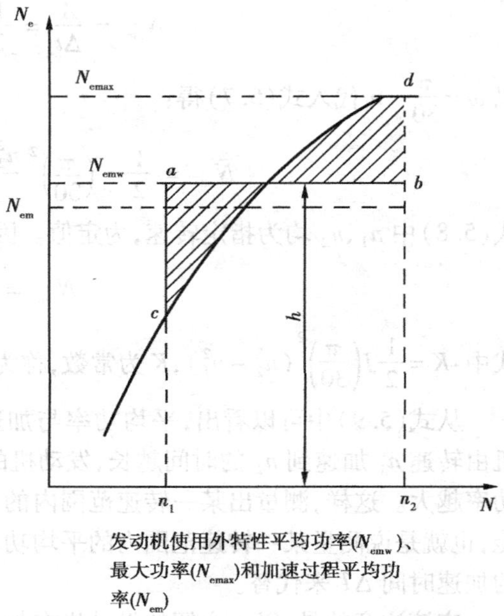

图 5.1　发动机外特性平均功率、最大功率和加速平均功率关系图

5.1.3 无负荷测功仪

对于发动机无负荷测功,通常采用无负荷测功仪进行。目前生产的无负荷测功仪,有单一功能的便携式测功仪和与其他测试仪表组装在一起的发动机综合测试仪两种类型。

(1)无负荷测功仪显示方法

无负荷测功的显示方法,通常有3种形式:即指针指示法,数字显示法和等级显示法。指针指示方式和数字显示方式由于简单、方便、直观而应用得较多,可指示出功率和加速时间的具体数值;等级显示方式只显示良好、合格和不合格几个等级,不能得到具体数值,因而只能进行简单的测量。

(2)无负荷测功仪原理

1)测瞬时加速度原理

测瞬时加速度原理是一种通过测量加速过程中某一转速的瞬时加速度 dn/dt,从而获得瞬时功率。为了测出瞬时加速度,可将加速度写成在一个很短时间内转速变化的形式:

$$\frac{dn}{dt} = \frac{n_2 - n_1}{\Delta t}$$

当 Δt 很小时,就可以看成某一转速的瞬时加速度。由于测量转速变化 $n_2 - n_1$ 不太方便,可将其转化为测量时间差的形式。也就是说,转速 n 与每转所用的时间成反比,因此可用周期差($T_1 - T_2$)来代替($T = 1/n$)。

按这一原理设计的仪器,由传感器1、脉冲整形装置2、时间信号发生器3、加速度计数器4、功率指示表7和转速表8等组成,其方框图如图5.2所示。

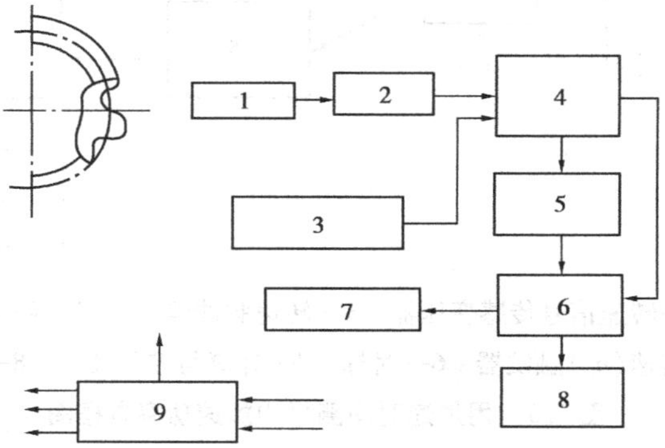

1—传感器 2—整形装置 3—时间信号发生器 4—计数器和控制装置
5—转换分析器 6—转换开关 7—功率表 8—转速表 9—电源

图5.2 瞬时加速度测量原理图

转速脉冲信号可以取自曲轴飞轮齿圈、分电器的高压线感应电压、低压电路感应电压、高压油管脉动或者排气管排气的脉动信号。汽油车通常把传感器串联到点火低压(初级)电路中,以取得稳定的转速脉冲信号。

由传感器输出的脉冲信号输入到整形装置进行整形放大,以便提高仪器的灵敏度。输入整形装置的信号,经整形后变成矩形触发脉冲信号,再输入到加速度计算器。只有转速达到规定值 n_1 时,整形装置才输出触发脉冲信号。触发脉冲信号通过控制装置触发加速度计算器工作,计算一定时间间隔内整形装置输入到计算器的脉冲数,并把这些脉冲数累加起来。时间间隔由时间信号发生器控制。每一时间间隔内的脉冲数与发动机转速成正比,而后一时间间隔与前一时间间隔的脉冲数差值与发动机的加速度成正比,加速度又与发动机的功率成正比。转换分析器有两个功能,其一是把与发动机功率成正比的相对加速度脉冲信号变成直流电压信号,其二是把信号输入到已按功率标定的电压表,以便显示被测发动机功率的具体数值。

2)测加速时间的原理

该原理是通过测量发动机由某一转速加速到另一转速的加速时间 T,从而获得平均加速功率。按照这种原理设计的仪器,由转速信号传感器、转速脉冲整形装置、起始转速(n_1)触发器、终止转速(n_2)触发器、时标、计算与控制装置和"加速时间-平均功率"显示装置组成(图 5.3)。

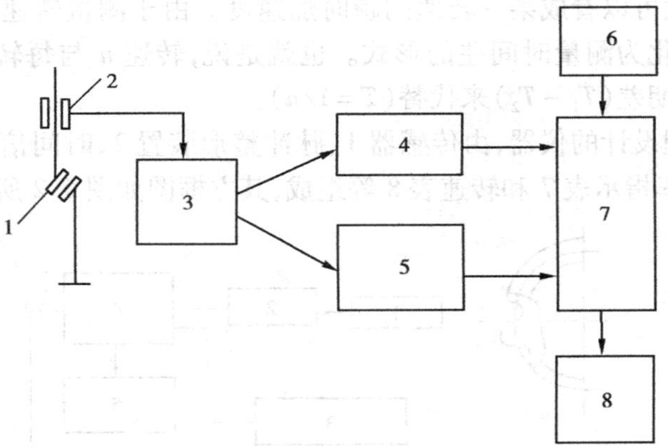

1—断电器触点　2—转速信号传感变压器　3—转速脉冲整形装置　4—起始转速(n_1)触发器　5—终止转速(n_2)触发器　6—时标　7—计算与控制装置　8—显示装置

图 5.3　用加速时间测平均加速功率方框图

通常这种仪器把来自点火系初级电路断电器触点开闭初级电流的感应信号作为曲轴转速的脉冲信号,经整形后变为矩形脉冲,然后再把矩形脉冲变为平均电压信号。当发动机节气门突然全开加速到起始转速 n_1 时,此时与起始转速对应的电压信号便触发计算与控制电路,使时标信号进入计算器并寄存。当发动机转速加速到终止转速(n_2)时,此时终止转速对应的电压信号又去触发计算与控制电路,使时标信号停止进入计算器,并把寄存器中的时标脉冲通过数模(D/A)转换器转换成模拟量,然后显示出来。

(3)便携式无负荷测功仪

随着电子技术和测控技术的飞速发展,便携式无负荷测功仪在国内外也得到了很快的发展,而且越来越向小型化、集成化、使用方便和适用多种车型方面发展。有的厂家甚至将无负荷测功仪制成袖珍式,带有接收天线,可接收发动机运转时的点火脉冲信号,而不必与发动机采取任何有线连接。进行测量时,用手拿着测功仪,只要面对发动机侧面拉出接收天线,发动机突然加速运转,即可遥测到加速时间和转速。然后通过查看对应功率——时间表或曲线,即可得知发动机功率的大小。

我国研制的便携式无负荷测功仪多采用平均功率测量原理,也就是通过测得加速过程中某加速范围内的加速时间来测量出发动机功率。FG—1 型汽车发动机无负荷测功仪就属于这种类型,但它是非遥控式。下面就以 FG—1 型汽车发动机无负荷测功仪为例介绍此类测功仪的原理及使用方法。

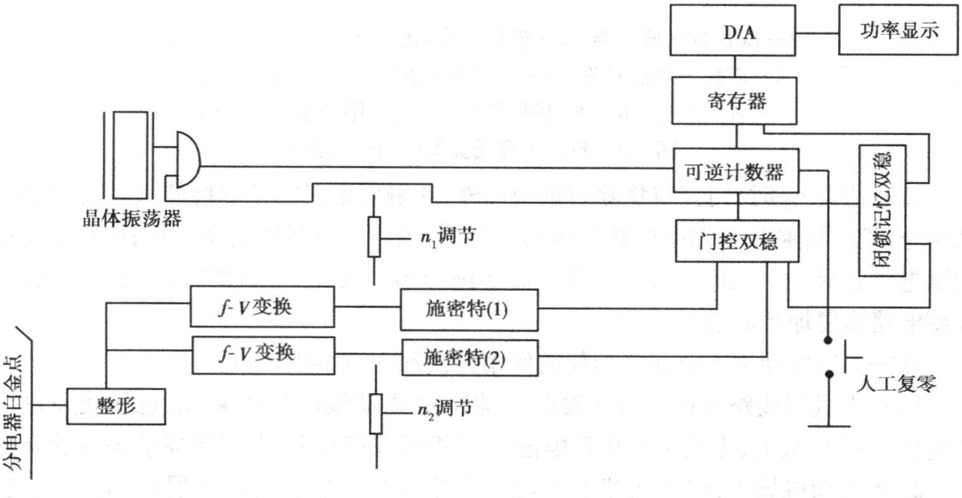

图 5.4 FG—1 型无负荷测功仪原理方框图

图 5.4 和图 5.5 是该测功仪的原理方框图和面板图。转速信号是从分电器白金触点上获取的,此信号是一个不规则的高频振荡脉冲,因此须对它进行整形处理。整形电路是一个单稳态触发电路,不规则的脉冲信号经过单稳态触发器后,被变为具有一定宽度和一定大小(幅值)的脉冲信号,此脉冲信号的频率与发动机的转速成正比。整形后的脉冲信号送到 *f-V*(频率电压)变换电路。从 *f-V* 变换电路输出一直流电压,其电压大小与发动机转速成正比。施密特触发器接受 *f-V* 变换电路输出的直流电压。对施密特(1)来说,$n < n_1$ 时为一状态,$n \geqslant n_1$ 时为另一状态。施密特(2)也

一样，当 $n<n_2$ 时为一状态，当 $n\geqslant n_2$ 时为另一状态。$n<n_1<n_2$ 时，门控双稳的输出封锁了与门，晶体管振荡器输出的脉冲信号不能送到二进制计算器中去进行计数。当 $n\geqslant n_1$ 时，施密特(1)改变状态，门控双稳也随之翻转，解除了对与门的封锁，此时，晶体管振荡器输出的脉冲信号经与门进入二进制计数器中去进行计数。发动机加速到 $n\geqslant n_2$ 时，施密特(2)改变状态，门控双稳也随之翻转，再次封锁与门，二进制计数器停止计数。在计数器中计得的脉冲数就表示转速从 n_1 增长到 n_2 所用去的时间。

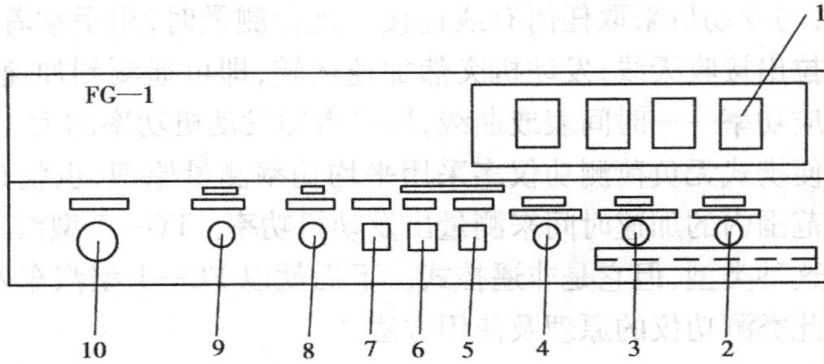

1—LED 数码显示器　2—模拟转速调整　3—测量与模拟开关
4—四缸与六缸开关　5—功率测量按键　6—转速测量按键
7—置零按键　8—下门限调整　9—上门限调整　10—输入

图 5.5　FG—1 型无负荷测功仪面板图

转速达到 n_2 时，门控双稳除封锁与门外，还触发记忆闭锁双稳使其翻转，发出记忆指令，把二进制计数器中的数存放到寄存器，同时发出封锁指令，使门控双稳闭锁，测试电路完成一个工作循环。如果还需要进行第二次测量，利用“人工复零”按键可以使电路恢复原始状态。

FG—1 型发动机无负荷测功仪的使用方法和注意事项如下：

1)首先进行线路连接。启动发动机，将仪器电源线的红鱼夹(红色接线夹)接在蓄电池“＋”极板上，黑鱼夹接在蓄电池“－”极板及搭铁上，此时仪器数码显示器亮。

2)将发动机熄火，把输入线上的红鱼夹接在分电器上的电容器正端，黑鱼夹接在搭铁线上，注意不要接反。

3)再次启动发动机，并预热到正常温度。

4)进行转速测量。根据发动机缸数，设定开关扳，将“测量与模拟”开关置于测量位置。按下“转速”测量键，读出发动机转速数据。

5)进行加速时间测量。将“测功”键按下，将“测量与模拟”开关置于“测量”位置。使发动机稳定在怠速工况，然后将油门一脚猛踩到底，发动机转速迅速升高并随即自动熄火，此时应及时松开油门，记下数码管显示的加速时间(秒)并按下“复零”键，重新启动发动机，当发动机稳定在怠速运转后，便可进行第二次测量。一般测量

3～5次，取其平均值，然后利用加速时间和功率的对应关系曲线（图5.6）查出发动机的功率值。

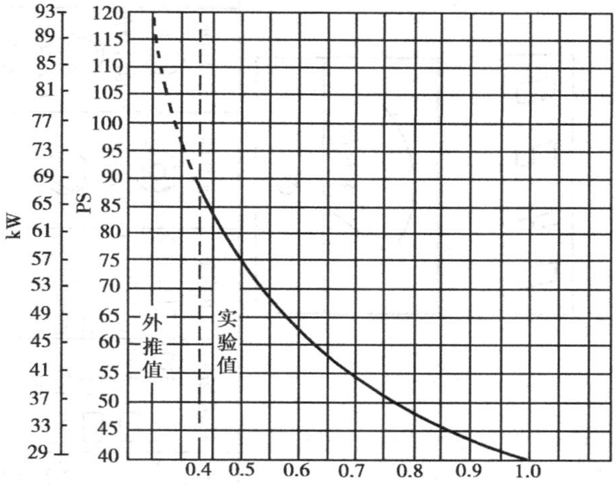

图5.6　发动机功率——时间曲线

（4）用发动机综合测试仪进行无负荷测功

发动机综合测试仪是一种综合性仪器，可以对发动机进行多个项目的检测，其中包括无负荷测功。下面以QFC—4型汽车发动机综合测试仪为例介绍其原理和使用方法。

QFC—4型汽车发动机综合测试仪用于汽油发动机的综合性检测，能对2、4、6、8缸正、负搭铁的各种汽油机进行检测。整个系统由13块功能板和电源供给、电源变换、示波显示、指针式仪表显示、数码显示、正时灯和传感器等组成。检测的主要项目有：配气相位测量、点火系性能参数测量和故障判断、无负荷测功、转速测量、电瓶和充电系统测量、异响分析等，图5.7是仪器面板图。其无负荷测功原理与前面所述相同，这里重点介绍其使用方法。

当进行无负荷测功时，四位数码管组成的显示屏可精确显示出发动机从某一转速上升到另一转速的加速时间，精确度为±0.001s。现以四缸汽油发动机为例，说明用该仪器进行无负荷测功的过程。

第1步：仪器校正。QFC—4型汽车发动机综合测试仪具有自校功能，插上220V电源线插头（在没有交流电的场合，可用直流12V供电，但不能同时用二者供电）。打开仪器电源开关，电源指示灯亮，数码管亮度正常并都为零。按下J_{02}的“4缸”键和“调试”键，按下J_{08}的“初级重叠”、J_{09}的“0～3 000”、J_{11}的“门控调整”等键，并将J_{05}的“垂直幅度”按逆时针方向关到最小。调整J_{12}的“模拟转速”旋钮，使转速表表头指针缓慢接近n_1，当表头指针到达n_1时，n_1指示灯亮。若指示灯亮得过早或过

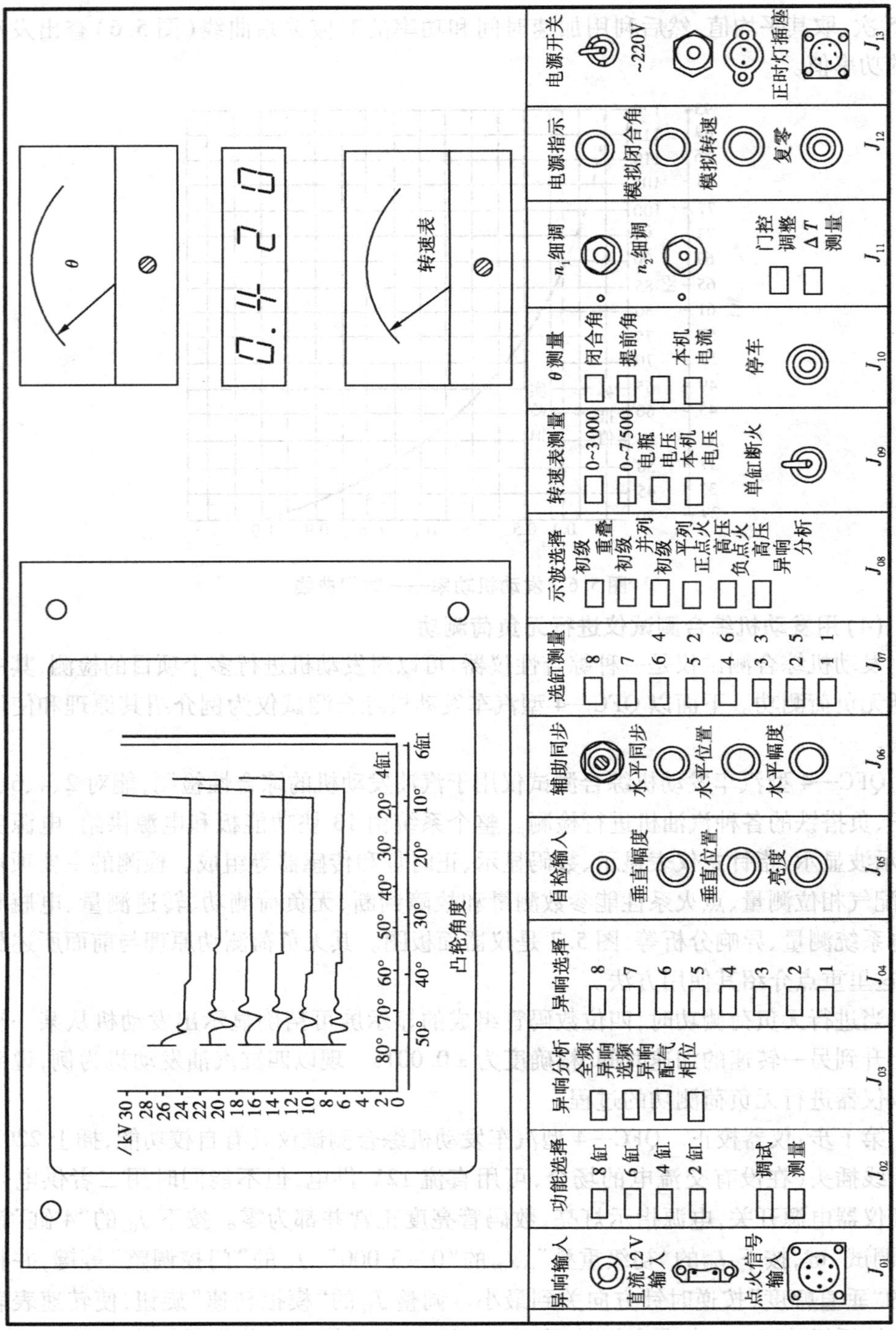

图5.7 QFC—4型发动机综合测试仪面板图

晚，则应重新调整"模拟转速"旋钮，先使转速表表头指针低于 n_1，再使指针到达 n_1 转速值，看 n_1 指示灯是否按时发亮，反复操纵直到调准为止。同样可对 n_2 进行校正。

第 2 步：线路连接。发动机预热到正常温度，然后按图 5.8 所示连接好线路。测试仪的点火系传感器低压部分有两个鱼夹，当汽车为负极搭铁时，黑鱼夹夹在发动机搭铁部分上，红鱼夹夹在分电器低压接线柱上；当汽车为正极搭铁时，对调黑、红两鱼夹位置。注意仪器外壳不要和发动机接触，否则将会造成发动机熄火。

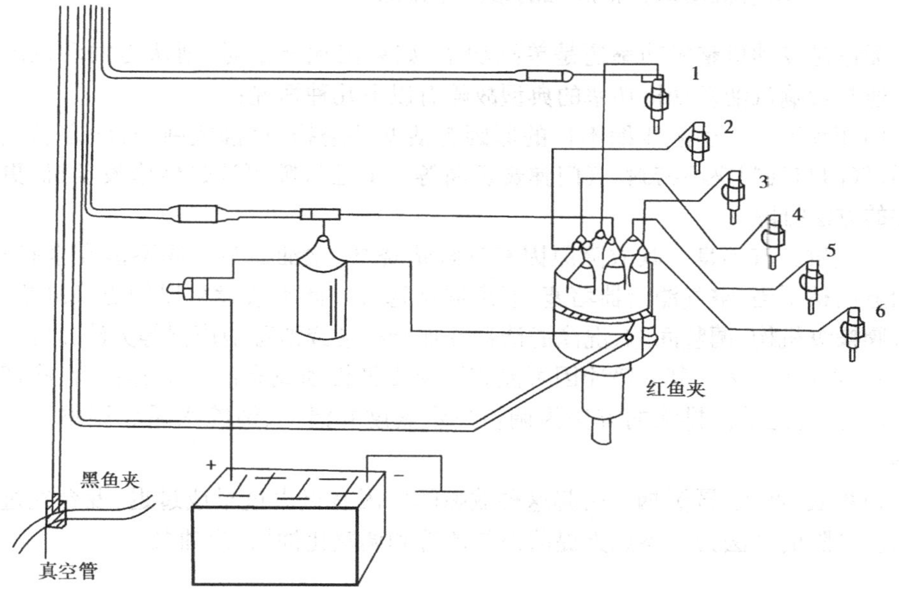

图 5.8 QFC—4 型汽车发动机综合测试仪与发动机的连接示意图

第 3 步：加速时间测量。当发动机稳定在怠速工况时，按下 J_{11} 的"ΔT"测量键，然后将加速踏板猛踩到底，发动机急加速后将自动熄火，此时应迅速抬起加速踏板。记下发动机熄火时数码管显示的加速时间，并当发动机快要停止转动时及时按下"复零"键，重新启动发动机。当转速达到相同值时，再重复测量。通常测量三次，取其平均值。

第 4 步：查出功率值。当测出加速时间"ΔT"后，利用加速时间和功率的对应关系曲线（图 5.6 所示）查出对应功率。

5.1.4 单缸功率的检测

对于多缸发动机，如果每个气缸工作情况相差很大，则会导致发动机运转不平稳，并会影响发动机动力的正常发挥。因此检查各气缸动力性能是否一致显得非常重要。前面所述无负荷测功仪既可以对发动机的整机功率进行检测，又可以对某气缸的单缸功率进行检测。检测单缸功率通常采用差值法:首先测出发动机的整机功率,然后测出某一缸不点火工作(如使用螺丝刀将该缸火花塞接线柱与缸盖直接短路)情况下的发动机功率,两功率之差就是被测缸的功率。对于技术状况良好的发动机,各缸功率应该基本相等。大多数无负荷测功仪和发动机综合测试仪都带有单缸断火功能,通过仪器上相应的功能键便可切断某缸的点火,从而方便地进行单缸功率的检测。

5.1.5 发动机功率异常故障的诊断与排除

无论是发动机整机功率还是单缸功率,如果出现异常时,则认为发动机出现故障。通常影响汽油发动机功率的典型故障有以下几种情况:

1)压缩不良。引起压缩不良的原因有活塞环磨损、烧蚀或断裂,活塞和气缸壁磨损,气门与气门座不密封,气门弹簧折断等。上述故障可通过修磨发动机、更换零部件的方法排除。

2)气缸充气不良。其故障原因有气缸垫烧穿、化油器节流阀不能完全打开、气门间隙调整不当、空气滤清器堵塞、消声器堵塞等。此类故障可以用更换缸垫、调整节流阀操纵机构、调整间隙、洗涤滤清器并加新机油或清理消声器等方法排除。

3)发动机过热。其故障原因可能有风扇皮带松动或有油污引起打滑、冷却系有水垢、点火过迟等。排除的方法为调整皮带紧度并清洁、清除水垢和调整点火提前角等。

4)爆震、回火、冒黑烟。引起这种故障的原因有点火过早或过迟、混合气过浓或过稀。排除的方法为调整点火提前角与清洗和调整化油器、汽油泵。

5.2 发动机综合性能检测

汽车发动机是汽车的心脏,是汽车行驶的动力来源,是汽车最主要的总成之一。由于发动机结构复杂、工作条件变化多端,使用条件恶劣,出现故障的可能性最高,因此往往成为重点检测和诊断的对象。进行发动机综合性能检测,可以为我们对发动机整体技术状况进行科学诊断提供有力的依据,进而为排除发动机故障做好技术准备。

发动机综合性能检测通常包括以下内容:首先是对点火系的多项指标进行检测,包括各缸点火压力值,点火提前角,分电器重叠角和白金闭合角等;第二是发动机配气相位动态检测;第三是起动系的检测,包括起动电压、起动电流、起动转速;第四为气缸压力测量;第五是柴油机供油系检测,主要包括喷油嘴喷油状况判断、喷油泵供油压力测量和供油均匀性判断;第六是汽油机单缸动力性检测和发动机的动力性检测(包括加速时间或功率测量);最后是充电系检测和发动机的异响分析(包括曲轴轴承响、连杆轴承响、活塞销响、敲缸响、气门响等)。

以上各项既可采用各单项性能测试仪进行测试,如前面提到的点火示波器、触点闭合角试验仪、点火提前角测试仪、转速表、电压表、电流表、无负荷测功仪、供油提前角测试仪、气缸压力测试仪、燃烧试验仪、压缩压力试验仪等,也可采用发动机综合测试仪进行检测。在进行发动机综合检测时,一般采用的设备是把示波器和以上仪表中的单个或多个组成一体的多功能综合测试仪。目前国内使用比较普遍的综合测试仪有:国产 QFC—3 型发动机综合检测仪(以及在其基础上发展起来的 QFC—4 型发动机综合检测仪)和 WFJ—1 型微电脑发动机检测仪以及 WFJ—1 增强型微电脑发动机检测仪。目前用得较多的有 FDJ—D 博士型发动机综合检测仪,这种检测仪除具有 FDJ—C 型发动机综合检测仪的全部功能外,还增加了汽车故障检测(可测电喷车)。检测车型包括亚、欧、美等车系。它集成了汽车发动机测试、汽车故障测试(包括:电喷车解码器、尾气测试、柴油车烟度测试、曲轴箱窜气测试、踏板力测试、转向盘转动量扭矩测试、汽车油耗测试)、汽车词典、汽车维修档案管理等功能,是当今汽车电子技术与最新电脑技术的完美结合。另外还有 FDJ—B 型发动机综合检测仪、FDJ—A 型便携式发动机综合测试仪等。现在的发动机综合检测仪均是以微机为核心的测量和数据处理系统,检测项目比较全面、测试结果比较精确。

下面就以济南微机应用研究所最新研制的 WFJ—1 增强型微电脑发动机检测仪为例介绍发动机综合检测仪的基本检测原理及其运用。

5.2.1 发动机综合性能检测仪的基本工作原理

发动机综合性能检测仪是一种以计算机为控制中心的现代集成智能仪器,包括各种传感器、信号调理电路与微机控制系统和各种输出设备等,如图 5.9 所示。

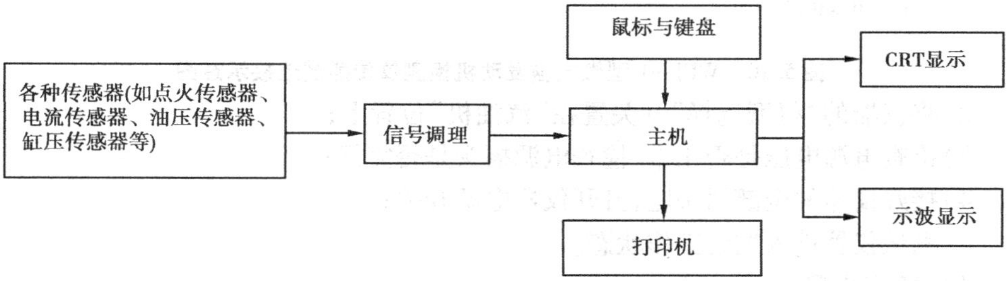

图 5.9 发动机综合检测仪原理方框图

不同传感器从发动机有关部位采集到多种信号,这些信号经过放大和处理后送往主机,并在相应软件支持下,通过键盘或按钮操作完成发动机各种参数测量和故障诊断,检测结果可由屏幕显示或由打印机打印输出。其各参数的具体测量原理见第3章中的基础诊断部分。

5.2.2 汽油发动机检测

(1)检测前的准备工作

1)连接好各种传感器。WFJ—1 型微电脑发动机检测仪的全部传感器的安装位置如图 5.10 所示。

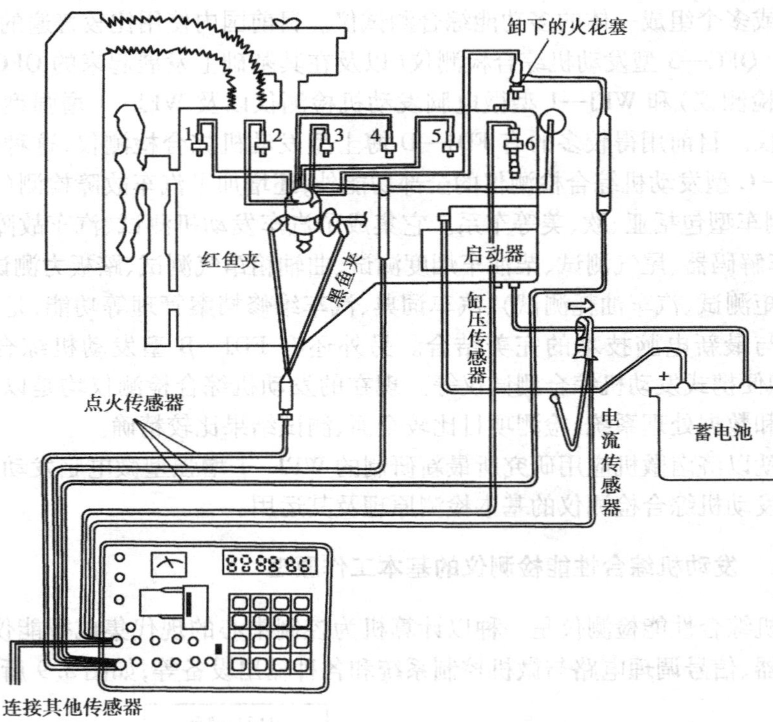

图 5.10 WFJ—1 型微电脑发动机检测仪传感器连接示意图

2)将仪器的“机型选择”开关置在“汽油机”位置上;

3)检查电源电压是否正常,检查电源插头是否完好;

4)接好仪器的全部插头座,打开仪器电源开关;

5)测试仪器进入准备工作状态。

(2)检测步骤

这里以起动系简易测量为例介绍其检测步骤。当只需要检测气缸压力的均匀性时,仅须对启动系进行简易的测量。在进行此项测量时,首先应进行传感器的安装:将电流传感器夹在蓄电池线上,传感器上的箭头指向蓄电池负极,将电流传感器上的红鱼夹夹在蓄电池正极上。在连接传感器时,传感器夹要紧密合缝,否则将会大大影响测量精度。为了打马达时发动机不着火,应将点火传感器的白金信号红鱼夹夹在白金上，黑鱼夹搭铁，也可将点火高压线拔下来。当连接好传感器后就可操作仪器进行测量。在操作键盘上键入05或55，屏幕上就会显示发动机操作提示；将发动机油门开到最大，连续打4s马达，开始打马达时屏幕上会有波形出现，当波形消失并开始显示测量结果时，说明已到4s，正常情况下发动机也同时启动；然后根据说明书进行相应的操作，进行数据分析、显示和打印等。同样按照说明可进行启动系全面检测、点火提前角测量、分电器重叠角、白金闭合角测量、单缸动力性检测、充电系检测、动力性检测等综合性测量。而且还可对柴油机进行综合检测。

5.3 底盘输出功率检测

汽车底盘包括传动系、行驶系、转向系和制动系等几大部分。汽车底盘的技术状况关系到整车行驶的稳定性和安全性，同时还影响发动机的动力性和燃油经济性。因此，汽车底盘的检测也是一个非常重要的检测项目。

底盘测功是指对汽车驱动车轮输出功率的检测，其目的是为了获得驱动车轮的输出功率（或驱动力的大小），以便于评价汽车的动力性；或用测得的驱动车轮的输出功率与发动机曲轴输出功率进行对比，求出传动效率以便于判定整个底盘传动系的技术状况。底盘输出功率检测通常在底盘测功机上进行。

5.3.1 底盘测功机的基本结构与工作原理

底盘测功机又叫底盘测功试验台，是一种在不解体情况下检验汽车使用性能的检测设备。它不仅可以通过在室内台架上模拟汽车道路行驶工况的方法来检测汽车的动力性，而且还可以测量多工况排放指标及燃油消耗量。此外，底盘测功机还能方便地进行汽车的加载调试和诊断汽车在负载条件下出现的故障等。由于汽车底盘测功机在试验时能对试验条件进行控制，使周围环境条件的影响降到最小，同时通过功率吸收加载装置来模拟道路行驶阻力，控制行驶状况，故能进行符合实际行驶状况的复杂循环试验，因而得到了广泛应用。

近年来因电子计算机技术的高度发展，为数据的采集、处理及试验数据分析提供了有力的手段，同时为模拟道路状态创造了条件，加速了底盘测功机的发展，加之各类专用软件的开发和应用，使汽车底盘测功机的功能和性能大大提高。

底盘测功试验台通常由滚筒装置、加载装置、惯性模拟装置、测量和辅助装置四大部分组成，底盘测功试验台的普通型道路模拟系统如图5.11所示。

(1)滚筒装置

汽车在底盘测功机上试验时，其试验条件和汽车在道路上试验有些不同。在试验台上检测试验时，滚筒相当于连续移动的路面，被检测汽车的车轮在其上滚动，汽车是静止不动的，因此没有空气阻力和非驱动轮滚动阻力，但试验台本身传动机构会

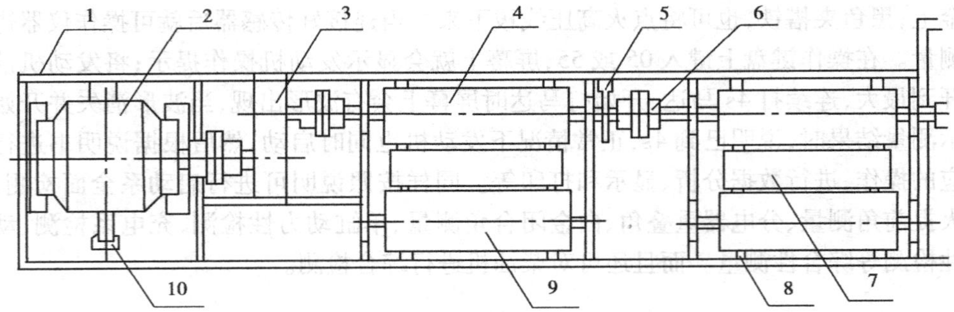

1—机架　2—功能吸收装置　3—变速箱　4—滚筒　5—速度传感器

6—联轴节　7—举升器　8—制动器　9—滚筒　10—力传感器

图 5.11　普通型道路模拟系统

消耗一部分能量。此外轮胎在滚筒上的附着条件与路面上的附着条件也有一些差异，由于轮胎与滚筒接触点和支撑面上分配特性及挤压情况不相同，附着系数和滚动阻力也不一样，因此在设计滚筒时，应考虑以上多方面的因素，使其尽可能与真实道路条件相似。

底盘测功机试验台的滚筒有单滚筒和双滚筒之分，如图 5.12 所示。

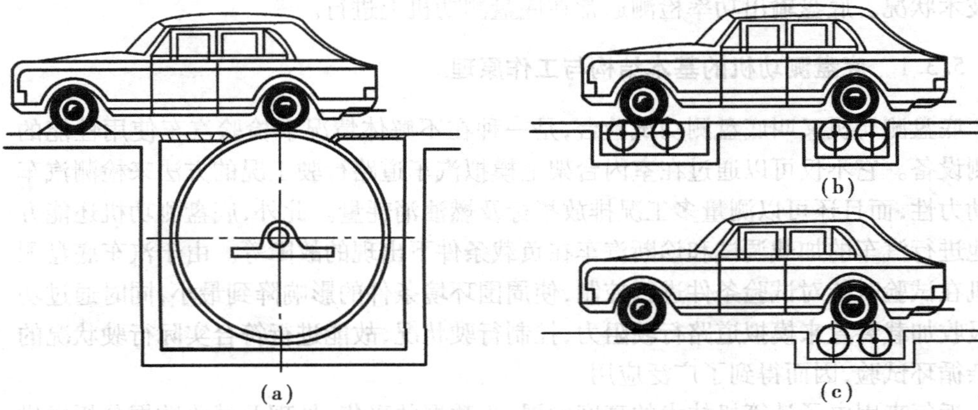

图 5.12　单滚筒和双滚筒示意图

1)单滚筒试验台

单滚筒试验台用一个滚筒支承两边驱动车轮，如图 5.12(a)。单滚筒试验台的滚筒直径一般较大，其最大直径可达 2 500mm 以上。滚筒直径越大，车轮轮胎与滚筒的接触就越接近于车轮与路面接触的实际情况，且轮胎与滚筒的滑转率小，滚动阻力小，因而测试精度高。但是加大滚筒直径会受到制造、安装、占地面积和费用等多方面的限制，而且车轮在单滚筒试验台上的安放定位要求极高，车轮中心与滚筒中心的对中又比较困难，因此使用起来较不方便。单滚筒试验台常用于汽车制造、科研单位和大专院校等，在维修行业中很少使用。

2）双滚筒试验台

双滚筒试验台采用前后两个滚筒来支承驱动车轮，如图5.12(b)所示。双滚筒试验台的滚筒直径要比单滚筒试验台的小得多，一般不超过500mm。滚筒直径的选择往往取决于试验车速，车速越高，直径应越大。由于滚筒的直径较单滚筒小，车轮轮胎与滚筒的接触与车轮在路面上的受压情况相差较大，滑转率较大，滚动阻力也比较大。因此，其检测精度比较低。双滚筒试验台，特别是图5.12(c)所示的单轴双滚筒式试验台，因结构简单，安装使用方便，且成本低的优点，被广泛应用于维修企业和交通管理部门。

双滚筒试验台的滚筒多由钢制材料制成，通常采用空心结构。按其表面形状不同，又有光滚筒、滚花滚筒、带槽滚筒、带涂复层滚筒等多种形式。可根据使用要求适当选择，目的是尽量使滚筒的附着力接近于道路的实际情况。目前，光滚筒应用最多，而带涂复层滚筒可使附着力增大，是底盘测功机的发展趋势，滚花和带槽滚筒由于在使用过程中打滑率不能保持恒定，因此使用得较少。

对于双滚筒，安置角是一个重要的参数。所谓汽车车轮在滚筒上的安置角是指车轮与滚筒接触点的切线方向与水平方向的夹角，台架的阻力系数随着安置角的增大而增大，在试验过程中对安置角的设定原则如下：ⓐ以车轮带动装有惯性飞轮的滚筒以最大加速度加速时，不得驶出滚筒来确定最小安置角；ⓑ以车辆能在滚筒制动后驶出滚筒来确定最大安置角。

(2)加载装置

汽车在道路上行驶时，受到的阻力有车轮滚动阻力、车轮轴承的摩擦阻力、空气阻力等。汽车在试验台上运转时，其外部阻力主要为驱动轮的滚动阻力及转动组件的轴承摩擦力，这些阻力比汽车在道路上行驶时所受到的外部阻力要小得多。另外，在试验台上不存在汽车在道路上行驶时所受到的空气阻力和爬坡阻力。因此，必须采用功率吸收装置来模拟空气阻力、爬坡阻力以及从动轮的轴承摩擦阻力等，使汽车在试验台上的受力情况同在道路上行驶基本一样。

功率吸收装置是用来吸收并测量汽车发动机经传动系传至驱动车轮上的功率或牵引力的。常用的功率吸收装置有直流电机电力测功器、水力测功器和电涡流测功器。

1）直流电机电力测功器

直流电机电力测功器又称为平衡电机，作为负载用时，它吸收功率，其作用相当于直流发电机；平衡电机还可作为驱动机械用，此时，它输出功率，其功用相当于直流电动机。利用电子控制的电力测功器能很好地模拟汽车的行驶阻力和惯性力。平衡电机大大地扩大了滚筒试验台的用途。但是，直流电机电力测功器的制作成本较高，一般仅用于科研单位。

2）水力测功器

它是用水作为制动介质,水在测功器的转子和定子之间起联结作用,形成制动力矩。通过调节进出水量,可以得到不同的制动功率。在水流量一定时,测功器的制动转矩随着转子转速的增加而提高。这种测功器精度较低,可控性较差。

3)电涡流测功器

电涡流测功器由于成本适度,可控性好而得到了广泛的应用。大多数滚筒试验台的功率吸收装置均采用电涡流测功器。它主要由定子和转子两部分组成。在定子四周装有激磁线圈,转子作为电磁盘与试验台主动滚筒相连,并在磁场线圈之间转动。当电涡流测功器的激磁线圈通入电流时,两极间产生磁场,当汽车驱动轮带动滚筒及电涡流测功器转子通过激磁线圈磁场转动时,由于磁通密度发生变化使转子表面上产生“电涡流”,该“电涡流”与磁场相互作用,对转子盘产生制动阻力矩。调节通过激磁线圈电流的大小,即可改变制动阻力矩(即吸收功率)的范围,因而能在不同工况下试验汽车驱动轮的输出功率。电涡流测功器将吸收汽车驱动轮输出的功率而产生的涡电流变为热能,经空气或水散发。根据热能的散发方式,电涡流测功器分为水冷式和风冷式两种。

水冷式电涡流功率吸收装置的基本结构如图 5.13 所示,主要由转子(包括带齿状凹凸的感应子 17、主轴 7)和定子(包括作为磁轭的铁心 1、涡流环 2、励磁绕组 18、端盖 3)组成。其特点是:

a. 结构比较复杂,安装不方便,特别是我国北方的冬季,由于气温低,须要给冷却水管保温;

b. 测量精度比风冷式电涡流测功机高;

c. 冷却效率高,特别适合持续运行工况使用;

d. 为了防止冷却水结垢,冷却水温度一般不得超过 60℃,冷却水 pH 值应按说明书规定执行。

风冷式电涡流功率吸收装置的基本结构如图 5.14 所示,风冷式电涡流功率吸收装置主要由转子、定子、励磁线圈、支承轴承、冷却风扇叶片、力传感器等组成,其特点是:

a. 结构简单,安装方便;

b. 冷却效率较低,功率吸收装置不宜长时间运行。其转子的导磁率随温度的上升而下降,因而其最大吸收功率随温升而减小,所以一般风冷式功率吸收装置在高转速、大负荷下工作时间不宜超过 5min;

c. 由于冷却风扇在工作时要消耗一定的功率,所以应该将风扇所消耗的功率计为汽车底盘输出功率的一部分。

(3)惯性模拟装置

对于只检测汽车底盘输出功率的汽车底盘测功机,可以没有惯性模拟装置,但是现在的底盘测功机不仅仅只对底盘输出功率进行检测,通常还要对其他项目进行试验,如起步加速性能、滑行性能等。在道路上行驶时汽车本身具有一定的惯性能,即

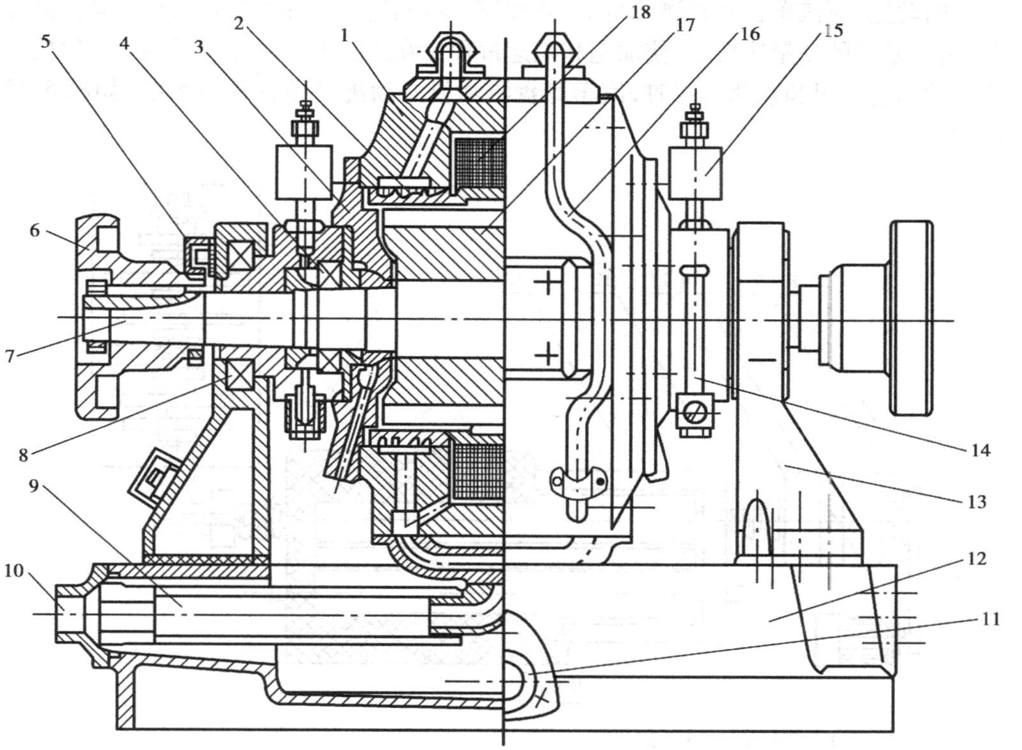

1—励磁体(磁轭)　2—涡流环　3—端盖　4—旋转轴承　5—测速传感器　6—联轴器　7—主轴
—摆动轴承　9—进水软管　10—进水口　11—出水口　12—机座　13—轴承架　14—油面指示器
15—油杯　16—出水管　17—感应子　18—励磁绕组

图 5.13　水冷电涡流测功机结构图

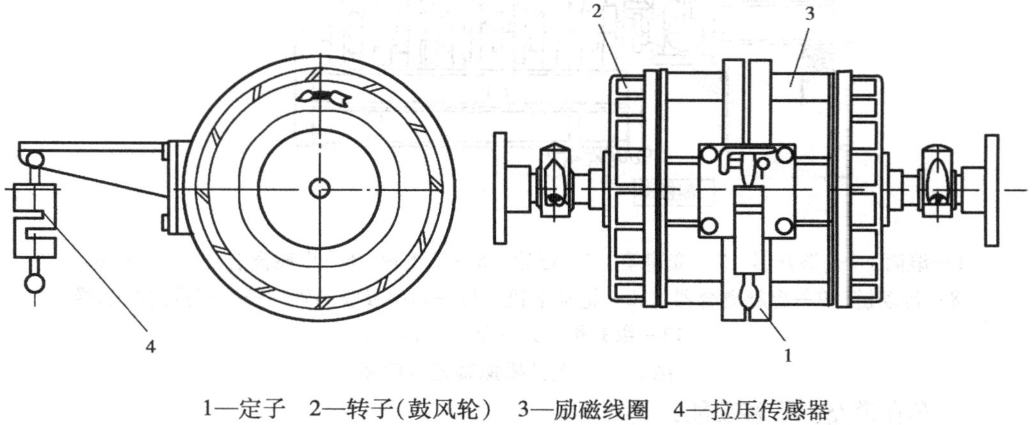

1—定子　2—转子(鼓风轮)　3—励磁线圈　4—拉压传感器

图 5.14　风冷电涡流测功机结构示意图

汽车的动能;而汽车在底盘测功机上运行时车身是静止不动的,车轮只是带动滚筒旋转,由于系统的惯量比较小,使加速和减速过程比在道路上行驶时快得多。所以检测汽车的加速工况和减速工况时,汽车底盘测功机必须配备惯性模拟系统,如图 5.15 所示。

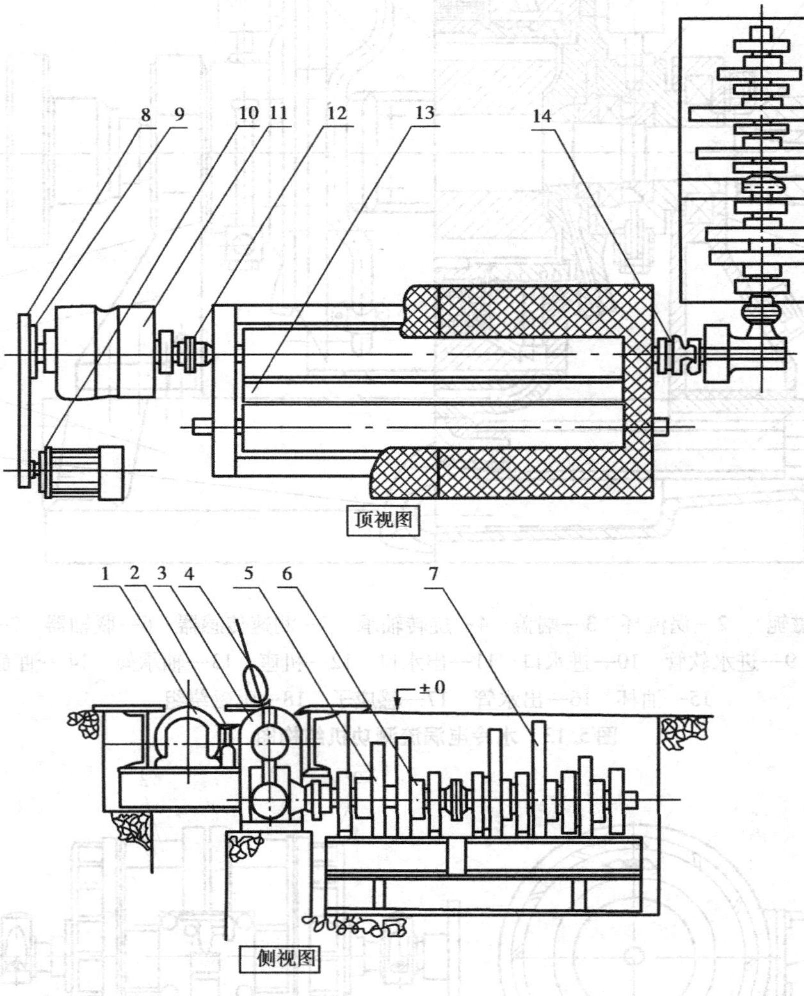

1—滚筒　2—举升器　3—变速箱　4—挡轮　5—小飞轮　6—电磁离合器　7—大飞轮
8—传动链　9—超越离合器　10—拖动电机　11—功率吸收装置　12—双排键联轴器
13—举升板　14—牙嵌式离合器

图 5.15　惯性模拟装置示意图

汽车在道路上平移动能:

$$E_1 = \frac{1}{2}m \cdot v^2$$

底盘测功机运行时旋转元件具有的动能为：

$$E_2 = \sum \frac{1}{2}J \cdot \omega^2$$

式中：m——汽车的质量；

v——汽车在道路上行驶的车速；

J——汽车底盘测功机台架旋转元件的转动惯量；

ω——汽车底盘测功机台架旋转元件的角速度。

在忽略汽车非驱动轮的旋转质量的前提下，汽车底盘测功机台架为了模拟道路行驶所要满足的条件为：

$$E_1 = E_2$$

把 $v = \omega \cdot R$ 代入，有：

$$\sum J = m \cdot R^2$$

R 为滚筒半径。

汽车底盘测功机台架转动惯量主要来自飞轮质量，由于我国目前对汽车台架的惯量尚没有制订相应的标准，因而国产底盘测功机所配备的惯性飞轮的个数及飞轮惯量的大小也不同。一般而言，飞轮的个数愈多，则模拟的精确度愈高。

(4) 测量装置

测量装置包括测力装置、测速装置、测距装置和功率指示装置等。

1) 测力装置

测力装置的作用是测量作用在驱动车轮上的牵引力。下面以电涡流测功器底盘测功机为例介绍其原理及安装。电涡流测功器的定子是通过摆动轴承装在轴承支架上的，并在其外壳上连接有一根一定长度的杠杆臂。当定子通电后，在对其中旋转的转子施加制动阻力矩的同时，定子本身便受到大小相等、方向相反的反作用力矩。这个反作用力矩迫使定子绕轴承支架摆动，其摆动量通过定子外壳上的杠杆臂传给测力传感器，然后由仪表指针指示出具体数值。

测力装置中的传感器可分为两种，其一是拉压传感器，安装图如图 5.16(a) 所示；其二是位移传感器，其安装图如图 5.16(b) 所示；它们一端连接功率吸收装置的外壳，另一端与机体连接。

从定子到指示仪表间的整个装置称为测力装置。测力装置有机械式、液压式和电测式等多种型式，限于篇幅，其具体结构原理请读者查阅相关资料。

2) 测速装置

现在底盘测功机的测速装置多为电测式，由测速电机和毫伏计组成。测功试验台的测速装置一方面可以测出车速，进而由力与速度求得功率值；另一方面还可用来

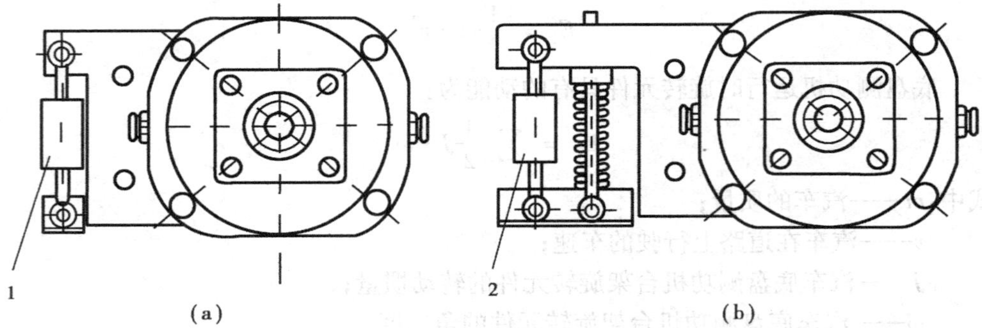

1—拉压传感器　2—位移传感器

图 5.16　测力装置中传感器的安装示意图

(a)拉压传感器安装图　(b)位移传感器安装图

校验被检车辆的车速表。因此,购置了测功试验台之后,就不必再设置车速表试验台。

3)测距装置

当对汽车进行加速距离、滑行距离、燃料消耗量等的检测时,还需要对行驶距离进行测量和显示,此功能由测距装置完成。图 5.17 所示为测加速距离的测量原理框图。距离脉冲可用电磁传感器、霍尔传感器和光电传感器等来产生,图 5.17 由装在驱动滚筒轴上的光电传感器提供,加速距离由控制电路控制计数门记下由 v_1 加速至 v_2 的距离而得到。

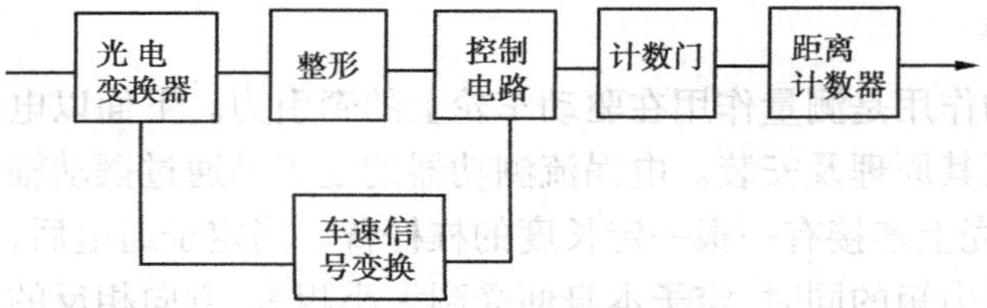

图 5.17　测距装置原理方框图

4)功率指示装置

功率是采用间接方式测量的,也就是通过对牵引力和车速进行测量,然后计算出功率,并进行显示。底盘测功试验台的功率指示装置,有的能直接指示驱动车轮的输出功率,有的仅能指示作用在驱动车轮上的牵引力。

测力装置为机械式和液压式的试验台,其指示装置仅能指示驱动车轮的牵引力。此时,驱动车轮的输出功率应根据测得的牵引力和对应的试验车速按下式计算:

$$P_k = \frac{Fv}{3\,600}(\text{kW})$$

式中:P_k——驱动车轮输出功率(kW);

F——驱动车轮牵引力(N);

v——试验车速(km/h)。

电测式测力装置可直接指示功率值。电测式测力装置是根据弹簧原理设计的,如图5.18所示。弹簧5由于电涡流测功器转矩作用而被压缩,转矩越大,压缩量越大。弹簧被压缩则杠杆臂另一端使滑动电阻8的滑动臂移动,从而改变电阻的大小,电压随之发生变化,然后把电压输入功率指示装置7。与此同时,测速电机2也把测得的车速电信号输入功率指示装置7。最后指示装置通过计算把汽车驱动轮的输出功率值直接显示出来。

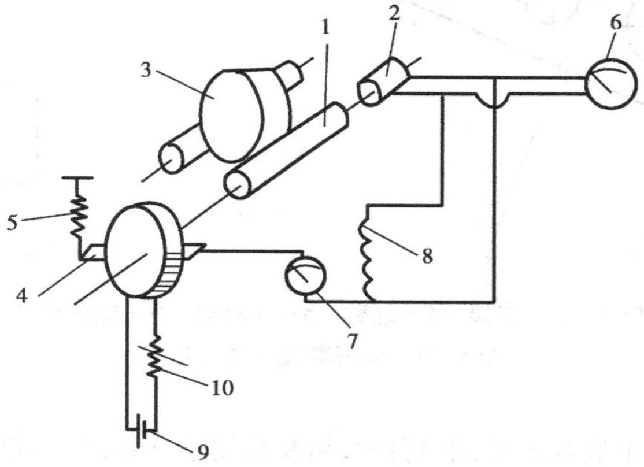

1—滚筒　2—测速电机　3—被测车轮　4—涡流测功器定子　5—弹簧
6—速度表　7—功率表　8—滑动电阻　9—电源　10—负荷调节器

图5.18　电测式测力系统图

(5)辅助装置

1)安全保障系统

为了测试工作的安全进行,底盘测功机还设有安全保障系统,包括左右挡轮、系留装置、车偃、发动机与车轮冷却风机,其作用分别如下:

①左右挡轮的作用是防止汽车车轮在旋转过程中,在侧向力的作用下移出滚筒。

②系留装置是指地面上的固定盘扣,试验时用缆绳与试验车辆相连,以防车辆高速运行时,由于滚筒的突然卡死而飞出滚筒;

③车偃有两大作用,其一与系留装置作用相同;其二是防止车辆在运行过程中,车体前后移动;

④发动机与车轮冷却风机是对运行中的发动机和车轮降温,也就是起冷却作用。

2)引导系统

引导系统也称司机助,其作用是引导驾驶员按照提示进行相应操作。提示的方法有两种,一种是采用显示牌,另一种是采用大屏幕显示装置。

①显示牌一般是与计算机的串行通讯口相连,通过计算机对显示牌进行控制和通信,便可使显示牌进行相应的显示,以提示驾驶员如何操作车辆并进行测量。

②大屏幕显示器如图5.19所示,它是通过AV转换盒与计算机相连,AV转换盒将计算机的数字信号转换成视频信号供电视机用。

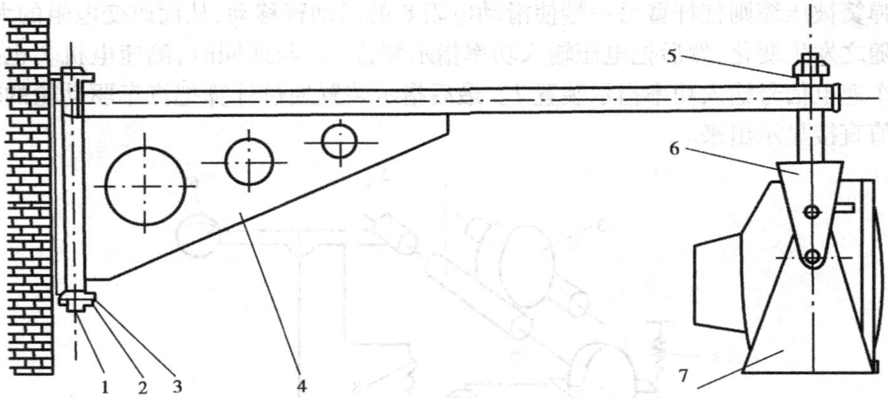

1—转轴 2—开口销 3—支架 4—悬臂 5—小转轴 6—电视机吊架 7—电视机座

图5.19 大屏幕显示器示意图

3)举升系统

通常车辆在驶上底盘测功试验台时,须要采用举升系统。举升系统的类型较多,底盘测功机常用的类型有:

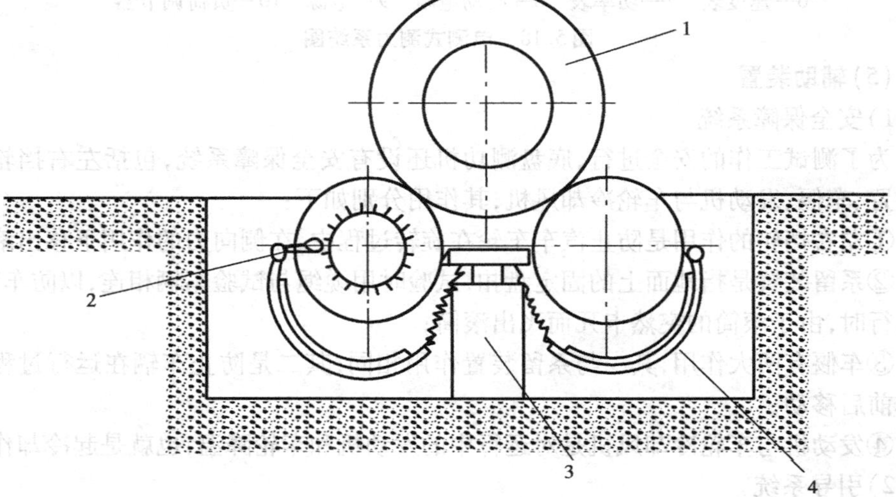

1—车轮 2—滚筒转速传感器 3—举升器 4—滚筒制动器

图5.20 气压式升降机示意图

①气压式升降机。图 5.20 是气压式升降机示意图,它主要由电磁阀、气动控制阀及双向气缸或橡胶气囊等组成,在气体压力的作用下,气缸中的活塞便可上下运动从而实现升降的目的。

②液压式举升装置。液压式举升装置一般由磁阀、分配阀、液压举升缸等组成。在液压作用下,举升缸活塞向上移动,实现举升目的。

4)滚筒锁止系统

滚筒锁止系统通常采用棘轮棘爪式,这种锁止装置如图 5.21 所示,它由双向气缸、棘轮、棘爪、回位弹簧、杠杆及控制器等组成,通过控制器控制压缩空气的接通和断开。当某一方向的管路接通后,压缩空气便推动气缸活塞运动,控制棘爪与棘轮离合,以达到锁止或放松滚筒的目的。

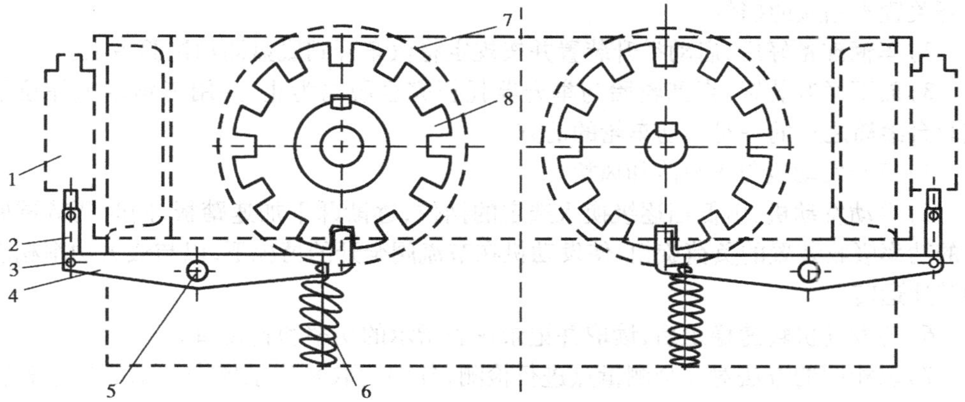

1—双向气缸　2—拉杆　3—连接销　4—棘爪

5—固定销　6—回位弹簧　7—滚筒　8—棘轮

图 5.21　棘轮棘爪式滚筒锁止机构

5.3.2　底盘输出功率的检测

(1)检测前的准备

1)试验台的准备工作

使用试验台前,除按厂家规定的项目及期限对试验台进行检查、调整、润滑外,在使用过程中,还要注意仪表指针的回位和调整以及各种线路的连接和接触情况,若有故障或不符合要求的情况,应先进行检修排除,才能投入使用。

2)被检汽车的准备工作

①调整发动机供油系及点火系,使其处于最佳工作状态;

②对汽车底盘传动系进行检查、调整、紧固并检查各部件的润滑是否良好;

③检查轮胎是否沾有水、油等或轮胎花纹沟槽内是否嵌有小石子,若有一定要先

清除，且轮胎气压要符合规定值；

④使汽车预热到正常温度。

3）检测点的选择

为全面正确评价被检汽车发动机及底盘的技术状况，应选择几个代表性的检测点检测汽车驱动轮的输出功率或驱动力（不同检测点对应发动机的不同转速和转矩）。一般除制造厂给出的发动机最大功率相应的转速和最大转矩相应的转速两个点之外，还应选择1～2个常用转速（例如经济车速）作为检测点。在实际检测时可根据交通管理部门或用户的要求选择检测点或视具体情况而定。

（2）检测方法

1）接通试验台电源，根据被检车辆驱动轮输出功率的大小，将功率指示器的转换开关置于相应的挡位。

2）车辆准备好后，启动举升装置并按规定将汽车开到底盘测功试验台上。

3）放下举升装置，直到轮胎与举升器托板完全脱离为止，并用三角木抵住位于试验台滚筒之外的一对从动车轮的前方。

4）打开发动机与车轮冷却风机。

5）启动发动机，由低挡逐级换入选定的挡位，逐渐踩下加速踏板，同时调节试验台的功率吸收装置的负荷旋钮，使发动机在节流阀全开的情况下，以与最大功率相应的转速运转。

6）待发动机转速稳定后，读取并记录仪表指示的功率和转速值。

7）以相同的方法对多个测量点进行检测，分别读取并记录仪表指示的功率和转速值。

8）检测结束，待驱动轮停止转动后，移开发动机与车轮冷却风机，去掉车轮前的三角木，升起举升器的托板，将被检汽车驶离试验台，然后切断试验台电源。

（3）注意事项

1）超过试验台允许轴重或轮重的车辆，一律不得驶上试验台进行检测。

2）为了确保检测安全，检测过程中，切勿拨弄举升器托板操纵手柄，车前严禁站人。

3）检测最大功率和最大转矩相应转速工况下的驱动输出功率时，一定要开启发动机与车轮冷却风机，并密切注意各种异响和发动机的冷却水温度。

4）走合期间的新车和大修车，一般不检测在最大功率相应转速下的驱动轮功率。

5）车辆检测完毕，应该立即驶出试验台。

5.4 传动系效率检测

传动系的效率是从底盘测功试验台上测出的驱动车轮输出功率与发动机飞轮输出的功率之比，即：

$$\eta_m = \frac{P_k}{P_e}$$

式中：P_k——驱动车轮输出功率；

P_e——发动机飞轮输出功率。

通常对汽车传动系的机械效率都有一定的规定，常见车型传动系中的机械传动效率规定值如表5.1所示，当被检车辆的传动效率低于表5.1中值时，说明消耗于离合器、变速器、分动器、万向传动装置、主传动器、差速器和轮毂轴承等处的功率太大，使得传动效率降低。损耗的功率主要集中在各运动件的摩擦损耗和搅油损耗上。因此对传动效率进行检测可以判断传动系的磨损和润滑情况。值得注意的是，新车的传动效率并不一定是最高的，只有传动系完全走合后，由于配合情况变好，摩擦力减小，才使得传动效率达到最大值。此后，随着车辆继续使用，由于磨损逐渐扩大，配合情况逐渐恶化，造成摩擦损失不断增加，传动效率也就随之降低。因此，定期对车辆底盘测功是非常有必要的。

表5.1 常见车型传动系中的机械传动效率

汽车类型		传动效率
轿车		0.90～0.92
载货汽车和公共汽车	单级主减速器	0.90
	双级主减速器	0.84
4×4越野汽车		0.85
6×4载货汽车		0.80

前面叙述的滚筒式底盘测功试验台，除能检测驱动车轮的输出功率或驱动力外，还能校验车速表指示误差，模拟道路等速行驶、上坡行驶和测试等速行驶油耗量。实际上，除上述测试项目外，凡需要汽车在运行中进行的其他检测与诊断项目，只要配备所需的仪器均可在滚筒式底盘测功试验台上进行。如检测各种行驶工况下的废气成分与烟度，检测点火提前角或供油提前角，诊断各总成或系统的噪声与异响（包括经验诊断法），观测汽油机点火波形或柴油机供油波形，检测各总成工作温度和各电气设备工作情况等。如果试验台属于惯性式，且飞轮的转动惯量能等效（通过更换不同质量的飞轮实现）试验汽车加速时的惯性力（即加速阻力），还可模拟加速行驶、减速行驶、测试滑行距离和多工况试验油耗量。有的惯性式底盘测功试验台，在测得

驱动车轮输出功率后，立即踩下离合器踏板，利用试验台对汽车的反拖，还可测得传动系消耗功率。这种试验台，在测得同一转速下的驱动车轮输出功率与传动系消耗功率之后也就可得到传动系的传动效率。因此传动效率的检测也可在底盘测功试验台上进行，其检测方法都差不多，这里就不再详细介绍了。

5.5 燃油经济性检测

汽油和柴油是汽车的主要燃料，而汽油和柴油是由石油提炼而成，因此汽车是石油的消耗大户。随着汽车保有量的不断增加，汽车所消耗的石油也不断增长。目前，世界石油储有量也已大大下降，开始暴露出能源短缺问题。石油能源短缺迫使人们关注汽车的燃料经济性，每辆车哪怕减少那么一点点燃油，总共算下来也就是一个非常可观的数字。因此对燃油消耗量进行检测，进而对燃油经济性进行研究对国民经济建设乃至全球经济都具有相当大的战略意义。

通常采用汽车燃料消耗量对汽车燃油经济性进行评价，燃料消耗量须通过试验获得，它是用以评价在用汽车技术状况与维修质量的综合性参数之一，也是诊断和分析汽车故障的重要参数。通常通过燃油消耗检测仪测定燃油消耗量的容积或质量来获得汽车燃油消耗量。燃油消耗量既可通过道路试验获得，也可在底盘测功试验台上模拟道路试验来测定。本节主要介绍油耗检测仪及其使用。

5.5.1 汽车油耗检测仪

汽车油耗检测仪又叫汽车燃油消耗仪，简称油耗计，主要由油耗传感器和二次仪表组成。油耗计种类繁多，按测量方法可分为容积式油耗计、重量式油耗计、流量式油耗计、流速式油耗计等。下面主要介绍几种常用的油耗计。

(1)膜片式油耗计

膜片式油耗计的传感器通过油室内膜片的变形把燃油排量转化成电信号。当油室内膜片变形使其容积由最大变到最小时，造成的容积变化量就是油室的排油量。由于油室容积变化量是一定值，因此每次的排油量即是一定值，用电磁计数器记录排油次数，就可测得流过的总的燃油量。这种油耗计的优点是结构简单，密封性好，对燃油清洁性要求低；其缺点是使用中膜片难免产生塑性变形，从而使每次排油量产生变化，因而测量精度随着膜片的塑性变形而降低，并须经常校准。

图5.22所示为国产GD—30型车用油耗计，由传感器和电磁计数器两部分组成。传感器为容积膜片式，适用于汽、柴油两种发动机。其电源为直流12V，流量范围2～30l/h，最大使用压力±98.066 5kPa，精度为±1%，质量仅1.3kg。

当燃油流经传感器时，传感器能发出与流经的液体体积成正比的电压脉冲信号，并将此脉冲信号输送到电磁计数器内，经电子放大器将信号放大后，驱动计数器进行

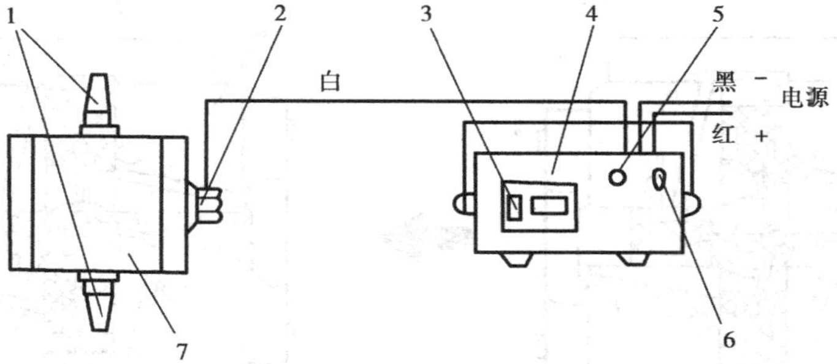

1—进出油口　2—磁敏开关　3—复零按钮　4—计数器
5—电源指示灯　6—电源开关　7—传感器

图5.22　国产GD—30型车用油耗计

记录,然后由数码管显示出燃油消耗量。

(2)单活塞式车用油耗计

单活塞式车用油耗计是通过活塞在油缸内每移动一次所排出固定的燃油体积,及计数器记录的活塞循环次数,来实现对流过的燃油量进行计量的。由于使用中活塞及油缸的磨损较小,油缸尺寸变化很小,因此测量比较准确,测试精度较高。但结构相对较复杂,加工精度和装配精度要求较高,且对燃油的清洁度要求也比较高。

(3)四活塞式车用油耗计

四活塞式车用油耗计传感器由流量测量机构和信号转换机构组成,其测量原理与单活塞式车用油耗计相同。图5.23所示为行星活塞式油耗传感器的测量机构部分。流量测量机构主要由活塞、油缸、连杆、曲轴、上壳体、上盖和进出油道组成。四个活塞及其缸呈十字型向心布置,活塞装在油缸内,通过各自连杆与曲轴连接。曲轴通过轴承支承在上壳体内。在上壳体及上盖上开有进出油道。燃油在泵油压力作用下推动活塞运动,再由活塞运动推动曲轴旋转,曲轴旋转一周即四个活塞各往复运动一次,完成一个进排油循环。活塞在油缸中处于进油行程还是排油行程,取决于活塞相对于进排油口的位置。图5.23(a)表示活塞1处于进油行程,从曲轴箱来的燃油通过P_3推动活塞1下行,并使曲轴作顺时针旋转,此时活塞2处于排油行程终了,活塞3处在排油行程中,燃油从活塞3上部通过P_1从排油口E_1排出,活塞4处于进油终了。当活塞和曲轴位置如图5.23(b)所示时,活塞1进油终了,活塞2处于进油行程,通道P_4导通,活塞3排油终了,活塞4处于排油行程,燃油从P_2经排油口E_2排出。同理,可描述位置图5.23(c)、图5.23(d)各活塞的进排油状态。如此反复在燃油泵泵油压力的作用下,就可完成定容量、连续泵油的作用。曲轴旋转一周,各缸分别排油一次,其排油量可用下式确定:

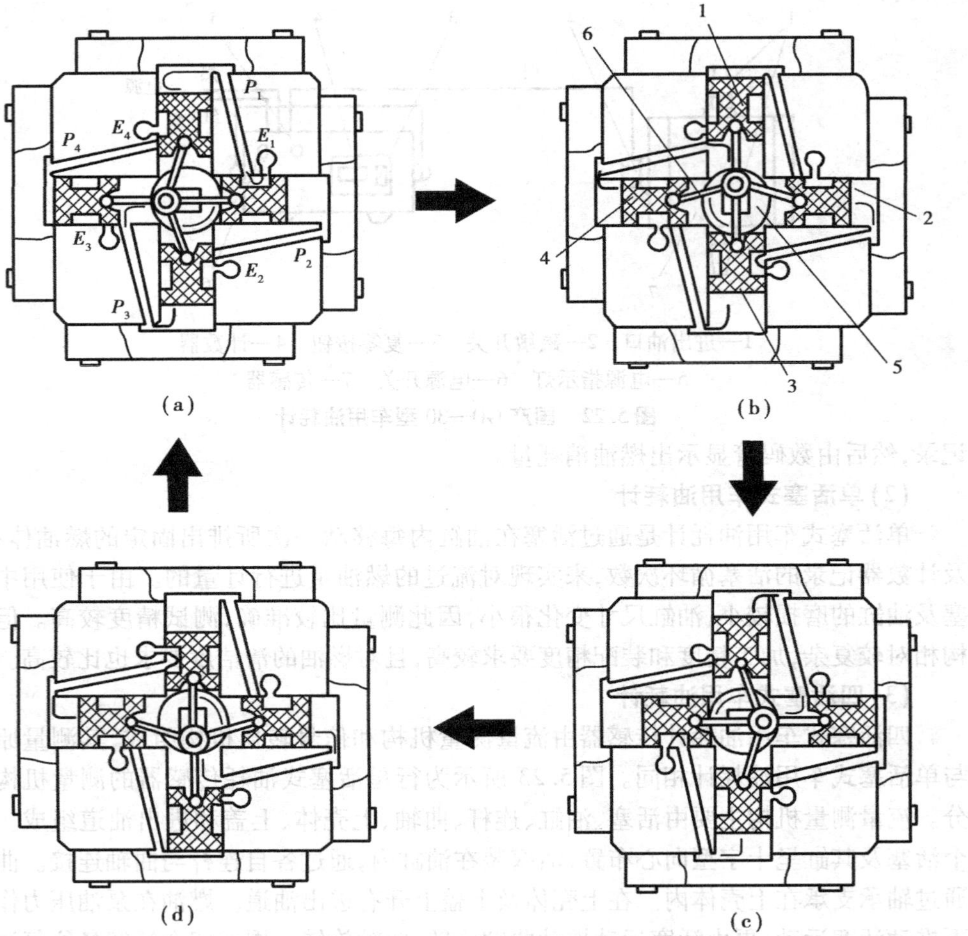

1,2,3,4—活塞　5—曲轴　6—连杆

P_1,P_2,P_3,P_4—油道　E_1,E_2,E_3,E_4—排油口

图 5.23　行星活塞式油耗传感器测量原理图

$$V = 4 \cdot \frac{\pi \cdot d^2}{4} \cdot 2h = 2h\pi d^2$$

式中：V——四缸排油量，cm^3；

d——活塞的直径；

h——活塞行程（曲柄偏心距）的一半。

四活塞式车用油耗计的信号转换机构（如图 5.24 所示）装在曲轴的另一端，由主动磁铁、从动磁铁、转轴、光栅板、发光二极管、光敏管、电缆插座和下壳体等组成。

其主要作用是把曲轴的转速转化成脉冲并进行记数。从图 5.24 中可以看出，主

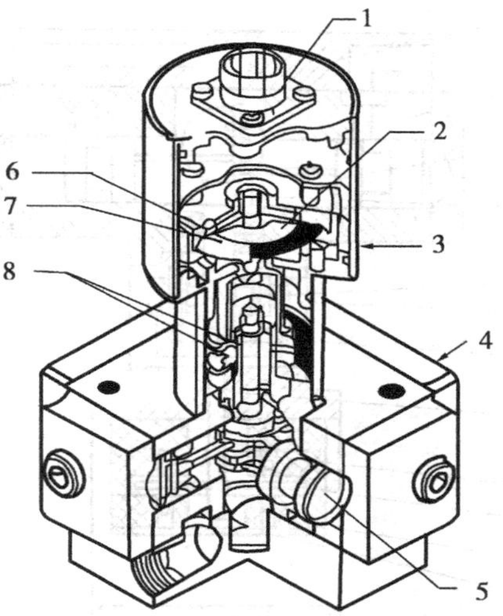

1—信号端子　2—转动光栅　3—转速/脉冲变换部　4—流量/转速变换部
5—活塞　6—磁性联轴节　7—固定光栅　8—光敏管 LED(对置)

图 5.24　四活塞式车用油耗计信号转换机构

动磁铁装在曲轴上,从动磁铁装在转轴上,转轴通过轴承支承在下壳体内,转轴的下端固装有光栅板。在光栅板的上、下方分别装有发光二极管和光敏管。当曲轴转动时,由于一对永久磁铁的吸引作用,转轴及其上的转动光栅也随之转动,发光二极管发出的光通过光栅照射到光敏管时,由于光敏管的光电作用,把曲轴的转动变成光电脉冲信号送入计量显示仪,经过内部运算处理后,即可显示出流经的燃油量。

四活塞式车用油耗计传感器,其优点是结构紧凑,布置对称,工作平稳,计量精度高等,在国内外获得了广泛的应用,特别适用于需精确计量燃油量的检测和试验。但是,四活塞式车用油耗计传感器也有缺点,就是结构相对复杂、加工精度和装配精度要求高、生产成本高和对燃油的清净性要求高等。图 5.25 所示是国产 LCH—1 型流量传感器,它是一种四活塞式结构,其输出的光电信号为 0.2ml/脉冲。

四活塞式车用油耗计的计量显示仪表,多采用有运算功能的数字显示型仪表。由于微机的发展,该种仪表已发展成微机控制的功能全、重量轻、检测参数多、工作可靠、使用方便的智能化仪表。如国产 SLJ—3 型流量计,就是以微机为控制核心,能测定各种类型发动机油耗的累计流量、瞬时流量、道路行驶流量和累计时间等参数,并具有定时间、定容积、定质量等功能,能对数据进行运算、处理、显示、存储和打印。其外形如图 5.26 所示。还有些智能化仪表,如国产 ZHZ14 型汽车综合参数测试仪,不仅能测试以上参数,还能测试试验车速、累计里程、燃油温度等,并能按国家标准的规定自动完成等速行驶油耗量、多工况油耗量和手动完成百公里油耗量等测试任务。该种仪器不仅功能全,检测参数多,而且测试中无须在试验路段上插设标杆,使用非

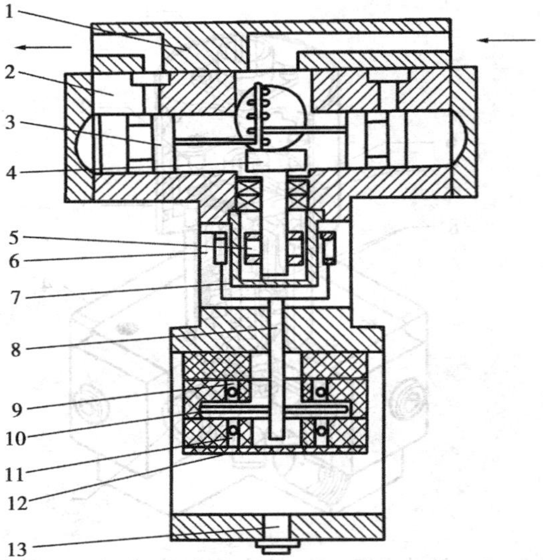

1—缸盖　2—缸体　3—活塞及连杆　4—曲轴　5—主动磁铁　6—从动磁铁　7—密封罩
8—从动轴　9—发光二极管　10—光栅　11—光敏管　12—线路板　13—插座

图 5.25　4 LCH—1 型流量传感器结构

常方便。

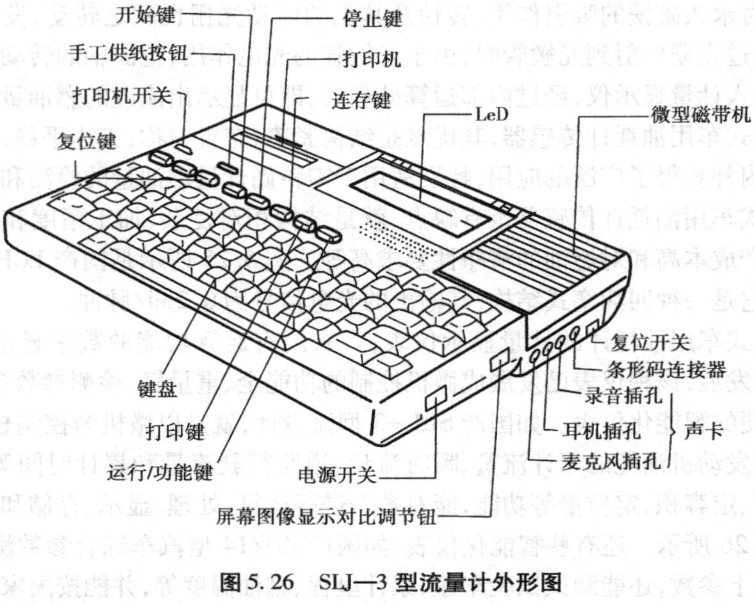

图 5.26　SLJ—3 型流量计外形图

(4)质量式油耗计

质量式油耗传感器由称量装置、计数装置和控制装置组成，见图 5.27 所示。在

测量消耗一定质量 m 的燃油所需的时间 t 后,即可按下式算出单位时间内发动机的燃油消耗量:

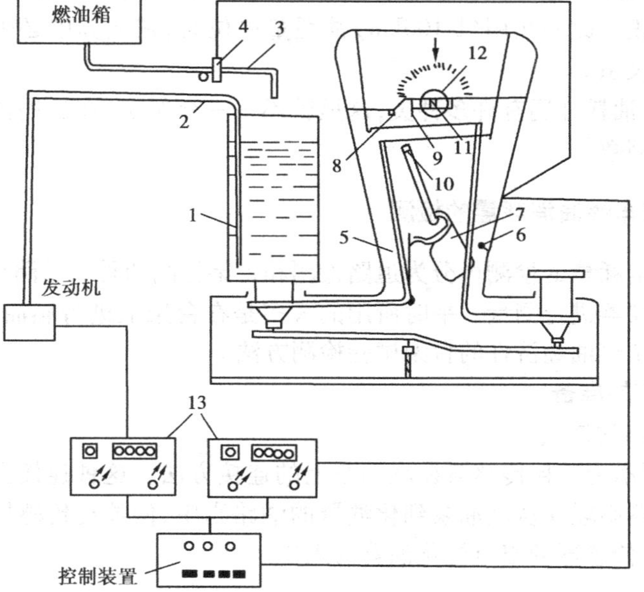

1—油杯　2—出油管　3—加油管　4—电磁阀　5、6—限位开关　7—限位器
8、9—光电二极管　10—光源　11—鼓轮机构　12—鼓轮　13—计数器

图5.27　质量式油耗计示意图

$$G = 3.6 \times \frac{m}{t}(\text{kg/h})$$

式中:m——燃油质量,克(g);

t——测量时间,秒(s);

G——燃油消耗量,千克/小时(kg/h)。

称量装置通常利用台秤改制,量程为10kg,称量误差为±0.1%。称量装置的秤盘上装有油杯1,燃油经电磁阀4加入油杯。电磁阀的开闭由装在平衡块上的行程限位器7拨动两个微型限位开关5、6进行,限位开关由两个光电二极管8、9和装在棱形指针上的光源10组成,光电二极管8为固定式,光电二极管9装在活动滑块上,滑块通过齿轮齿条机构移动,齿轮轴与鼓轮12相连,计量的燃油量通过转动鼓轮12从刻度盘上读出。计量开始时,光源10的光束射在光电二极管8上,光电二极管发出信号,使计数器13开始计数,随着油杯中燃油的消耗,指针移动。当光束射到光电二极管9上时,光电二极管9发出信号,使计数器停止计数。上述质量式油耗仪有一个系统误差,即测量时油杯中油面高度发生变化,伸入油杯中的油管浮力的反作用力也变化,造成称量时的系统误差。此项系统误差必须根据汽车耗油量及油杯液面高度变化进行修正。此外在用(l/100km)油耗量单位时,在换算中必须考虑燃油密度与温度之间的关系。

当然,汽车油耗计还有许多种类,这里就不一一介绍了,在选用油耗计时应综合考虑多方面的因数。

5.5.2 汽车燃油消耗量的检测

汽车燃油消耗量的检测可分为道路检测和台架检测两种。道路检测是用油耗计和第五轮仪等仪器进行测量。平时所用的大多是在台架上进行燃油经济性试验,因此这里主要介绍燃油经济性的台架试验检测方法。

(1)检测前的准备

1)检测油路的连接

图5.28所示为油耗传感器在汽油车上的连接方法。这种连接方法的主要特点是把油耗传感器串联在从汽油泵到化油器的油路当中,使油耗传感器的入口接汽油泵的出口,油耗传感器的出口接化油器的入口。

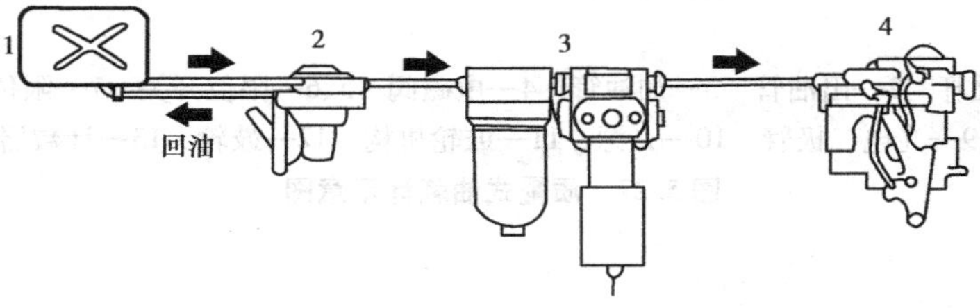

1—油箱　2—燃油泵　3—油耗传感器　4—化油器

图5.28　油耗传感器在汽油车中的连接示意图

图5.29所示为油耗传感器在柴油车中的连接方法。这种连接方法的主要特点是把油耗传感器串联在油箱到高压油泵的油路当中。值得注意的是应该为其接好回油管路,并且必须把回油管路接在油耗传感器的出口管路上,以免燃油被油耗传感器重复计量使油耗检测数据失真。图5.29(a)的连接方法在小流量测试时没有问题,但在大流量的发动机测量时,由于气穴现象产生气泡,引起测量误差,所以应在油箱和油耗传感器之间装上辅助油泵,见图5.29(b)。

2)检测油路中空气泡的排除

排除汽油车检测油路中的空气泡是一件很费时的工作,尤其当管路中存在堵塞或泄漏情况时,将使空气泡无法彻底排尽。空气泡一旦产生对油耗检测结果的影响非常大,油耗传感器会把空气泡所占的容积当作燃油进行计量,使得检测数据高于实

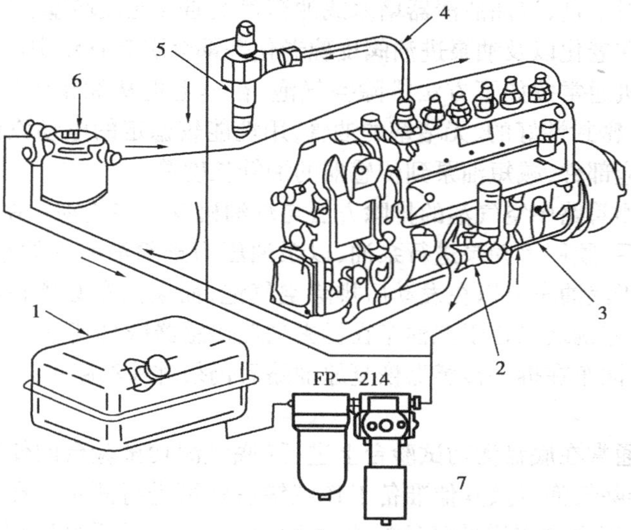

(a)

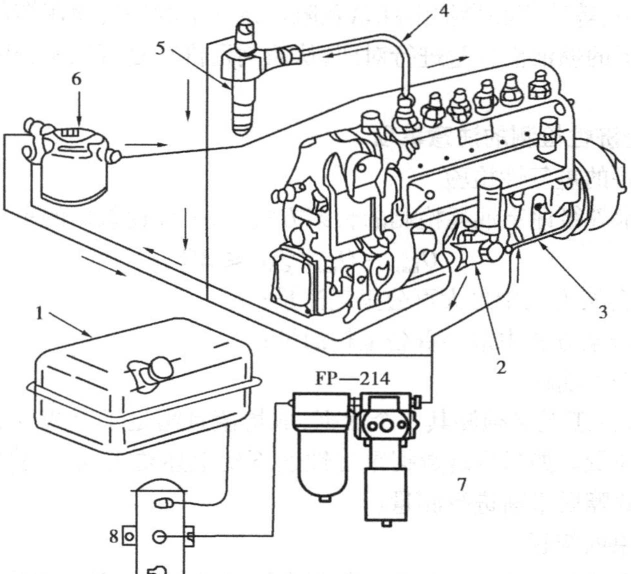

(b)

1—油箱　2—输油泵　3—喷油泵　4—油管　5—喷油嘴

6—滤清器　7—油耗传感器　8—辅助泵

图 5.29　油耗传感器在柴油车中的连接示意图

际数,这样会造成测量值的失真。

检测油路中空气泡的产生通常由以下原因引起:拆装和连接油管时,由于接头处连接不好或密封不良、汽油滤清器堵塞或油箱盖上通气孔被堵塞、油箱到汽油泵这一段管路局部存在老化以及油泵进油阀皮碗老化等都会引起管路中产生空气泡。

对于汽油机通常按如下方法排除空气泡：在车上把从油箱到汽油泵的管路“短路”，装上新的、密封性好的、无堵塞的油管，用性能较稳定的电动汽油泵和汽油滤清器代替原车相应部件，减短油泵到传感器的油管长度等。

柴油机检测管路中空气泡的排除方法与汽油机有一些差别。在柴油车油路中装好油耗传感器后，须用手动泵进行泵油，以泵油压力排除油路中的空气泡，它与汽油车差别之一在于汽油车可以在发动后排除空气泡，而柴油车必须在发动之前排尽油路中的空气泡；差别之二在于汽油车在拆去油耗传感器恢复其原油路时，可以不再排除空气泡，而柴油车在拆去传感器恢复原油路后仍须排除油路中产生的空气泡。

(2)检测

台架试验通常在底盘测功试验台上进行(底盘测功试验台的使用见5.4节)，在连接好油路、排除气泡以及其他准备工作就绪后就可进行测量。在测量时先确定模拟加载量(具体怎么操作详见底盘测功试验台说明书)，然后分别测出直接挡全负荷加速燃油消耗量、等速行驶燃油消耗量及限定条件下的平均使用燃料消耗量等，最后与汽车各工况下的燃油消耗量进行对照，从而判别汽车是否正常，并可进一步确定故障所在。

(3)燃油经济性检测的注意事项

1)检测结果的重复性检验

在汽车技术等级评定油耗检测的台架方法中，其油耗数据的重复性按公式：

$$Q_{max} - Q_{min}/Q_{AV} \leqslant 2\%$$

式中：Q_{max}——台架方法中最大百公里耗油量；

Q_{min}——台架方法中最小百公里耗油量；

Q_{AV}——平均油耗。

即50km/h的工况必须测其3个数据，取均值且满足于上式，则Q_{AV}定为该车检测到的实际耗油量。如果发现数据重复性达不到上述要求，必须排除仪器及发动机或底盘的有关故障后重新进行测量。

2)测量结果的修正

通常所测得的燃油消耗量是在实际状态下的油耗值，而厂家给出的通常是在标准状态下的油耗量。所谓标准状态是指大气温度为20℃，大气压力为98kPa，汽油密度为0.742g/ml(柴油密度为0.830g/ml)时的状态。由于在检测时的环境参数与标准状态往往相差较大，因此须对结果进行修正，校正公式如下：

$$Q_c = \frac{Q_0}{C_1 \times C_2 \times C_3}(\mathrm{l/100km})$$

$$C_1 = 1 + 0.0025 \times (20 - T)$$

$$C_2 = 1 + 0.0021 \times (P - 98)$$

$$C_3 = 1 + 0.8 \times (0.742 - \rho)$$

$$C_3 = 1 + 0.8 \times (0.830 - \rho)$$

式中：Q_0——实际所测油耗量的平均值，l/100km；

Q_c——标准状态下油耗量，l/100km；

C_1——环境温度校正系数；

C_2——大气压力校正系数；

C_3——燃油密度校正系数；

T——试验时的环境温度，℃；

P——试验时的大气压力，kPa；

ρ——试验时的燃油密度，g/ml。

3）测量精度和安全性

在进行燃油测量时，如果油路中有回路，一定要把油耗计接到回油管路的前面，否则将会造成重复计量，影响测量精度。

另外，在进行燃油检测时，一定要在被测车辆的旁边准备性能良好的灭火器，而且周围不得有易燃物品，确保在意外情况下可以采取有效的措施，保证安全。

5.6 综合检测站

汽车检测站是综合运用现代测控技术、电子技术、计算机技术和通信技术，对汽车进行不解体检测、诊断的场所。汽车检测站能在室内检测出汽车的技术状况、诊断车辆的各种性能参数、检查故障的部位，为准确、全面评价汽车的使用性能和技术状况提供可靠的依据。我国自20世纪70年代末开始从国外引进汽车检测线建立汽车检测站，现在，各类规模及功能不一的汽车检测站已遍布全国各大中城市，在汽车运输管理、交通安全、环境保护、维修质量控制及对汽车进行不解体的检测与故障诊断中正发挥着越来越大的作用。

5.6.1 汽车检测站类型与任务

（1）汽车检测站的分类

汽车检测站按照不同的分类方式可分成不同的类型。

1）按规模的大小分类

按照检测站规模的大小，可分为大型检测站、中型检测站和小型检测站。大型检测站能对多种车型进行综合检测，其检测线多，自动化程度高，年检能力强。目前国内建成和正在筹建的检测站大多属中型检测站，中型检测站至少有两条检测线。规模不大的安全检测站和运输、维修企业建立的检测站则属于小型检测站，小型检测站服务比较单一,只能对汽车某一或某几项性能进行检测。

2)按服务功能分

按照服务对象和服务功能不同,汽车检测站可分为安全技术检测站、维修检测站和综合性能检测站。

安全技术检测站是按国家的汽车检验法规,对在道路上行驶的机动车辆进行安全环保技术检测的工作站。这类检测站主要是接受公安车管部门的委托,对车辆进行定期检验。检验合格的车辆发给合格证,在合格证有效期内允许上路行驶。同时,安全检测站还承担机动车辆申请注册登记的初次检验以及肇事车辆、改装车辆、过户车辆、报废车辆等的特殊技术检验。

维修检测站是由汽车运输企业或汽车维修企业建立的,主要担负车辆维修前后技术状况的检测。维修检测站能检测车辆的技术状况和主要使用性能,并据此对汽车进行故障分析与诊断。

综合性能检测站是交通运输主管部门或交通运输企业建立的,进行运输车辆技术状况监督检测和技术服务的机构。综合性能检测站不仅能承担交通监督管理方面的安全环保检测,而且还能承担为科研或教学服务的性能试验和参数测试。这种检测站设备多、配套齐全、自动化程度高、功能强,检测项目多而且深度大,其测试结果可为设计、制造、维修及科研、教学等部门提供可靠依据。

此外,检测站按照其具体职能又可分为A、B和C三级站。A级站几乎有检测站的全部功能,能对车辆制动、侧滑、灯光、转向、前轮定位、车速、车轮动平衡、底盘输出功率、燃料消耗、发动机功率和点火系状况以及异响、磨损、变形、裂纹、噪声、废气排放等状况进行检测。B级站能检测车辆的制动、侧滑、灯光、转向、车轮动平衡、燃料消耗、发动机功率和点火系状况及异响、变形、噪声及废气排放等,主要承担在用车辆技术状况和车辆维修质量的检测。C级站主要承担在用车辆技术状况的检测,也就是能对车辆的制动、侧滑、灯光、转向、车轮动平衡、燃料消耗、发动机功率和异响、噪声、废气排放等状况进行检测。

3)按自动化程度分

根据检测站内自动化程度的高低可把检测站分为人工检测站、半自动化检测站和全自动化检测站。

人工检测站的整个检测过程和每个工位的具体检测均由人工进行控制。其优点是投资费用少,技术难度较低。缺点是检测效率低,测量精度差,人为因素对检测的影响大。

半自动化检测站在人工检测站的基础上进行了一定的改进,采用了部分先进检测设备,并通过微机进行联网,集中对检测过程进行控制,但仍有一部分检测项目采用人工进行操作。当自动控制系统发生故障时,这些检测项目仍可由人工进行。

全自动化检测站利用微机把检测线上所有检测设备进行联网(如图5.30所

示），对所有工位的检测进行集中控制，并能自动分析、处理、显示各项检测结果。所有操作可由一个或两个人在总控制台内完成。这种检测站人员配备少，检测方便、准确，效率高。但投资大，通常用于安全检测站。

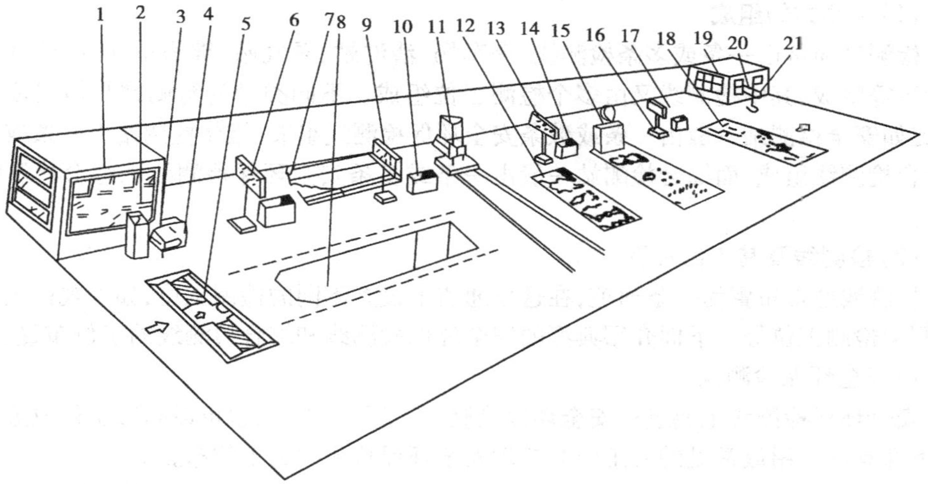

1—登记室及终端机　2—柴油车烟度计　3—废气分析仪　4——工位控制台
5—车速表试验台　6——工位显示灯箱　7—二工位控制台　8—地坑
9—二工位显示灯箱　10—三工位控制台　11—前照灯检验仪及导轨　12—侧滑试验台
13—三工位指示灯箱　14—四工位控制台　15—轴重试验台　16—四工位显示灯箱
17—五工位控制台　18—制动试验台　19—计算机及总控制台
20—五工位显示灯箱　21—噪声测试仪

图5.30　全自动安全检测站示意图

此外，汽车检测站还可以按站内检测线的条数分为单线检测站、双线检测站和三线检测站等，检测站内有几条检测线就可以称做几线检测站（所谓检测线是指为了快速方便对车辆进行检测，把检测所用仪器设备，按检测工艺顺序排成流水线形式的检测场所）。

(2)汽车检测站的任务

无论是安全检测站还是综合检测站，也无论是人工检测站还是全自动检测站，它们的任务大致相同，主要包括以下几个方面：

1)对出厂汽车或维修车辆进行质量监督检查。

2)对在用运输车辆的技术状况进行检测诊断，为车辆的维护、修理提供依据。

3)接受公安部门的委托，对在用车辆进行安全环保检测。

4)接受有关政府部门的委托，对车辆进行特定项目的检测；对改装、改造、报废车辆进行技术鉴定以及对汽车采用的新工艺、新技术、科研成果等项目进行测试、鉴定或提供技术依据。

5.6.2 汽车检测站的组成和工位布置

(1)检测站的组成

检测站通常由一条或多条检测线、停车场、清洗站、泵气站、维修车间、办公区和生活区等组成,其中检测线又由多个检测工位组成。不同类型的检测站具体组成不同,比如安全检测站一般由一条或数条安全环保检测线组成;维修检测站由一条或多条综合检测线组成;而综合检测站一般由一条或多条安全环保检测线和综合检测线组成。

(2)检测线及其工位布置

检测线通常布置为一条通道,在这条通道上设置不同的检测工位,如外观检查工位、侧滑检测工位等。下面介绍典型的安全环保检测线和综合检测线的工位布置。

1)安全环保检测线

安全环保检测线主要进行安全环保检测,可以是三工位、也可以是四工位或五工位,下面具体介绍最常见的五工位全自动安全环保检测线的工位布置。

图5.31是我国五工位全自动安全环保检测线工位布置图。五工位包括汽车资料输入及安全装置检查工位、侧滑制动车速表工位、灯光尾气工位、车底检查工位和综合判定及主控制室工位。

①汽车资料输入及安全装置检查工位

汽车资料输入及安全装置检查工位主要由进入检测线指示灯、汽车资料登录电脑、工位测控电脑、检测程序指示器及控制器、轮胎充气机、轮胎花纹测量仪、电视摄像机和光电开关组成。其功能是将汽车资料输入主控制电脑,对汽车上部的灯光和安全装置等进行外观检查,该工位可简称为*L*工位(Lamps and Safety Device Inspection)。

②侧滑制动车速表工位

侧滑制动车速表工位主要由工位测控电脑、侧滑试验台、轴重计或轮重仪、制动试验台、车速表试验台及车速检测申报开关、检验程序指示器、反光镜和光电开关等组成。其主要作用是对汽车前轮侧滑量、各轴轴重或轮重、手制动力、车速表指示误差等进行测量,并检测各轮制动力、制动拖滞力,计算各轴制动力和与差以及各轴制动力占轴荷的百分比。侧滑制动车速表工位又称为ABS工位,是Alignment Inspection——侧滑检测;Brake Test——制动检测(含Weight Inspection——轴重检测)和Speedometer Test——车速表检测的缩写。

③灯光尾气工位

灯光尾气工位由工位测控电脑、前照灯检验仪、废气分析仪、烟度计、声级计等组成。主要检测喇叭噪声级,汽油车怠速排放污染物或柴油机自由加速烟度,前照灯发

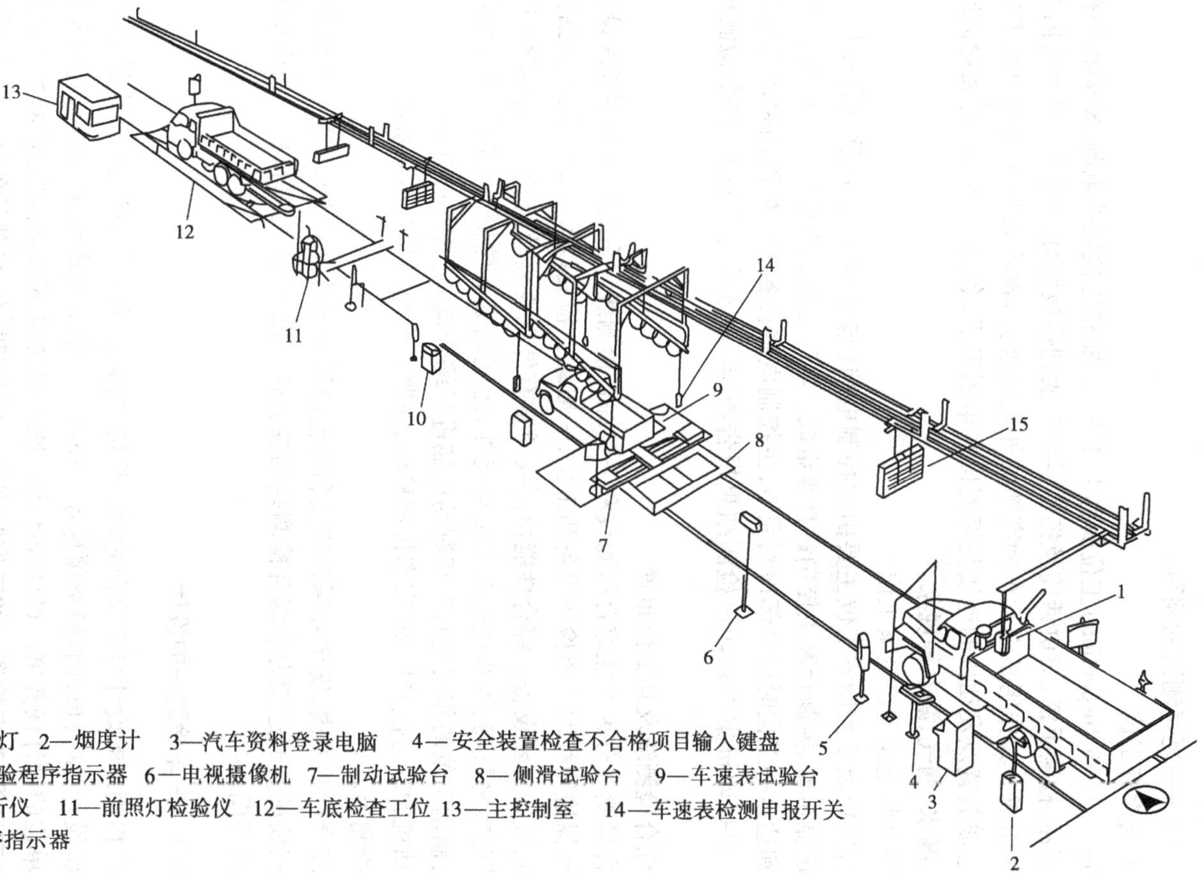

1—进线指示灯 2—烟度计 3—汽车资料登录电脑 4—安全装置检查不合格项目输入键盘
5—烟度计检验程序指示器 6—电视摄像机 7—制动试验台 8—侧滑试验台 9—车速表试验台
10—废气分析仪 11—前照灯检验仪 12—车底检查工位 13—主控制室 14—车速表检测申报开关
15—检验程序指示器

图5.31 国产五工位全自动安全环保检测线

光强度及光束照射方向等，简称 HX 工位，为 Headlight Inspection——前照灯检测和 Exhaust Test——尾气测试的缩写。

④车底检查工位

车底检查(Pit Inspection)工位简称 P 工位，主要有工位测控电脑、检验程序指示器及控制器、检测手锤、对讲话筒及扬声器和车辆到位报警灯或报警器及地沟内电视摄像机等组成。其作用是进行车辆底部的外观检查，由检测人员在地沟内人工检查底盘各总成装置及发动机的连接是否到位并牢固可靠，各部件及管道有无弯曲断裂及漏油、漏水、漏气、漏电等现象。

⑤综合判定及主控制室工位

综合判定及主控制室工位主要由主控制电脑(包括键盘、显示器和打印机)、电视摄像机显示器、控制台及主控制键盘等组成。本工位完成车辆检测后的相关工作，汽车在到达这一工位时已全部检测完毕，主控制电脑将各工位检测结果综合并作出判定后，由打印机集中打印出检测结果报告清单，并拷贝给受检方，整个检测即告完毕。

2)综合检测线及其工位布置

综合检测线分为全能综合检测线和一般综合检测线。全能综合检测线内设有包括安全环保检测线的主要检测设备和工位，一般综合检测线设置的工位不包括安全环保检测线的主要设备。综合性能检测线通常有外观检查及前轮(四轮)定位工位，除具有安全环保检测线车底检查工位功能外，还能完成前轮侧滑检测及前轮定位参数检测；制动工位的作用是对汽车制动性能进行综合检测；底盘测功工位主要进行汽车与发动机的动力性能检测、汽车排放检测、前照灯检测以及对传动系性能和汽车噪声进行检测等。

在综合检测站内，安全环保检测线和综合检测线通常分开平行布置，以保证安全环保检测线的高通过能力和综合检测线的独立性。图 5.32 为综合检测站内检测线的布置示意图。

5.6.3 汽车检测站的设计

汽车检测站的设计与工业企业设计相仿，通常分为工艺设计、建筑设计、卫生与生活设施设计、动力设计和经费预算等。在设计汽车检测站前，首先应该有汽车检测站建设单位的设计任务书。设计任务书一般应包含以下内容：建立检测站的目的和性质、生产纲领、汽车检测站的工作制度和组织管理制度、检测站的环境状况、建筑期限和经费预算等。在汽车检测站的设计中，工艺设计是最基础的，也是最重要的。汽车检测站的工艺设计主要包括工艺计算、平面布置、设备选择以及检测线和检测工位的布置等。其具体设计步骤和方法不属本书的讨论范围，有兴趣的读者可以查阅相关资料。

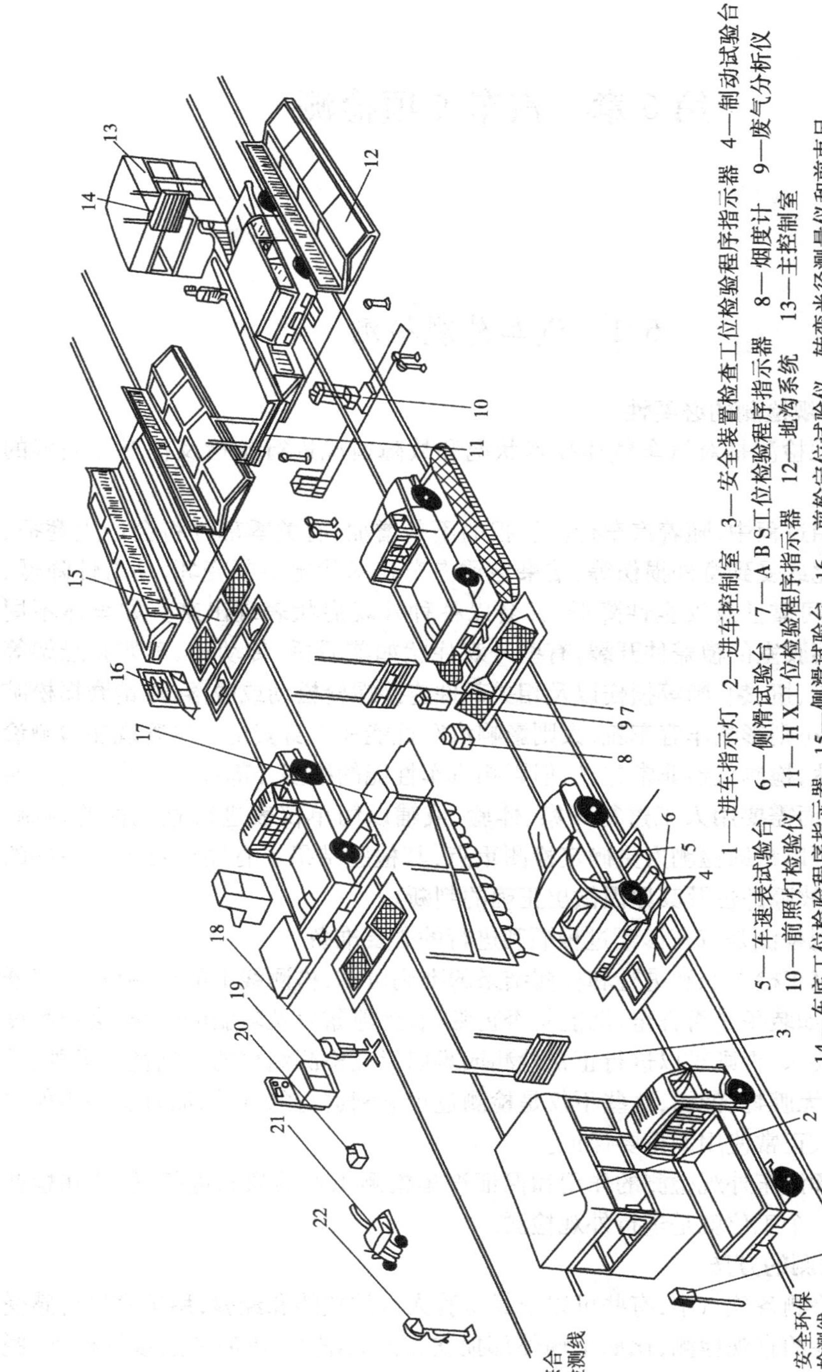

1—进车指示灯 2—进车控制室 3—安全装置检查工位检验程序指示器 4—制动试验台
5—车速表试验台 6—侧滑试验台 7—ABS工位检验程序指示器 8—烟度计 9—废气分析仪
10—前照灯检验仪 11—HX工位检验程序指示器 12—地沟系统 13—主控制室
14—车底工位检验程序指示器 15—侧滑试验台 16—前轮定位试验仪、转弯半径测量仪和前束尺
17—底盘测功试验台 18,19—发动机综合分析仪 20—机油清净性分析仪 21—车轮平衡检验器
22—轮胎自动充气机

图5.32 双线综合检测站布置示意图

第6章　汽车专项检测

6.1　汽车外观检测

(1)汽车外观检测的必要性

1)汽车外观检测是对汽车整体技术状况和故障情况进行预检及补充和完善的重要手段之一。

汽车在使用过程中,随着汽车行驶里程的不断增加,有关零部件将会产生磨损、腐蚀、变形、老化或受到意外损伤等,结果导致汽车技术状况不断变坏、动力性降低、油耗增加、工作可靠性及安全性降低,并会以种种外观症状表现出来。如车体不周正,油漆剥落,驾驶室的覆盖件开裂,有些外观症状如前后桥、传动轴、车架和悬架等装置有明显的弯、扭、裂、断等损伤以及相关部件连接螺栓松动或脱落、球销磨损松旷等。这些症状,小则影响车容车貌,大则影响汽车性能和人身安全。尽管现在检测诊断技术非常发达,检测仪器非常先进,但影响汽车性能的很多外部症状仍难以用仪器设备检测出来,而需要用人工进行观察、体验,或辅以简单仪表进行直观性的检测。通过外观检测可以帮助检测人员确定检测重点,其检验结果也有助于对汽车各部的真实技术状况、故障部位及其原因做出正确的判断。

2)汽车外观检测是汽车诊断过程顺利进行的必要准备

为了保证汽车检测顺利进行和检测结果的准确可靠,检测线上的检测设备,仪器对汽车外观,比如装备是否齐全、功能是否正常、有无泄露以及轮胎的气压、磨损程度等都有一定的要求,否则难以进行正常检测或难以保证检测结果的正确性。另外,被检车辆应清洁,无脏物、油污,这些不仅是检测过程顺利进行的条件,而且也是确保检测仪器设备长久正常使用的重要保证。

为充分发挥汽车外观检测的作用和保证汽车检测工作的顺利进行,往往在检测线上安排的第一个工位就是进行外观检测。

(2)外观检测的方法

汽车外观检测各项目中,有些可以依靠检验人员的技能和经验,用感官进行感受和观察进行定性的直观检测,比如车辆外部损伤、漏水、漏气、渗油和连接件松动、脱落等;有些项目却需要用仪表进行检测。随着检测技术的发展,人们开始运用仪器设备进行车辆的一些外观检测诊断,如方向盘自由转动量、踏板行程、漆层厚度、硬度和光泽度等。因此车辆外观检测有人工经验法、仪器仪表测量法以及两种方法的综合运用。车辆在进行外观检测时,需保持清洁,一般都要进行外部清洗,为此检测站应配备清洗和吹干功能。外观检测项目中,须在车下进行的项目,应在设有检测地沟及千斤顶或汽车举升器的工位上进行。

(3)外观检测的项目

1)车辆标志。车辆标志包括车辆的商标、铭牌,发动机型号和出厂编号、底盘型号及出厂编号。车辆的商标、型号标记必须装设在车身前部的外表面上,通常人们一眼就能看出来。车辆铭牌应置于车辆前部易于观看之处,客车铭牌应置于车内前门的上方。车辆的铭牌应标明厂牌、型号、发动机功率、总质量、载重质量或载客人数、出厂编号、出厂年月日及厂名等。发动机的型号和出厂编号应打印在发动机汽缸体侧平面上,而底盘的型号和出厂编号应打印在金属车架的易见部位。

2)漏水检查。主要指发动机。在《机动车运行安全技术条件》中规定"在发动机运转及停车时检查水箱、水泵、缸体、缸盖、暖风装置及所有连接部位,不允许漏水"。这是保障发动机正常工作的重要条件。否则,将导致发动机及有关部件损坏,影响车辆正常行驶。

3)漏油检查。汽车的很多总成和部件,如发动机、变速器、分动器、液力机械传动系统、驱动桥、空气压缩机 、液压制动总泵、分泵、液压管路、转向助力器等都使用不同型式的润滑油和其他油液。这些润滑油和油液是保证这些总成和部件正常工作的必要条件。一旦这些总成和部件密封不严或老化而产生泄漏,将会导致其因缺油而出现恶性磨损、烧蚀乃至严重损坏而不能正常工作。尤其是制动系、转向装置等重要部位,漏油会直接影响到汽车行驶安全。例如:液压制动系因总泵、分泵或管路漏油会影响制动压力而使制动性能降低,甚至造成制动失效,导致交通事故;转向器漏油、缺油会使转向沉重,驾驶员容易疲劳;液压助力装置漏油会导致助力作用降低或失效,所有这些都严重影响汽车的行驶安全。因此必须定期对车辆的油液泄漏情况进行检查。

通常对新出厂的汽车,按《载重汽车产品质量评定办法实施细则》中的规定,汽车以中等速度行驶50km,停车10min后,不得有渗漏现象;对于在用汽车,连续行驶10km以上,停车5min后观察,不得有滴油现象,否则应进行相应的检修。

4)车体周正检测。通常要求车体应周正,左右对称部位高度差不得大于40mm。

在进行车体周正检测时,将送检车辆停放在外观检测工位上。首先通过检测人员用眼睛进行观察,可以检查汽车是否有严重的横向或纵向歪斜现象;然后用高度尺(或钢卷尺)、水平尺检测左右对称部位高度差是否超过规定值;最后检查车架和车身是否有较大变形,悬架是否裂断或刚度下降,左右轮胎气压搭配是否正常等,如果有异常,即使车体歪斜未超过规定值,亦应予以排除后再进行检测。否则,车体不倾斜也会渐渐变得倾斜，甚至歪斜会越来越严重，引起操纵不稳、行驶跑偏、重心转移、轮胎磨损加剧等现象。

5）车轮轮胎的检测。汽车轮胎的检测主要是对轮胎气压和轮胎磨损的检测。轮胎的气压和磨损量通常都有一定的规定，如规定轿车轮胎胎冠上花纹深度在磨损后应不小于1.6mm，其他车辆轮胎胎冠上花纹不少于3.2mm；轮胎的胎面和胎壁上不得有长度超过25mm，深度足以暴露出轮胎帘布层的破裂和割伤等。对轮胎气压的检测通常采用气压表，而对磨损量的检测则采用钢直尺、深度尺等，依据技术要求进行。

6）车轮的横向和径向摆动量的检测。车轮横向和径向摆动量规定总质量小于或等于4.5t的汽车不得大于5mm；摩托车和轻便摩托车不得大于3mm；其他车辆不大于8mm。

车轮横向和径向摆动量的检测可在室内进行，也可在室外进行。在室内检测时用举升器或千斤顶等顶起前桥，用百分表测头水平触到轮胎前端胎冠外侧，用手前后摆动轮胎，测其横向摆动量；再将百分表移至轮胎上方，使测头触到胎冠中部，然后用撬杆往上撬动轮胎，测量其径向摆动量。汽车车轮横向和径向摆动量超过规定值时，汽车行驶时将会引起转向盘抖振，因此应及时进行检修和调整。

7）汽车外廓尺寸检测。对车辆外廓尺寸的检测主要是检查车辆长、宽、高不得超过规定的汽车外廓尺寸界限。车辆长、宽、高定义如下：

车辆长是指垂直于车辆的纵向对称平面并分别抵靠在汽车前、后最外端突出部位的两垂面之间的距离，如图6.1所示L。

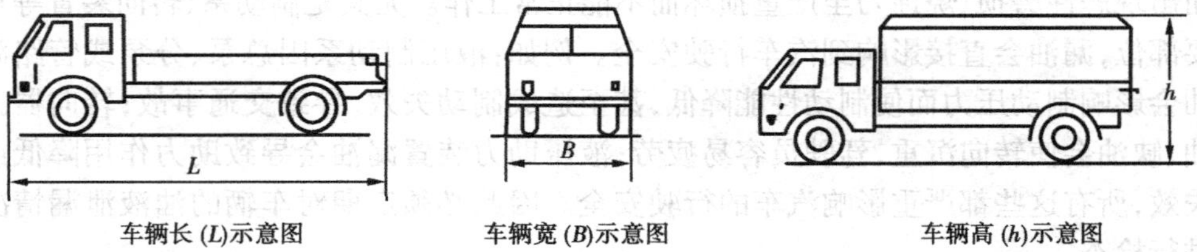

图6.1　车辆长、宽、高示意图

车辆宽是指垂直于车辆的纵向对称平面并分别抵靠车辆两侧固定突出部位（除去后视镜、侧面标志灯、示位灯、转向信号灯、挠性挡泥板、折叠式踏板、防滑链以及轮胎与地面接触部分的变形）的平面之间的距离，如图6.1所示B。

车辆高是指在车辆无装载质量时，车辆支承水平面与车辆最高突出部位相抵靠的水平面之间的距离。此时，车辆的所有固定部件均包含在此两平面内，而此时车辆应处于可运行状态，如图6.1所示h。

我国对汽车外廓尺寸界限规定如下：

车辆高:4m;

车辆宽:2.5m;

车辆长:

货车、越野车:12m;

客车:12m;

铰接式客车:18m;

半挂汽车列车:16m;

全挂汽车列车:20m。

对车辆长、宽、高的测量比较简单,采用高度尺或卷尺进行测量,然后看是否超过规定值。

8)汽车后悬检测。汽车的后悬是指通过车辆最后车轴线的垂面与抵靠在车辆最后端(包括牵引装置、车牌及固定的车辆后部的任何刚性部件)并垂直于车辆纵向对称平面的垂面之间的距离,如图6.2所示 d。

影响后悬的长度的因素有货厢的长度,轴距和轴荷分配情况以及车辆的离去角等。一般来说,后悬不宜太长,否则汽车在上下坡时容易刮地;车辆转弯时,车辆通道宽度过大,容易引起交通事故。因此对汽车后悬的长度都进行了一定的规定:客车及封闭式车厢的车辆,其后悬不得超过轴距的65%,最大不得超过3.5m;封闭式车厢的四轮农用运输车后悬不得超过轴距的60%;其他车辆的后悬不得超过轴距的55%。对于三轴车辆,若二、三轴为双后桥,其轴距以第一轴至双后桥中心线的距离来计算,若一、二轴为双转向桥,其轴距以一、三轴的轴距计算。通常采用尺子直接对后悬进行测量。

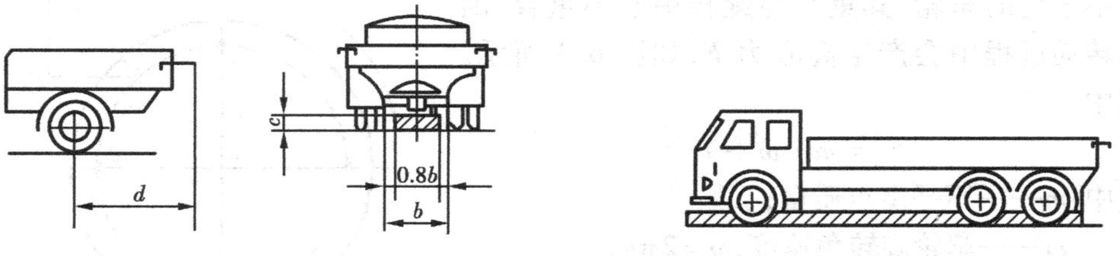

汽车的后悬(d)示意图　　　　汽车最小离地间隙(c)

图6.2　汽车后悬与最小离地间隙示意图

9)最小离地间隙检测。最小离地间隙是指车辆支承平面与车辆底部中间区域内最低点之间的距离。中间区域为平行于车辆纵向对称平面且与其等距离的两平面之间所包含的部分,两平面之间的距离为同一轴上两端车轮内缘最小距离的80%,如图6.2所示c。图中画有斜线阴影部分的高度,即为车辆的最小离地间隙。

6.2 车轮平衡度检测

随着汽车道路条件的改善和高速公路的不断增加,汽车行驶速度也愈来愈高,因此对车轮平衡度的要求也愈来愈高。如果车轮不平衡,汽车在行驶过程中,车轮会产生跳动和摆振,进而影响汽车的行驶平顺性和乘坐舒适性。车轮跳动和摆振还会使车辆难以控制,因而对安全性也有较大影响。此外,如果车轮不平衡,还会加剧轮胎及有关部件的磨损和冲击,缩短了汽车使用寿命,增加了汽车运输成本。因此,应重视车轮不平衡引起的不良影响,并对车轮不平衡进行检测、控制和调整。

6.2.1 车轮静平衡与动平衡

(1)车轮静平衡与静不平衡

车轮是否静平衡,可以采用以下方法进行判断。首先用举升设备支起车桥,调整好轮毂轴承松紧度,给车轮一个径向力,让车轮进行转动,由于阻力的存在,车轮会慢慢停止转动。车轮停稳后,在车轮离地面最近的地方做一标记,然后重复上面的转动过程、反复试验多次。如果车轮每次自然停止转动时所做的标记是处于任意位置的,或者用外力强迫车轮停转然后消除外力车轮也不再继续转动,则可认为车轮是静平衡的。反之,如果不管是自然停转还是强迫停转后消除外力,所作标记只有处于离地最近处时车轮才能停稳,则车轮是静不平衡的。这时,称轮胎上的标记点为不平衡点。

静平衡的车轮,其重心与旋转中心重合;而静不平衡的车轮,其重心与旋转中心不重合,因而转动过程中会产生离心力 F,如图 6.3 所示。图中:

$$F = m \cdot \omega^2 \cdot r$$

式中:m——不平衡点质量;

ω——车轮旋转角速度,$\omega = 2\pi n$,

n——车轮转速;

r——不平衡点离车轮旋转中心的距离。

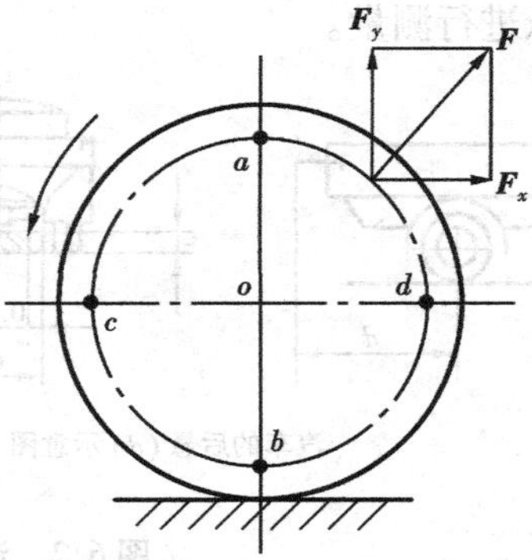

图 6.3 车轮静不平衡受力图

从式中可以看出,车轮的转速 n 愈高,不平衡质量 m 愈大,不平衡点离车轮旋转中心的距离 r 愈远,则离心力 F 就愈大。由力学知识可知,离心力 F 可分解为水平分力 F_x 和垂直分力 F_y。在车轮转动一周过程中,垂直分力 F_y 有两次落在通过车轮中心的垂线上,一次在 a 点,一次在 b 点,方向相反,在这两点其值最大,这个分力使车轮发生上、下跳动,并由于陀螺效应引起前轮摆振;水平分力 F_x 有两次落在通过车轮中心的水平线上，一次在 c 点，一次在 d 点，方向相反，在这两点也达到最大值，这个分力使车轮前后窜动，并形成绕主销来回摆动的力矩，造成前轮摆振。当左、右前轮的不平衡质量相差 180 度位置时，前轮摆振最为严重。

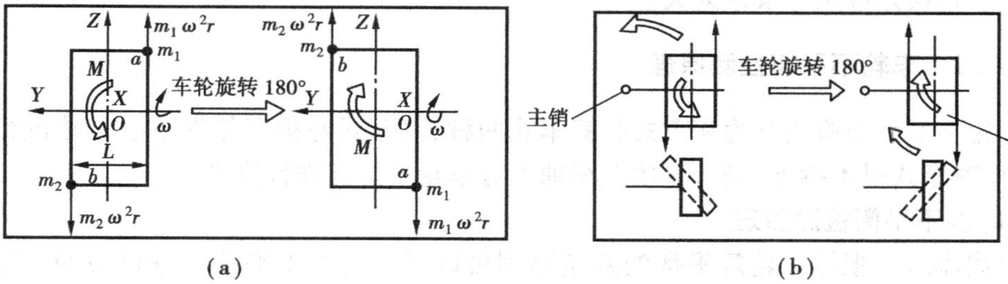

图 6.4　车轮动不平衡示意图

(a)车轮动不平衡受力　(b)车轮动不平衡引起的前轮摆振

(2)车轮动平衡与动不平衡

静平衡的车轮，在转动过程中也可能产生振动，也就是即使静平衡的车轮，重心与旋转中心重合，也可能是动不平衡的。这是因为车轮的质量沿车轮轴向分布不对称造成的。在图 6.4(a)中，假定 a 点和 b 点上分别具有两个质量相同的质点 m_1 和 m_2，大小相等，方向相反，车轮质心与车轮旋转轴心重合，即车轮处于静平衡状态。当车轮转动时，m_1 和 m_2 将分别产生离心力，这两个力大小相等方向相反，其作用线间距为 L，车轮转动中，由于两个离心力的合力矩不为零而产生一个方向反复变动的力偶 M，在这种情况下车轮在力偶 M 的作用下就处于动不平衡状态。另外车轮转动时，在方向反复变化的力偶 M 作用下，将会引起轮毂轴承附加动载荷，造成前轮绕主销的摆振，如图 6.4(b)所示。如果在 m_1、m_2 同一作用半径的相反方向上分别配置相同质量的 m'_1、m'_2，则车轮就处于动平衡状态。

从上述分析可以得出以下结论：①静平衡的零件不一定动平衡，但动平衡的零件肯定是静平衡的；②对车轮这样具有一定轴向尺寸的零件必须进行动平衡检测。

(3)车轮不平衡的原因

车轮不平衡是由多方面原因造成的，以下是引起车轮不平衡的主要原因：

1)轮毂、制动鼓(盘)加工时定心不准、加工误差大、非加工面铸造误差大、热处理变形、使用中变形或磨损不均等；

2)轮毂上的轮胎螺栓孔分度不均匀或轮胎螺栓质量不等；

3)轮辋轮胎质量分布不均或径向圆、端面圆跳动太大；

4)轮胎尺寸或形状误差太大、使用中变形或磨损不均匀；

5)使用修补轮胎或并装双胎的充气嘴未相隔 180°安装；

6)经过平衡试验的新轮胎，往往在胎侧标有红、黄、白或浅蓝色的□、△、○、或

◇符号用来表示不平衡点位置，如果单胎的充气嘴未与不平衡点标记相隔180°安装，也会引起车轮不平衡；

7）轮毂、制动鼓（盘）、轮胎螺栓、轮辋、内胎、衬带、轮胎等组装成一体后，累积的不平衡质量误差或尺寸误差太大。

6.2.2 车轮不平衡检测原理

车轮不平衡的检测分为离车式和就车式两种，离车式是把车轮拆下后单独进行检测，而就车式是不拆下车轮，直接在车轴上对车轮平衡度进行检测。

（1）静不平衡检测原理

1）离车式。根据车轮静平衡的判定原理可以对车轮静不平衡量进行检测。即安装在特制平衡心轴或平衡仪转轴上的车轮，如果不平衡，在自由转动状态下，只有当其不平衡点处于最下方位置时才能保持静止状态，而在配重平衡后则可停于任何一个位置。因此，通过改变配重质量的大小及安装位置便可以测得静不平衡质量和相位。

2）就车式。车轮静不平衡度就车式检测可以用就车式车轮平衡机进行。就车式车轮平衡机检测车轮静不平衡的原理如图6.5所示。被支离地面的车轮如果不平衡，转动时产生的上下振动通过转向节或悬架传给检测装置的传感磁头3、可调支杆2和底座1内的传感器，传感器将其变成电信号后控制频闪灯闪光以指示车轮不平衡点位置，并输入指示装置指示出车轮不平衡度。当传感磁头传递向下的力时频闪灯发亮，所照射到的车轮最下部的点即为不平衡点。当不平衡点的质量愈大时，传感器的受力也愈大，变换的电量也愈大，指示装置指示的数值也愈大。

（2）动不平衡检测原理

1）离车式。对于动不平衡的离车式检测比静不平衡复杂，其检测装置有机械式动平衡机和电测式动平衡机之分，这里主要介绍电测式动平衡机（硬式车轮平衡机）测量原理及方法。

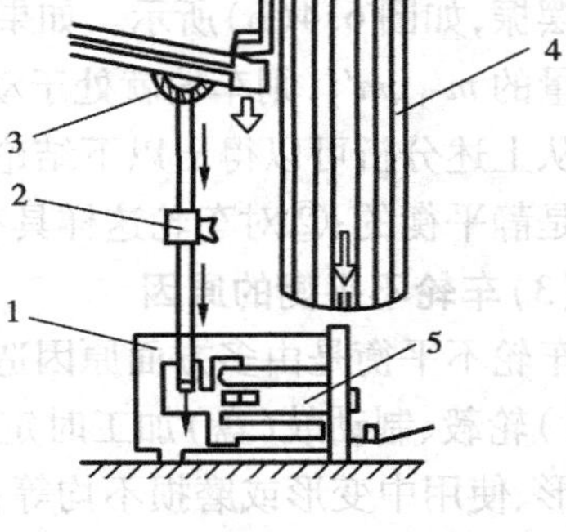

1—底座　2—可调支杆　3—传感磁头
4—车轮　5—传感器

图6.5　就车式车轮平衡机静不平衡检测原理图

用电测式动平衡机进行车轮动平衡度检测时，把车轮架在平衡机转轴支撑装置上，由于车轮的不平衡，在转动过程中给平衡机转轴支撑装置施加一动反力，从而引起支撑装置的振动，通过传感器把振动量转变成电信号的方式检测出不平衡量。硬支承式车轮平衡机，由于转轴支承装置刚度大、固有振动频率高、振幅小，因而车轮转动中的惯性力可以忽略不计。车轮不平衡所产生的离心力是以力的形式作用在支承装置上的，只要测出作用在支承装置上的力或因此而产生的振动，就可测得车轮的不平衡量。其检测原理图如图6.6所示。图中m_1、m_2为车轮不平衡点质量，F_1、F_2为对应的离心力，N_L、N_R为左右支承测得的动反力。该种检测法虽然测量点在支承处，而不平衡的校正面在轮辋边缘，但仍属动力平衡关系。根据力的平衡条件，有：

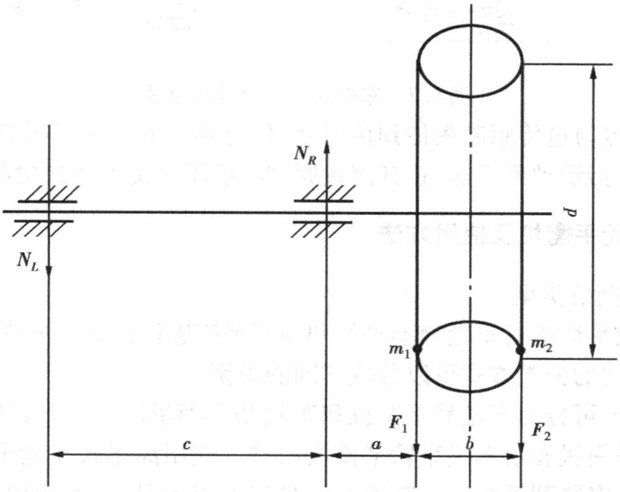

图6.6 电测式车轮动平衡机检测原理图

$$N_R - N_L - F_1 - F_2 = 0$$

$$F_1(a + c) + F_2(a + b + c) - N_R C = 0$$

联立两式求解得：

$$F_1 = N_L \frac{a + b + c}{b} - N_R \frac{a + b}{b}$$

$$F_2 = N_L \frac{a + c}{b} - N_R \frac{a}{b}$$

可以看出，不平衡点质量产生的离心力仅与支承处的动反力及尺寸a、b、c有关。支承处的动反力或因此而产生的振动，可以通过电测技术即通过位移传感器、速度传感器或加速度传感器测得，两支承之间的尺寸是常数，而尺寸a、b可通过实测后输入运算电路的方法解决。因此，通过运算即可根据动反力确定出两个校正面上的离心力，再根据离心力确定出两校正面上的平衡量，这就是电测式车轮动平衡机的检测原理。

2）就车式。就车式车轮平衡仪检测车轮动不平衡的原理如图6.7所示。首先用千斤顶或举升器等支起车桥使车轮离地，车轮平衡仪传感磁头安装于制动底板边缘部位，且平行于车轮转动中心。转动车轮，如果车轮动不平衡，则必然引起车轮绕主

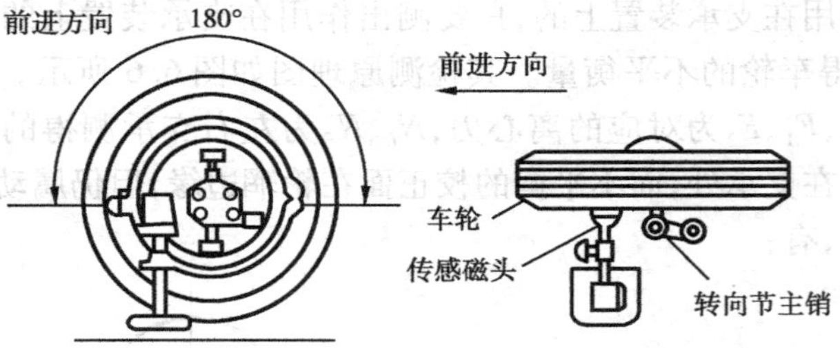

图 6.7　车轮动不平衡检测原理

销的摆振,该摆振通过传感磁头传到传感器,传感器将此振动信号转换为电信号,控制频闪灯闪光并指示动不平衡值,其测量原理与静不平衡就车式检测基本相同。

6.2.3　车轮平衡机及使用方法

(1)车轮平衡机类型

通常用车轮平衡机对车轮静不平衡和动不平衡进行检测。车轮平衡机又叫车轮平衡仪,根据不同的分类方式可以分成不同的类型。

如按功能分,可分为车轮静平衡机和车轮动平衡机两种;如按测量方式分,可分为离车式车轮平衡机和就车式车轮平衡机两种。使用离车式车轮平衡机时,是需把车轮从车上拆下安装到平衡机的转轴上检测其平衡状况的;而使用就车式车轮平衡机时,无需从车上拆下车轮,就车即可测得车轮的平衡状况。就车式车轮平衡机,既可进行静平衡试验,又可进行动平衡试验;如按平衡机转轴的型式分,又可分为软式车轮平衡机和硬式车轮平衡机两种。软式车轮平衡机,安装车轮的转轴由弹性元件支承,当被试车轮不平衡时,该轴与其上的车轮一起振动,测得该振动即可获得车轮的不平衡量。硬式车轮平衡机的转轴由刚性元件支承,工作中转轴不产生振动,它是通过直接测量车轮旋转时不平衡点产生的离心力来确定不平衡量的。以下主要介绍用得较多的两种车轮平衡机。

(2)离车式车轮动平衡机

离车式车轮动平衡机如图 6.8 所示。这种动平衡机一般由转轴与支承装置、驱动装置、制动装置、显示与控制装置、机箱和车轮防护罩等组成。转轴由两滚动轴承进行支承,各轴承处均有一能将动反力变为电信号的传感器,被测车轮通过锥体和快速螺母等固装在转轴的外端。驱动装置一般由电动机、传动机构等组成,其作用是带动转轴旋转。驱动装置、转轴与支承装置等一同装在机箱内。车轮防护罩可防止车轮旋转时其上的平衡块或花纹内夹杂物飞出伤人。制动装置的作用是在适当时候使车轮强制停转。

随着测试仪器仪表的发展,目前生产的车轮平衡机,其显示与控制几乎都是由电脑进行的,且具有自动诊断和自动调校功能,能将传感器送来的电信号通过电脑进行

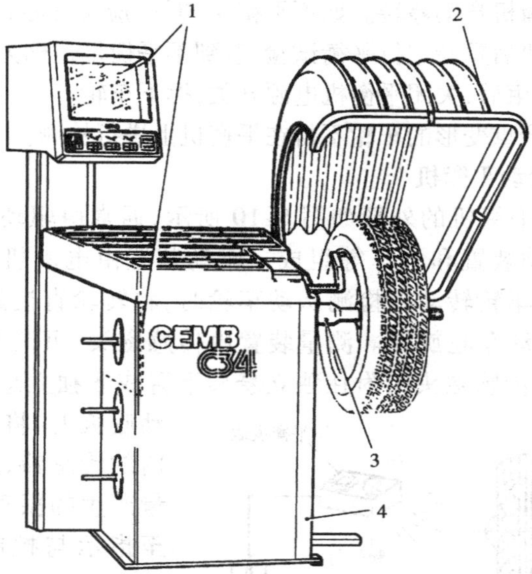

1—显示与控制装置 2—车轮防护罩 3—转轴 4—机箱

图6.8 离车式车轮动平衡机

运算、分析、判断后显示出不平衡量及其相位，是一典型的现代智能测试仪器。为了使显示的不平衡量恰是轮辋边缘应加平衡块的质量，还必须将测得的轮辋直径 d、轮辋宽度 b 和轮辋边缘至平衡机机箱的距离 a 通过键盘或旋钮输入电脑（a、b、d 三尺寸如图6.9所示）。

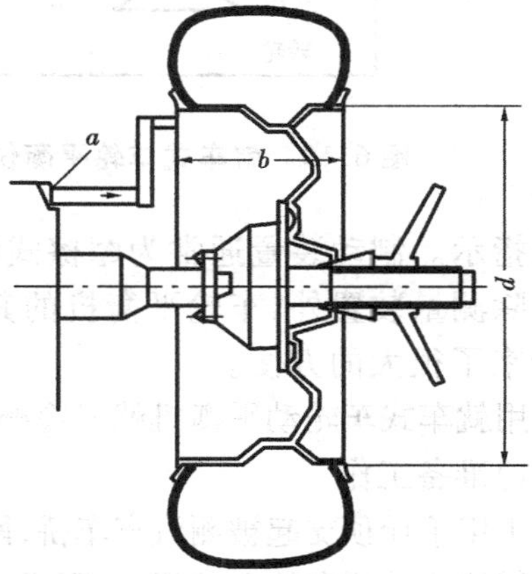

a—轮辋边缘至平衡机机箱距离

b—轮辋宽度 d—轮辋直径

图6.9 车轮在平衡机上的安装

用离车式车轮动平衡机检测车轮动平衡的方法和步骤如下：

第1步：清除被测车轮上的泥土、石子、污物和旧平衡块等杂物，并检查轮胎气压，如果不在规定值范围内，将气压充至规定值；

第2步：连接好平衡机线路，打开电源，检查平衡机是否工作正常；

第3步：根据轮辋中心孔的大小选择好锥体，仔细把车轮装在平衡机上，用快速螺母锁紧车轮，并用手转动车轮以观察安装情况以及车轮有无变形；

第4步：输入车轮安装尺寸，启动平衡机进行测量。数秒后测量值便直接显示在显示装置上同时平衡机自动停转。如不平衡量超标,应按显示的不平衡值及方位在轮辋边缘安装平衡块后重新进行平衡试验,直到不平衡量达标为止。

第5步:测试结束后,关闭平衡机电源开关,拆下车轮。

轮辋或轮胎有严重变形的车轮不得在平衡机上进行检测。

(3)就车式车轮动平衡机

就车式车轮动平衡机的外形如图6.10所示,通常由驱动装置、测量装置、指示与控制装置、制动装置和小车等组成。驱动装置由电动机、转轮等组成,能带动已被支离地面的车轮转动。检测从动车轮时,将转轮直接紧靠于车轮的胎面,电动机通过转轮带动车轮旋转。测量装置由传感磁头、可调支杆、底座和传感器等组成,检测时,将传感磁头吸附在独立悬架下臂或非独立悬架的转向节处或制动底板上,将振动信号传给底座内的传感器,从而将车轮不平衡量产生的振动变成电信号,并送至指示与控制装置。指示装置由频闪灯、不平衡度表或数字显示屏等组成,频闪灯用来指示车轮不平衡点位置。不平衡度表或数字显示屏用来指示车轮的不平衡量,一般有两个挡位。第一挡往往用于初查时的指示,第二挡往往用于装上平衡块后复查时指示。制动装置通常为摩擦式制动器,用于车轮止动,以便进行车轮平衡作业。除测量装置外,车轮平衡机的其他装置均装在小车上,可进行移动,这为测量带来了很大的方便。

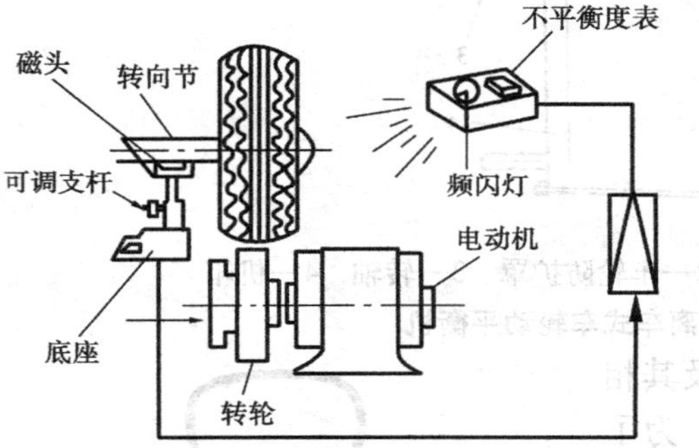

图6.10　就车式车轮平衡仪

用就车式车轮动平衡机就车检测车轮静动不平衡的方法如下:

1)准备工作

①用千斤顶支起被测汽车车桥,两边车轮离地间隙应尽可能相等。

②清除被测车轮上的泥土、石子、污物和旧平衡块并检查轮胎气压,若不符合规定,应将轮胎气压充至规定值。

③检查轮毂轴承是否松旷,并进行调整,检查车轮的径向跳动和横向摆动是否明显,并根据情况做适当的调整。

④在轮胎外侧面任意位置上用粉笔或白胶布做上标记。

2)前从动轮静不平衡检测

①拉紧手制动或用三角垫木止动后桥车轮,将测量装置推至被测前轮一端的前梁下,传感磁头吸附在独立悬架下臂或非独立悬架的转向节下(磁头应尽量垂直安

装)，调节可调支杆高度并锁紧。

②将车轮平衡机转轮推至车轮侧面或前面，检查频闪灯工作是否正常，检查转动车轮的旋转方向能否使车轮的转动与前进行驶时一致。

③操纵车轮平衡机转轮与轮胎接触并压紧，启动电机，带动车轮旋转至规定转速。

④观察频闪灯照射下的轮胎标记位置(已用粉笔或白胶布做标记)，并从指示装置上读取不平衡量数值。

⑤操纵平衡机上的制动装置，使车轮停止转动。

⑥用手转动车轮，使其上的标记仍处在上述观察位置上，此时轮辋的最上部(相当于挂钟的正12点位置)即为加装平衡块的位置。

⑦按指示装置显示的不平衡量选择平衡块，紧固地卡装到轮辋边缘上。

⑧按前面的方法重新驱动车轮进行检测，若车轮平衡度还不符合要求，应调整平衡块质量和位置，直至符合平衡要求为止。

3)前从动轮动不平衡检测

①将传感磁头吸附在经过擦拭的制动底板边缘平整之处，并尽量使磁头与车轮旋转中心处在同一水平位置。

②操纵平衡机转轮，驱动车轮旋转至规定转速，用频闪灯观察轮胎标记位置，读取不平衡量数值，停转车轮并找出平衡块加装位置，加装平衡块并进行复查。其方法与静平衡相同。

4)驱动轮不平衡检测

①用三角垫木止动从动车轮，另一侧车轮也应用垫木塞紧防止其转动。

②驱动车轮可用本车发动机驱动，一般驱动轮车速应达到50~70km/h，并在某一转速下稳定运转。

③测试结束后用汽车车轮制动器使车轮停转。

④其他操作步骤和方法与同从动轮动静不平衡检测。

(4)车轮平衡检测结果分析

用车轮平衡机检测车轮动、静不平衡时，如果车轮的动、静不平衡量超过标准就应当进行车轮平衡作业。如果车轮动、静不平衡量过大，则应检查车轮平衡块是否脱落，轮胎是否存在异常磨损、局部损坏或轮胎修补方法不当，汽车行驶中该车轮是否发生过较严重的碰撞导致轮辋变形等，从而采取相应的措施予以消除。

6.3 四轮定位检测

随着汽车技术的发展,为适应汽车高速、平稳、舒适的要求,高速客车和新型轿车的悬架几乎都采用四轮独立悬架。为防止弹性车轮的侧滑影响整车的转向特性,不仅减小了前轮外倾角,而且还给后轮设置了车轮外倾角和前束两个定位角。这样汽车不仅具有前轮定位参数,而且还有后轮外倾角和后轮前束等定位参数。这些定位参数的变化会使汽车操纵稳定性恶化,如:主销后倾角过大时,转向沉重,驾驶员容易疲劳;主销后倾角过小时,在汽车直线行驶时,容易发生前轮摆振,转向盘摇摆不定,转向后转向盘自动回正能力变弱,驾驶员会失去路感;当左右车轮的主销后倾角不相等时,车辆直线行驶时会引起跑偏,驾驶员不敢放松转向盘,难于操纵或极易引起驾驶员疲劳;后轮前束角失准会引起跑偏和轮胎异常磨损等故障。因此适时检测这些定位参数是非常必要的。通过四轮定位仪对前后轮定位参数的检测和调整,可提高车辆的直线行驶能力,同时转向后转向盘能自动回正,从而增加驾驶操控性,提高汽车操纵稳定性和行驶安全性。

四轮定位仪是专门用来测量前后车轮定位参数的设备,通常四轮定位参数包括以下一些内容:前后轮前束角或前后轮前张角(负前束),如图6.11中(a)所示;前后车轮外倾角(如图6.11中(b)所示)、主销后倾角(如图6.11中(c)所示)、主销内倾角(如图6.11中(d)所示);车辆轮距、车辆轴距、转向20°时的前张角(如图6.11中(e)所示);推力角(如图6.11中(f)所示)和左右轴距差(如图6.11中(g)所示)等。前轮定位检测在第4章第1节中已作了介绍,这里重点介绍四轮定位仪及四轮定位的检测。

6.3.1 光学式四轮定位仪及其使用

(1)组成

光学式四轮定位仪主要由导轨、测试投影仪、轮镜、万能轮镜安装架、定位测量卷尺、后轮摆正滑板、转盘和主销内倾角测试仪等组成。

1)导轨

导轨的功用是用来支承测试投影仪,其结构如图6.12所示。位于后轮处的导轨较长,投影仪能在其上方便地来回滑动,以满足不同轴距车辆的检测要求。

2)测试投影仪

测试投影仪的结构如图6.12所示,用来对车轮前束角、外倾角、主销后倾角等进行测量。测试投影仪投射十字刻度线和作为屏幕接收从轮镜上反射回来的十字刻度线,根据基准线与十字刻度线相交的刻度可读出车轮前束角、外倾角、主销后倾角等。

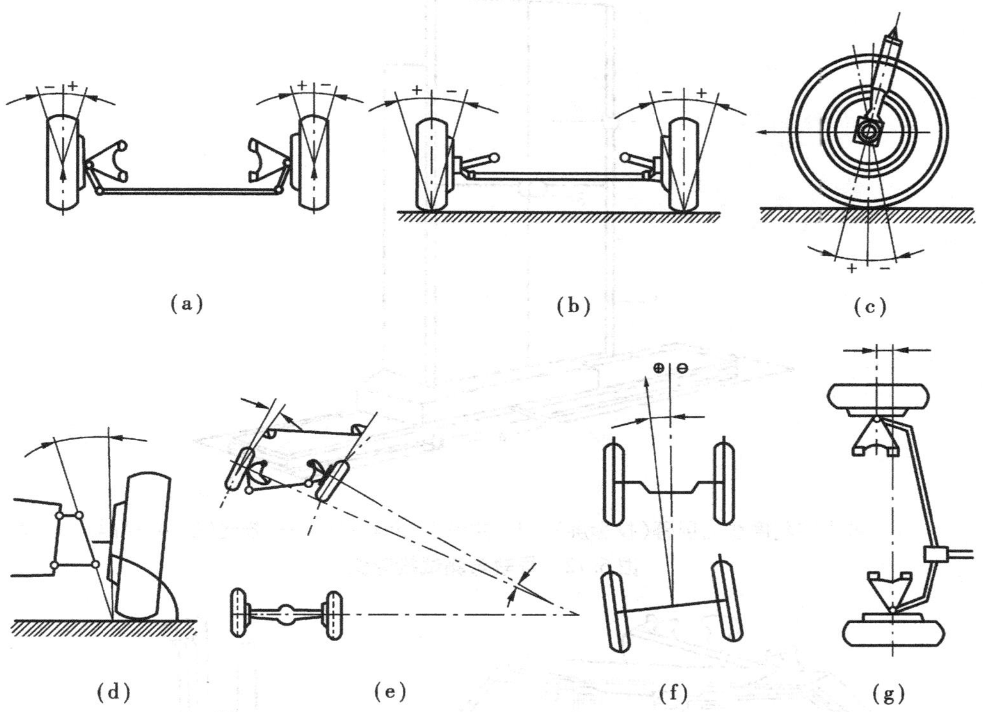

图6.11 四轮定位仪的检测项目示意图

(a)车轮前束角和前张角 (b)车轮外倾角 (c)主销后倾角

(d)主销内倾角 (e)转向20°时的前张角 (f)推力角 (g)左右轴距差

3)轮镜与万能轮镜安装架

轮镜有三个镜面,其结构如图6.13(a)所示。左右两镜面与中间镜面之间夹角为20°,用于接收并反射由投影仪投射出来的光线。轮镜通过锁紧装置夹紧在调整盘上,然后调整盘又通过三角形布置的螺栓固定在万能轮镜安装架上。万能轮镜安装架如图6.13(b)所示,安装架的三个卡爪分别固定在轮辋边沿,卡爪的位置可根据轮辋尺寸大小进行调整,调整好后可通过其上的偏心手柄锁紧,从而固定轮镜。

4)定位测量卷尺

定位测量卷尺由一把卷尺和一个磁性座组成,如图6.14所示,卷尺与平时所用测量长度的卷尺差不多。定位测量卷尺的作用是用来测量汽车的摆正情况。

5)后轮摆正滑板

后轮摆正滑板结构比较简单,实际上就是一块金属板,如图6.15所示。后轮摆正滑板放在车轮的下面,可以左右摆动,使汽车摆正。

6)转盘

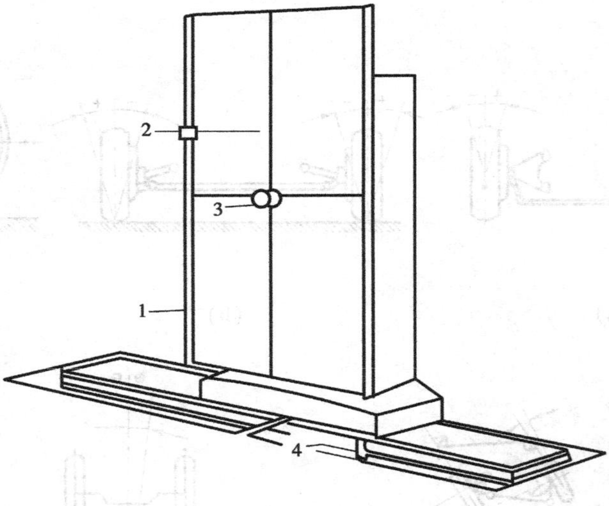

1—带十字刻度线的屏幕(投影屏) 2—主销后倾角指针 3—投光镜 4—导轨

图 6.12 导轨与测试投影仪

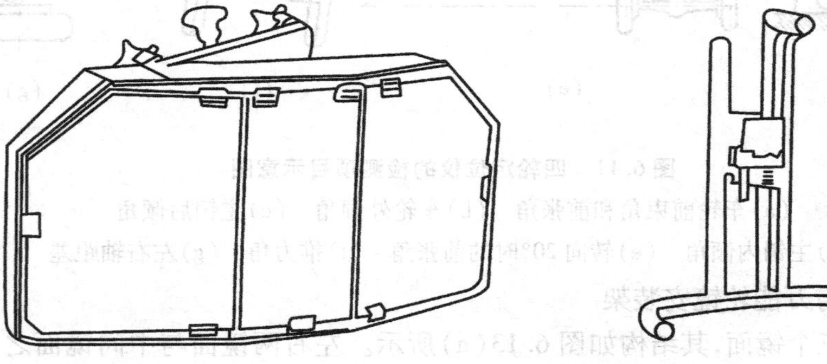

(a) (b)

图 6.13 轮镜与万能轮镜安装架结构简图

(a)轮镜 (b)万能轮镜安装架

转盘置于车轮下,它的作用是支撑车轮,并确保车轮在其上能灵活轻便地转动,其外形结构如图 6.16(a)所示。转盘下部为一固定盘,上部为一活动盘,两盘之间用滚珠或滚柱支撑,周围有保持架,以确保两盘之间可以相对自由转动且不发生错位。在固定盘上装有十字导轨,用来支撑指示车轮转角的刻度指针,转盘的内部结构如图 6.16(b)所示。

7)主销内倾角测试仪

主销内倾角测试仪为一安装在轮镜调整盘上,专门用来测试主销内倾角的装置,

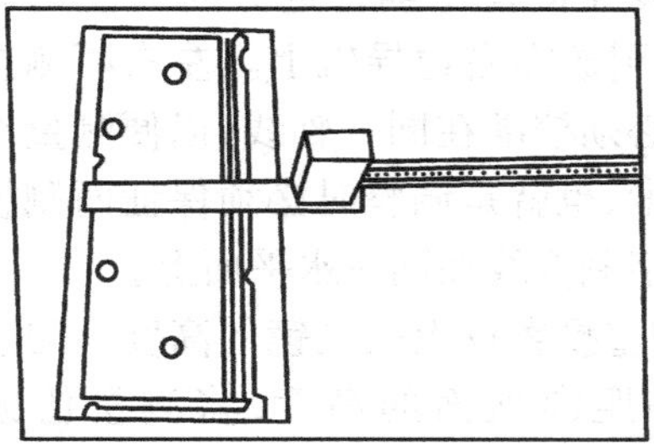

图6.14 定位测量卷尺示意图

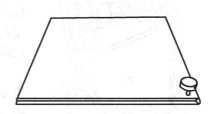

图6.15 后轮摆正滑板示意图

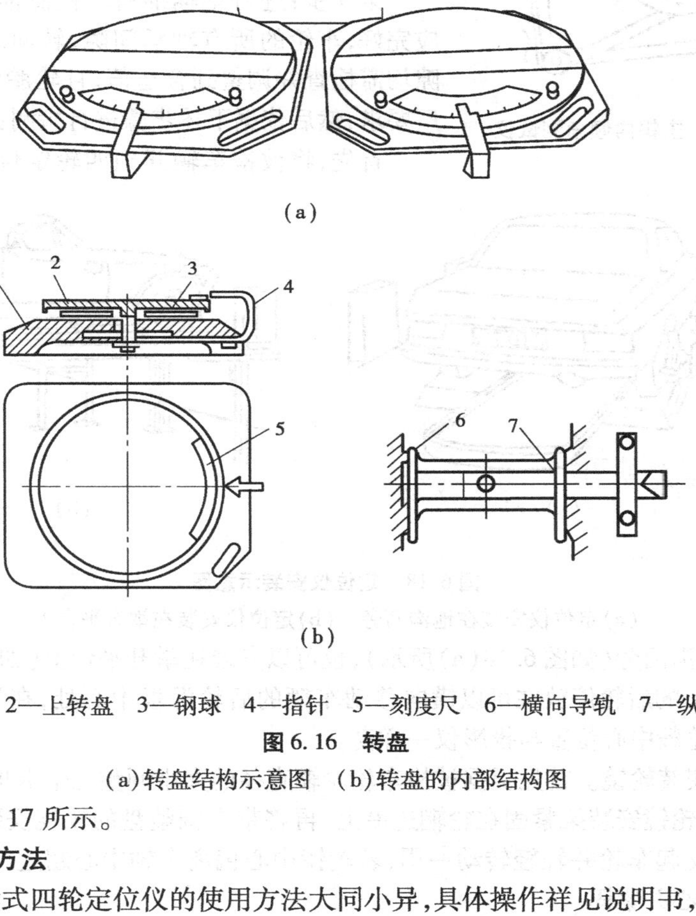

1—底盘 2—上转盘 3—钢球 4—指针 5—刻度尺 6—横向导轨 7—纵向导轨

图6.16 转盘

(a)转盘结构示意图 (b)转盘的内部结构图

其结构如图6.17所示。

(2)使用方法

各种光学式四轮定位仪的使用方法大同小异,具体操作祥见说明书,这里主要介绍光学式四轮定位仪常规使用方法。

1)准备工作

第1步:安装测试投影仪。测试投影仪上通常标有符号“L”和“R”,安装时标有

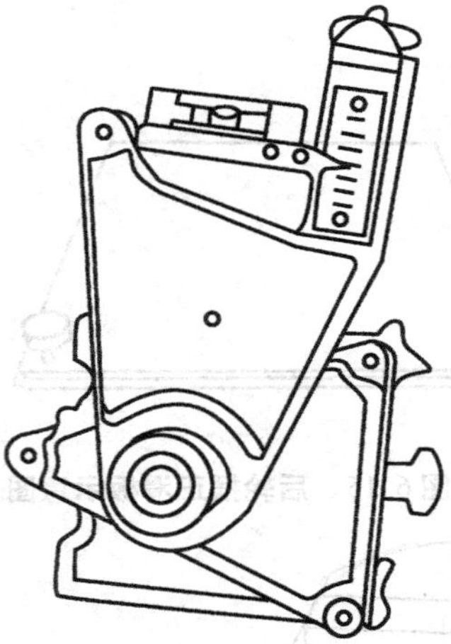

图 6.17　主销内倾角测试仪

“L”的必须安装在待检车辆行进方向的左边导轨上，标有“R”的则放在右边导轨上。左右两侧投影仪的光学中心必须校准在同一轴线，以便测量汽车左右轮的同轴度，也就是调整时必须保证两侧投影仪屏幕上的十字刻度线在同一水平面上。

第 2 步：调整投影仪上投光镜的高度。测量待检车轮毂中心距离地面的高度，将测量值减去 30mm 所得的值作为投光镜的高度值，如果有偏差可通过手柄来调节。

第 3 步：进行车辆准备。检测前，被检车车轴应完好，车轮的所有轴承间隙、转向间隙和主销间隙均需检查并调整到合适值，且轮胎气压应符合出厂要求，然后依据下述步骤进行检测：

首先，将被检车辆开到四轮定位仪上，定位仪

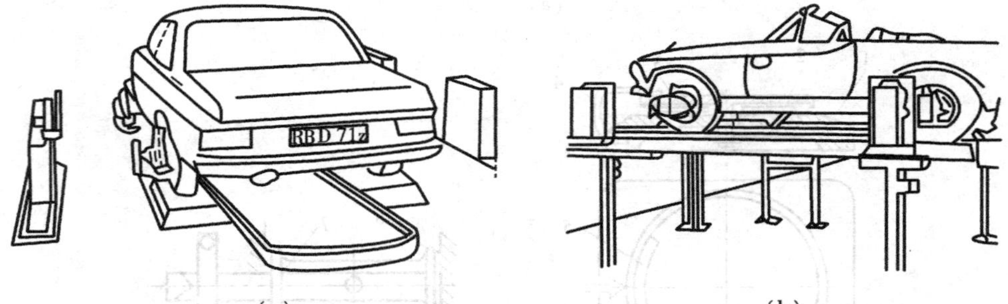

(a)　　(b)

图 6.18　定位仪安装示意图

(a)定位仪安装在地沟两旁　(b)定位仪安装在举升平台上

可安装在地沟两旁(如图 6.18(a)所示)，也可以安装在举升平台上(如图 6.18(b)所示)。被检车的后轮停放在可以横向移动车辆的后轮滑板中心处，在滑板的下面有滚筒支承，轮毂中心位置与投影仪一样高。

其次，安装轮镜。首先根据被检车轮轮辋直径的大小调整三个卡爪之间的距离，然后将万能轮镜安装架紧固在轮辋边沿上，再将带有调整盘的轮镜安装在万能轮镜安装架上，支起车轮并轻轻转动一周，若轮镜中心偏离车轴中心超过 1cm，应移动轮镜至车轮中心并紧固。

再次，进行轮镜安装基准调整，也就是车轮夹具安装补偿。由于轮辋的变形和轮镜安装架的装夹误差，会使装夹在车轮上的镜面不垂直于车轮轴心线，造成测量误差。因此，需要进行轮镜安装基准调整。调整的方法是先支起车轮，打开投影仪开

关，轮镜将刻度线的像反射到投影仪屏幕上，慢慢转动车轮，观察屏幕上的十字刻度线，若十字刻度线摆动量超过屏幕上一个刻度值时，需要使用三角形布置的调整旋钮螺钉调整，直至十字刻度线不摆动为止。

最后，如图6.19所示将车辆摆正定位。将定位测量卷尺置于待检测车辆的左前侧，用卷尺的磁性座与投影仪的底座相连，卷尺水平拉直，垂直于车轮中心线量出至轮辋最低位置间的距离 A；再运用同样的方法，测出图示 C 的数值，左右调整直至 $A=C$ 为止。再运用上述同样的方法测出左侧后轮 B 和右侧后轮 D 的数值，通过左右调整后轮摆正滑板，直到 $B=D$ 为止。

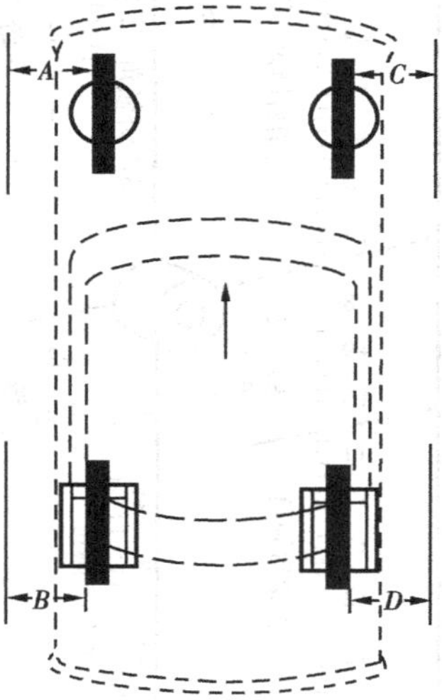

图6.19　车辆摆正定位

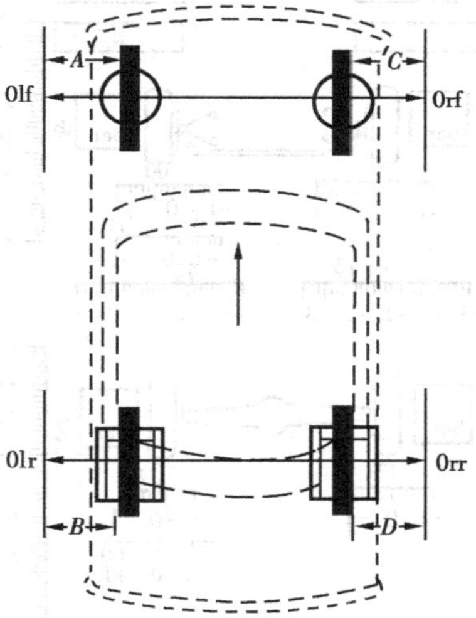

图6.20　光学矩形的形成

上述过程就相当于定出了整个测量系统的光学矩形，如图6.20所示，这样就消除了前后轮距不等所带来的测量误差。此时待检车辆刚好位于光学矩形中心位置，为防止车身移动应将摆正滑板锁紧。在图6.20中0lf代表的是左侧前轮投影仪的物镜所处的位置，0rf为右侧前轮投影仪的物镜所处的位置；0lr代表的是左侧后轮投影仪的物镜所处的位置，0rr代表的是右轮后侧投影仪的物镜所处的位置。由于在车辆定位过程中保证了 $A=C$ 和 $B=D$，同时又因为在安装投影仪的过程中，已经校准左右两侧光学中心在同一轴线上，即由0rf处所发出的光线与由0lf发出的光线重合，由0rr处发出的光线与0rf发出的光线重合，即形成四边形，其中两条边0lf 0rf与0lr 0rr相互平行，定位仪安装过程中保证的两条边0lf 0lr与0rf 0rr相互平行，这四条直线刚好形成一矩形0lf 0rf 0rr 0lrr，从而减小了该光学系统的测量误差，保证了测量精度。

2）定位参数的测量

在检测车辆四轮定位参数时，应先查阅相应汽车厂家关于定位参数的出厂标准，以便可以对测量结果进行判断。

在做好准备工作后，各定位参数的测量值可直接从屏幕上和转盘上读出或从投影仪底座上的刻度尺上（测量左右车轮不同轴度时）读出，并将其值记录在图 6.21 所示的相应位置上。

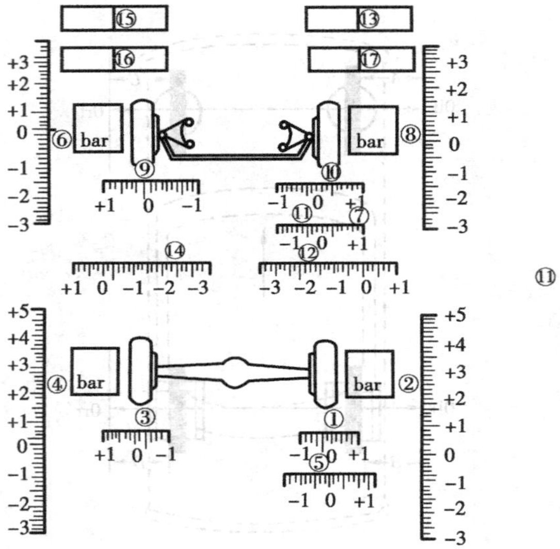

图 6.21　车轮定位参数登记表

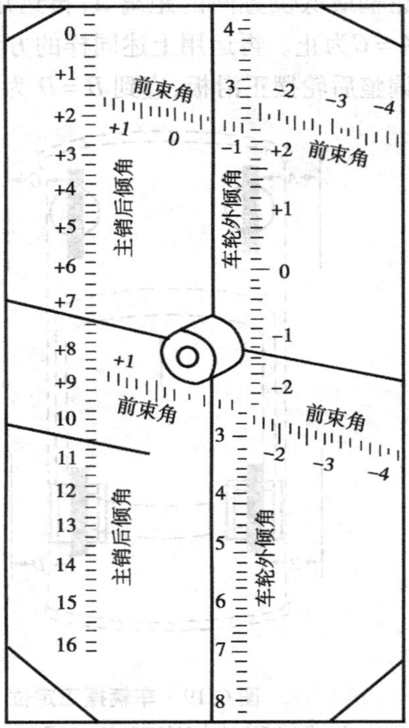

图 6.22　测量刻度线在屏幕上的投影

图 6.21 中标记有①、②、⑧等数字，这些位置是定位参数记录的标志。每个数字都分别代表相应的定位参数，如车轮前束、外倾角、主销后倾角、主销内倾角和转向 20°时的前张角等。图 6.21 中前后左右车轮旁的方框用来记录轮胎标准气压值（单位为巴/bar）。

测量中各数据的读取方法如下：

轮胎气压的读取。在车轮定位检测之前，使用轮胎气压表测出轮胎胎压，并记录在图中车轮对应位置的方框内。

车轮外倾角的读取。在测量中，投影仪屏幕上的十字线中的水平线与投影十字刻度线影像上的垂直刻度的交点表示车轮外倾角，例如图 6.22 中所示外倾角为负 1°22′。

前束角的读取。投影仪屏上十字线的铅垂线与投影十字刻度线影像中水平刻度的交点表示被测车轮的前束角,比如图 6.22 中测量所示前束角为负 50′。

主销后倾角的读取:投影在屏幕上的主销后倾角刻度垂线影像与事先设置在投影仪屏幕上指针的交点表示主销后倾角,如图 6.12 中所示主销后倾角为正 10°17′。

主销内倾角的读取:在安装了主销内倾角测试仪进行主销内倾角测试时,可直接在主销内倾角测试仪的刻度盘上读出主销内倾角值。

左右车轮的同轴度(错位偏移量)的读取:左右车轮的同轴度可以通过安装在导轨上的毫米刻度尺直接读出来。

6.3.2 电脑拉线式四轮定位仪及使用

(1)拉线式四轮定位仪的结构原理

拉线式四轮定位仪的组成主要是传感器和信号处理电路。其传感器如图 6.23 所示(此传感器为右前轮传感器),它是由弹性拉线 1、传感器上体 5、传感器下体 10、传感器电缆接头 13 和侧端盖 16 等部件组成。在传感器上体 5 上布置有两个相互垂直的传感器插孔。一个是用于测量主销内倾角的主销内倾角测量插孔 4,另一个是用于测量主销后倾角和前束角的主销后倾角测量插孔 8。在安装插孔内装有滚针轴承,以保证传感器安装到车轮卡具上以后,传感器能够轻便自如的摆动。传感器上盖的水准泡 3 用于检验传感器安装是否垂直于水平面。锁紧旋钮 6 用于锁定传感器,使其传感器外壳能随车轮一起转动。在传感器下体 10 内装有两支精密电位计,其外壳固定在传感器下体上。精密电位计的作用是用于测量角度,把角度值的变化转化为电压值的变化。水平布置的精密电位计 9 用于测量车轮前束角和驱动轴推力角;垂直布置的精密电位计 11 用于测量主销内倾角、主销后倾角和车轮外倾角。拉线摆臂 2 的一端有孔,用于挂弹性拉线 1,通过弹性拉线 1 连接后轴传感器拉线摆臂。拉线摆臂 2 的另一端与精密电位计 9 的转轴紧固连接,精密电位计 9 内的电刷可随拉线摆臂 12 的摆动而移动,改变输出电阻,从而传送出与前束角有一定比例关系的电压值,由电脑和相关的处理仪表算出和显示前束角。兼作阻尼器活塞的重锤 14 通过电位计摆臂 12 与精密电位计 11 的转轴紧固连接,重锤 14 的作用是保证电位计摆臂 2 始终处于铅垂状态。当传感器外壳随车轮外倾角变化或车轮转动时,带动电位计电刷移动,改变输出电阻,从而传送出与车轮外倾角、主销后倾角的测量角或主销内倾角的测量角有一定比例关系的电压量,由仪表计算和显示出车轮外倾角、主销后倾角或主销内倾角。由兼作阻尼器活塞的重锤 14 和阻尼器工作腔 15 组成减振阻尼器,防止重锤 14 的摆振,提高测试速度和检测精度。在传感器电缆接头 13 上用屏蔽电缆导线连接到仪表上,将角度信息传给计算机进行测量。此外,侧端盖 16 的内侧粘有金属板用来屏蔽外界电磁波的干扰。

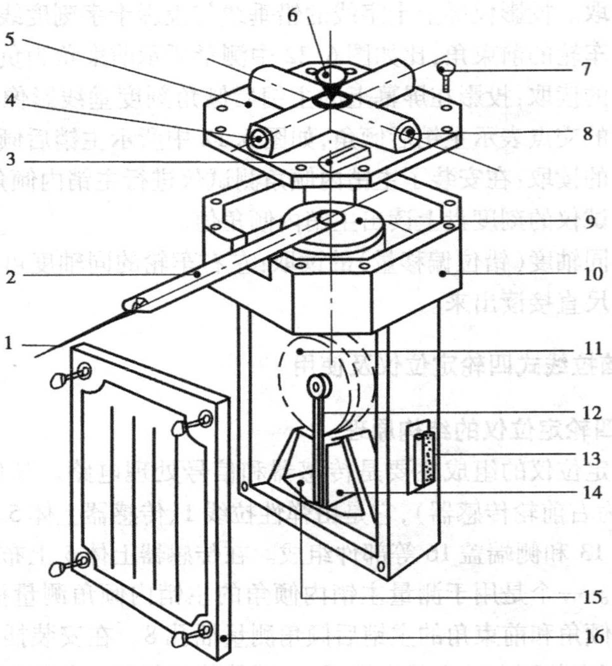

1—弹性拉线 2—前束角电位计拉线摆臂 3—水准泡 4—主销内倾角测量插孔 5—传感器上体 6—锁紧旋钮 7—螺钉 8—主销后倾角测量插孔 9—前束角和推力角测量电位计 10—传感器下体 11—车轮外倾角和主销倾角测量电位计 12—电位计摆臂 13—传感器电缆接头 14—重锤兼作阻尼活塞 15—阻尼器工作腔 16—侧端盖

图 6.23 拉线式四轮定位仪传感器结构示意图

(2)电脑拉线式四轮定位仪的结构

电脑拉线式四轮定位仪主要由带微处理器的主机柜及彩色监视器、键盘、打印机、红外电子测量尺(用来检测轮距)、红外遥控器、标准转盘或电子转盘、自定心卡盘、传感器、接线盒、电缆、传感器拉线、方向盘锁定杆和刹车制动杆等组成(如图 6.24 所示),其汽车支撑部分与光学式四轮定位仪相同。它是一台典型的智能测试仪器,通过多种传感器把四轮定位参数转化成电信号,通过电脑自动处理得出数据结果。这里主要介绍其使用方法。

(3)电脑拉线式四轮定位仪的使用方法

1)测量前的准备

首先需做四轮定位检测的汽车,其大梁必须先经过矫正,且主销技术状况良好,保证车身左右对称点处于同一水平面上。将汽车驶到升降台上或地沟上,使前轮正好位于转盘中心。车辆驶入前,用锁紧销将转盘锁紧,防止转动。汽车驶入后,则松

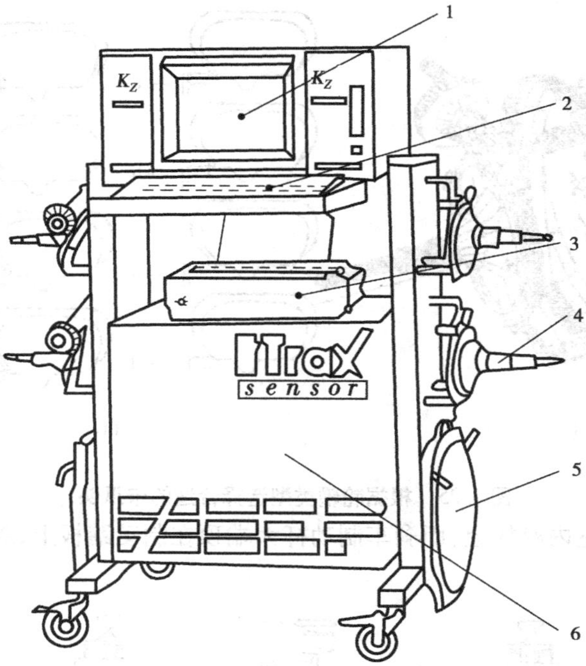

1—彩色监视器 2—键盘 3—打印机 4—自定心卡盘 5—转盘 6—主机柜

图 6.24 电脑拉线式四轮定位仪

开锁紧销,以便进行调整。

接下来进行卡盘的安装,卡盘的卡爪头有多种形式(如图 6.25(b)所示),需要依据轮辋类型选择合适的卡爪头。a 用于钢或铝合金轮辋,通常无需补偿;b 用于钢或合金轮辋,需补偿;c 用于钢制轮辋,无需补偿;d 用于钢制轮辋,需补偿;e 钩形丝杆,用于钢或铝合金轮辋,需补偿;f 与 e 用法相同;g 橡胶螺钉用于铝合金轮辋,无需补偿;h 橡胶螺钉用于铝合金,需补偿。将卡盘装在车轮上,通过转动手柄夹紧卡盘,卡爪头一般要固定在轮辋圈内侧,避免装在外侧,由于轮辋外侧易变形,而使测量不准。当卡盘不能很好地固定在轮辋内圈上时,也可锁在轮辋外缘,使用钩形丝杠,以免损坏铝合金轮辋。

接着将传感器安装在卡盘轴上,分别将四个车轮的传感器和转盘导线连接到接线盒上,再通过导线与主机相连,如图 6.26 所示。通常传感器上标有字母,“F. L”表示左前轮、“F. R”表示右前轮、“R. L”表示左后轮、“R. R”表示右后轮。传统的传感器根据测量对象不同,对于主销内倾角、主销后倾角、外倾角、前束角等,要求的安装方式不同。在进行各定位角测量时,参见各检测项目传感器安装图。在安装好传感器后,一般需要用方向盘锁定杆锁定方向盘,用刹车制动杆制动汽车。方向盘锁定杆

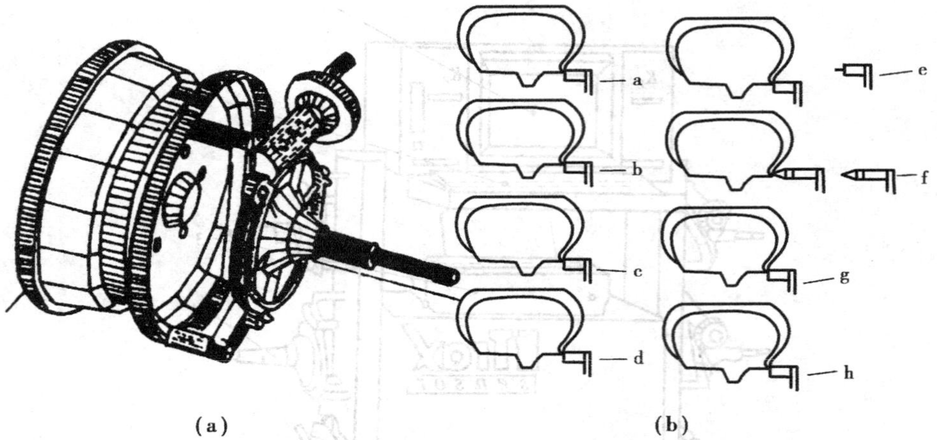

图 6.25 根据轮辋类型选择合适的卡爪头

通常安装在驾驶室内座椅上，而刹车制动杆大端顶在制动踏板上，刹车制动杆靠在座椅上撑紧。

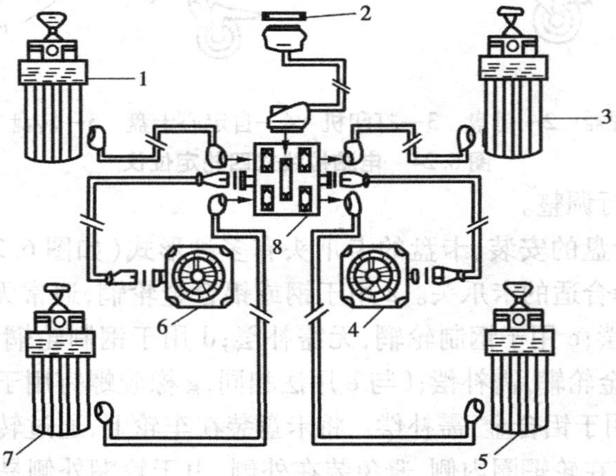

1—后右轮传感器 2—计算机接口 3—前右轮传感器 4—左转盘
5—前左轮传感器 6—右转盘 7—后左轮传感器

图 6.26 四个传感器和两个电子转盘的连接图

最后将计算机的外围设备连接好，如键盘、打印机、鼠标、显示器等。将 220V 电源线接到设备后的多孔插座上。电源应装有稳压器，并且应有效接地。当接好线后，就可以开启设备，打开电源，启动计算机，运行测试程序界面，用鼠标点击菜单或按钮进行相应的操作。

2）测试

第1步：选择汽车制造厂及车型。在主菜单上选择车轮定位仪类型，既能提供各种车型数据库，又能提供各种汽车车轮定位参数据库。

当数据库中有被测车辆车型时，直接选择车型，如果数据库中没有相应车型，则转到定位尺寸测量菜单上，则相应车型的定位尺寸进入屏幕（如选择轿车，则轿车的定位尺寸进入屏幕），测量值一定要存入相应车型的用户手册的技术参数上，新车的技术参数也应输入数据库。接下来选择相应的汽车制造商名，则显示其生产的各种车型号，选定对应的车型号，程序将进入“标准参数选项单”。

第2步：特征参数输入与修正。当数据库中不具有某种车型的某一参数时，这就需要进行特征参数修正，其操作如下：

车轮直径修正。如果车轮直径在数据库中没有显示或车轮直径与数据库中的车轮直径不符，则选（直径）项。从键盘上输入实际直径值，输入结束后，使用“ENTER”即“回车”键，则直径的正确值用绿色字显示在屏幕上。

轴距的修正。如果轴距与数据库中数据不符，选（轴距）项，并从键盘上输入对应的实际轴距（轿车使用手册上有），结束时使用回车键，正确的轴距用绿色字显示在屏幕上。

前（后）轮距修正。如果前（后）轮距与数据库中数值不符，选前（后）轮距项，从键盘上输入对应的实际轮距，回车结束，则正确的轮距值用绿色字显示在屏幕上。

以上修正也适用于数据库中没有的车型，这时特征参数按屏幕提示输入即可。

第3步：自动偏摆补偿。如果自定心卡盘定位正确或轮辋边缘平滑，自定心卡盘可以保证传感器与轮辋同轴，一般不需要进行补偿，如果轮辋损坏了或不平整，就需要偏摆补偿。传感器的安装见图6.27所示。选择偏摆补偿校正程序，从角度测量选项单选择“偏摆补偿”项，它将提供前（后）轮偏摆补偿程序。另外，还可以在角度测量菜单中选择偏摆补偿程序。分别升起前后轮，对车轮初始0°位置的偏摆补偿校正时，按遥控器上的控制键，将初始值置于零位，高亮度显示绿色时，则车轮偏摆校正置相对值零，设备自动准备校正偏差。同理可对车轮旋转180°位置时的偏摆补偿校正。注意放下车轮时，应保证车轮在0°或180°的位置落地。重复上面操作对所有的轮子进行偏摆补偿校正。补偿程序完成后，程序将自动回到定位参数测量菜单。

第4步：车轮定位测量。车轮定位测量主要是测量前轮左/右主销内倾角、左右前轮前束角/外倾角、左右后轮前束角/外倾角、前轮左/右主销后倾角以及主销后倾角的调整等。这里的测量参数与第4章侧滑检测中某些参数相同，但其测量方法稍有差异。

测量前轮左/右主销内倾角时，前轮传感器及配件的安装如图6.28所示。锁紧前轮传感器，后轮传感器可不用，转盘不用锁紧，以防车轮滚动，使用刹车制动杆，不用拉线。从角度测量选项中选择主销内倾角程序，转动车轮使转向角显示0°，然后使左轮向左转动20°，转向角度显示在屏幕上，主销内倾角将相对“0°”值自动存储，

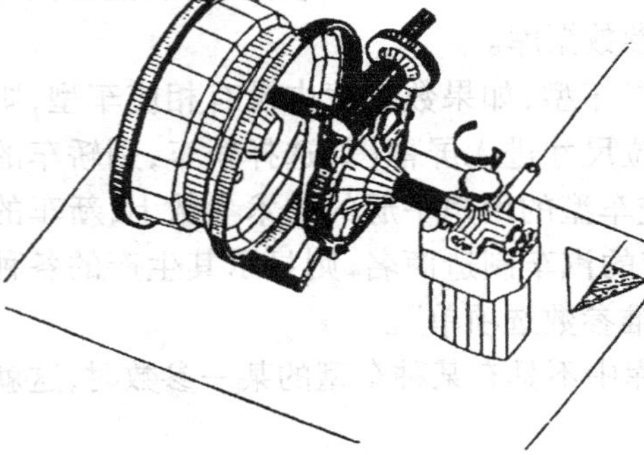

图 6.27　偏摆补偿时传感器安装图

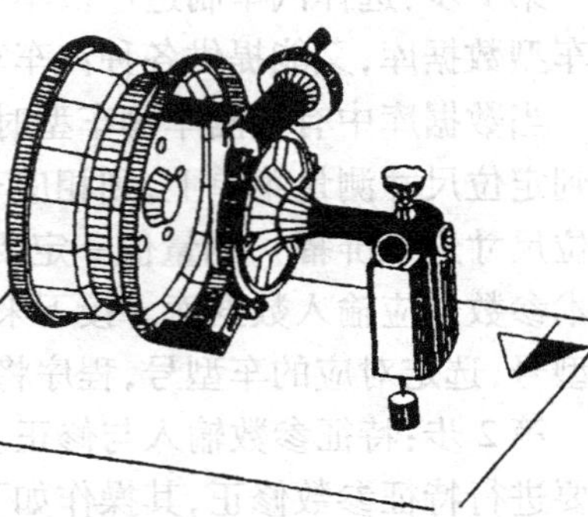

图 6.28　测量主销内倾角传感器安装图

听到声响后，即完成。转动方向盘，车轮继续向左转动，直到右边车轮也转过 20°。转向角的值显示在屏幕上，存储器自动将右主销内倾角以“0°”存储。车轮右转 20°，转向角显示在屏幕上，右轮主销内倾角测量值也显示在屏幕上方。右主销内倾角测量完毕。继续右转方向盘，使左轮右转至 20′。左轮主销内倾角测量值也就显示在屏幕上。左主销内倾角测量完毕。最后比较各测量值，白色值表示测量值与基准值无偏差，绿色值表示测量值在公差范围内，红色值表示测量值在公差范围外。

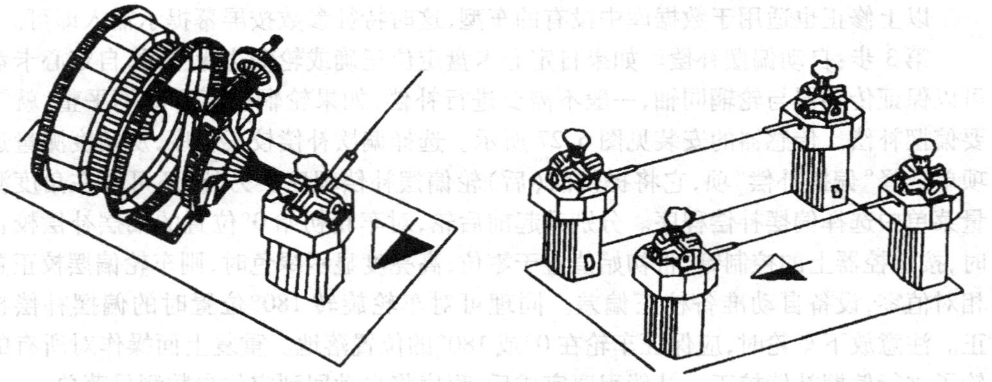

图 6.29　测量车轮前束角/外倾角传感器安装图

测量左右前轮前束角/外倾角与后轮前束角/外倾角时，要使用 4 个传感器，传感器之间要连接拉线，如图 6.29 所示。使用方向盘锁定杆防止车轮转向，为防止车轮滚动，使用刹车制动杆。在“角度测量选项单”中选前轮外倾角测量程序，在屏幕上显示左、右侧前轮前束角及外倾角，还可以进一步显示出推力角。用测量值与原厂值比较，如果测量值正确，可进行下一步操作，如果测量值不正确，就应当进行调整。后轮前束角/外倾角的测量与前轮完全相同，这里就不再做介绍。

前轮左/右主销后倾角测量时，所用传感器及附件如图 6.30 所示。不用后轮传

图 6.30 测量主销后倾角传感器安装图

感器,转盘不需锁紧,不用方向盘锁定杆,用刹车制动杆制动车轮,不用拉线。从测量角度选项菜单中选主销后倾角项,转动方向盘使左轮左转 20°,转向角显示在显示器上,左轮主销后倾角相对"0°"值被自动存储。继续左转使右轮也左转到 20°,右轮主销后倾角相对"0°"值被自动存储。然后车轮右转 20°,转向角显示在显示器上,屏幕上显示右轮主销后倾角测量值。右轮主销后倾角测量完毕。操纵方向盘,继续右转,使左轮转向角达到 20°,屏幕上显示左轮主销后倾角测量值。左主销内倾角测量完毕。比较测量值,如果测量值不合乎要求,就要进行调整。

主销后倾角的调整方法如下:将车轮转回到直行位置,转向角值将变为绿色,接近 0°。将传感器转动 90°安装,如同主销内倾角测量时的安装方式,如图 6.31 所示。锁紧传感器后,按相应键存储相对"0°"的后倾角,启动调整程序。观察屏幕调节汽车悬架零件直到获得正确的调整值,调整值是指测量值与原车标准值的偏差值。为了保证调整精确度,必须使前轮处于直线行驶状态。

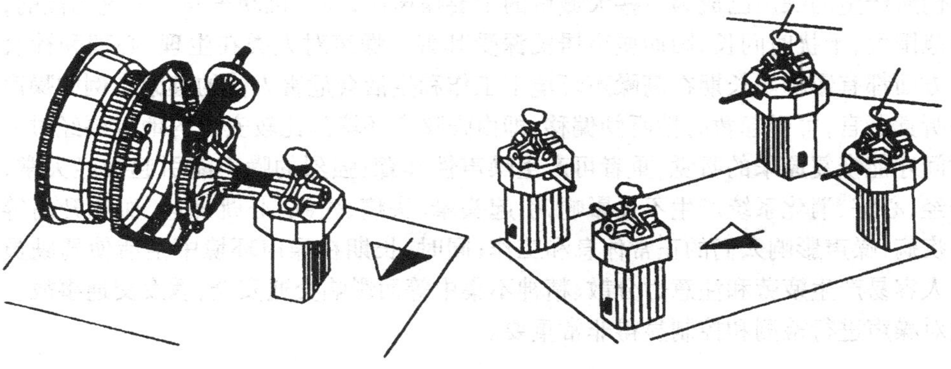

图 6.31 主销后倾角的调整传感器安装示意图

6.3.3 四轮定位参数的调整

1)后倾角的调整。后倾角可增进转向的稳定性及转向后方向盘自动回正的能力,当汽车后倾角太大或太小时会出现转向沉重或缺乏回正能力,且车速高时出现转向不稳定等现象,这时就应当进行调整。后倾角的调整可以利用以下方法或手段进行:垫片、偏心凸轮、大梁槽孔、支柱焊、旋转支柱、移动引擎、偏心球接头等。

2)外倾角的调整。外倾角的作用主要是设定车身重量负荷于轮胎的中心,以避免偏向行驶,减少轮胎磨损。如果左右轮外倾角相差0.5°以上,会使汽车偏向正外倾角大的一边。外倾角的调整方法或手段通常有:垫片、偏心凸轮、大梁槽孔、拉焊球接头、旋转支柱、锲形垫片、调整轴承座、偏心螺栓、偏心球接头等。

3)前束角的调整。前束角的功用是降低轮胎的磨损,当前束角不当时,会使轮胎内外侧快速磨损,转向非常不稳定。调整方法可采用原车生产厂的调整器、凸轮、偏心螺栓、槽孔、垫片等进行。

4)推进角的调整。后轮推进角会使加速轮胎磨损,造成转向轮定位失准,汽车偏向行驶,方向盘偏抖等。推进角可采用调整后轮前束等方式进行修正:如用原车厂之调整器,于车轴与车轮之间安装锲形垫片、凸轮或其他配件等进行调整。

当然还有其他参数的调整,这里就不一一叙述,每种参数的具体调整过程可参阅相关资料。

6.4 噪声检测

在现代城市环境噪声源中,交通运输产生的噪声最大,约占城市噪声的70%,而其中机动车辆产生的噪声占交通运输噪声的80%左右。随着机动车辆数量的增加,它们所产生的噪声已成为一些大城市的主要噪声源,加上机动车噪声是流动性的,影响范围大,干扰时间长,因而城市居民深受其害。噪声对人类在生理、心理和社会各个方面都有影响。长期在高噪声环境下工作和生活会危害人体的健康。例如噪声损伤听觉器官,可引起暂时性听阈偏移,即由强噪声环境到比较安静的地方要经过一段时间才能恢复原来的听觉,重者可产生噪声性耳聋;强烈的噪声能引起神经失常,对神经、心脏、消化系统产生不良影响,引起头晕、头痛、失眠、心跳加速、血压升高等多种疾病;噪声影响人们的正常休息和工作;同时,长期在噪声环境中生活使驾驶员和行人容易产生疲劳和注意力分散、精神不集中等而影响交通安全,诱发交通事故。因此对噪声进行检测和控制显得非常重要。

6.4.1 声学基础知识

声音是日常生活中经常遇到的一种自然现象。所谓声音,是指物体振动时在周围介质(包括固体、液体和气体)中形成和传播的一种波。声波以介质为媒介向周围传播后引起人体耳膜的振动,使人在生理上得到的感觉称为声音。因此,声音的形成有两个条件,一是振动声源,二是人耳有感觉。

声波的产生离不开物体的振动和传播振动的弹性介质。只有振动而没有传播介质,人们便听不到声音。例如把电铃放入透明的罩内,抽掉罩内的空气,通电后虽能看到电铃的敲击动作,但听不到声音。物体振动时,由于与之相连的弹性介质随之产生压力、质点速度等参量的变化,因而能产生声波。

(1)声音的物理参数与评价指标

1)声波的频率f(赫/Hz)

声波的频率是指单位时间内产生振动波的数量。频率等于周期的倒数,即

$$f = \frac{1}{T}(\mathrm{Hz})$$

式中:T———一个振动波的周期(s)。

当频率f处在20~20 000Hz时,人能感觉到声音,称为声波。低于20Hz的声波称为次声波,高于20 000Hz的声波称为超声波。次声波和超声波不能引起人耳膜的振动,是人耳听不到的声音。人耳听到频率为1 000Hz时的声音称为纯音。

声波频率的高低影响声调,频率越高,声调亦高,声音越尖锐;频率低,则声调低,声音低沉。即人们所说的高音和低音。

2)声压(帕/Pa)与声压级(分贝/dB)

当声波在弹性介质中运动时,使介质的压力在稳定压力P附近增加或者减小,这个压力的变化量,称为声压P,它表示某一声波作用在单位面积上的压力大小。单位是帕(Pa)。在标准大气压中,稳定大气压力为10^6Pa。声压要比大气压小得多,一般在2×10^{-5}~20Pa范围之内。正常人的耳朵在声波频率为1 000Hz时(纯音时)能感觉到的最弱声压为2×10^{-5}Pa,此声压称为基准声压P_0,或称听阈声压。当声压达到20Pa时,使人的耳朵产生疼痛,故称之为痛阈声压。

声压大小可用以度量声音的强弱。声压大,则声音强,或声音响;声压小,则声音听起来弱,或声音低。

因为人耳能听到声音的频率很宽,强弱的范围很广,若用声压等参数来表示很不方便。此外,大量试验证明,人们对声音强弱变化的感觉,并不是与声压绝对值的变化有关,而与声压相对强弱的变化量有关。因此,声音的强弱指标可用“级”来表示,称之为分贝(dB)。所谓级是指实际量与基准量比值的对数,是一种只做相对比较的无量纲单位。在声学中常使用声压级、声强级、声功率级和响度级。

大多数声学测量仪器,是直接测量声源的声压,因此声压级是声学中最常用的级,其定义为:

$$l = 20\lg\frac{P}{P_0}(\mathrm{dB})$$

式中：P_0——基准声压，取 2×10^{-5}Pa。

3）声功率 W（瓦/W）与声功率级 L_W（分贝/dB）

声功率 W 表示声源在单位时间内所辐射的声能或声压的大小，即

$$W = \frac{P}{t}(\mathrm{W})$$

声功率级定义为：

$$L_W = 10\lg\frac{W}{W_0}(\mathrm{dB})$$

式中：W_0——基准声功率（在 1 000Hz 时为 $10^{-12}\mathrm{W/m^2}$）。

值得注意的是，声功率级与声压级不同，声压级是表示声场中某点的声学性质，而声功率级则表示声源向周围空间辐射的声功率的大小。

4）声强 I（$\mathrm{W/m^2}$）与声强级 L_i（dB）

声强是单位时间内在与声波垂直方向单位面积上的能量，即单位面积通过的声功率：

$$I = \frac{W}{S}(\mathrm{W/m^2})$$

而声强级定义为：

$$L_i = 10\lg\frac{I}{I_0}(\mathrm{dB})$$

式中：S——声波的作用面积（$\mathrm{m^2}$）；

I_0——基准声强在 1 000Hz 时为 100（$\mathrm{W/m^2}$）。

5）响度、响度级和等响曲线

上述有关声音强弱的参数都是指声源，是一些客观物理量。但是，声音是通过人耳感觉到的，必须有人耳感觉的衡量参数。

响度和响度级表示人所感受到的声音的强弱程度，它是一种与人耳听觉特性有关的人对声音强弱的主观表示法。与客观表示法相比，主观表示法不仅与声音的强度（声压）有关，而且还与声音的频率有关。

人耳是一种特定的听觉器，它对各种的声音有不同的选择性和响应，一般对高频率的声音比较敏感，对低频率声音不敏感。若有两种声压级相同、频率不同的声音，听起来高频的声音比较响。

响度的单位叫“宋”（sone），1 宋是声压级为 40dB、频率为 1 000Hz 的纯音所产生的响度。任何一种声音的响度，如果被听者判断为 1 宋响度的几倍，则这个声音的响度就是几宋。

响度级的单位叫“方”，方是频率为 1 000Hz 的纯音的声压级数值。如纯音的声压级数值为 30dB，频率为 1 000Hz，则它的响度为 30 方。

响度和响度级两者之间，具有响度变化 1 倍而响度级相差 10 方的关系。如响度

为1宋时,对应的响度级为40方;响度为2宋时,对应的响度级为50方;响度为3宋时,响度级为60方,依此类推。

对于1 000Hz以外的响度级如何确定呢?可把和它一样响的1 000Hz的纯音的声压级数值作为它的响度级数值。

这需要应用图6.32所示的等响曲线来表示。所谓等响曲线,是把不同频率声音的响度级和声压级的关系绘成曲线,其横坐标为频率,纵坐标为声压级,每一条曲线都是响度级相等的声音的对应点的连线。例如,频率为1 000Hz、声压级为30dB的声音的响度级为30方;而频率为100Hz、声压为58dB的声音听起来响度级也才只有30方。

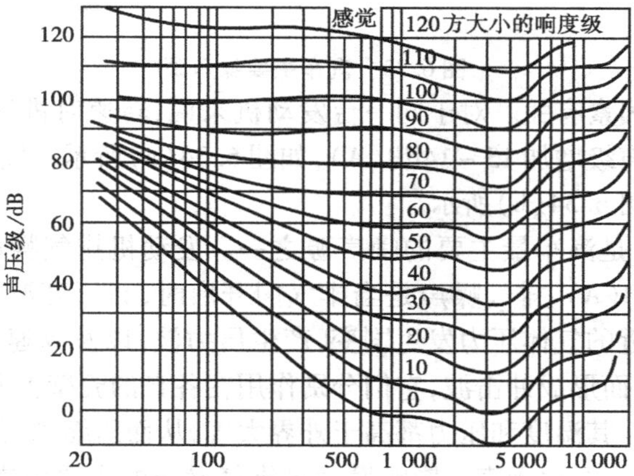

图6.32 等响曲线

总之,响度和响度级是把声音的物理特性和生理特性二者统一起来的主观量。

6.4.2 车辆噪声的来源

噪声是指人们不欢迎的、无好感的和令人烦躁、讨厌的干扰声的总称。因此,噪声不仅有声学方面的性质,而且还具有生理学、心理学方面的含意,即包括声音产生的不舒适程度和对人体影响程度在内。噪声从声学方面讲是一种由很多不同频率的声强组合的无规律的声波,是一种不协调的声音。

机动车噪声产生的原因有:发动机工作噪声、行车噪声、车体振动噪声、制动噪声、喇叭噪声等,如图6.33所示。下面具体看一下各种噪声及其特点:

(1)发动机工作噪声

发动机工作噪声对整车噪声大小有决定性的影响,是汽车的主要噪声源之一,它由以下几部分组成:

1)进气噪声。进气噪声是由进气门的周期性打开、关闭和由于进气压力起伏变化所形成的。进气噪声的大小,与发动机的转速、负荷、进气方式、进气门结构、汽缸

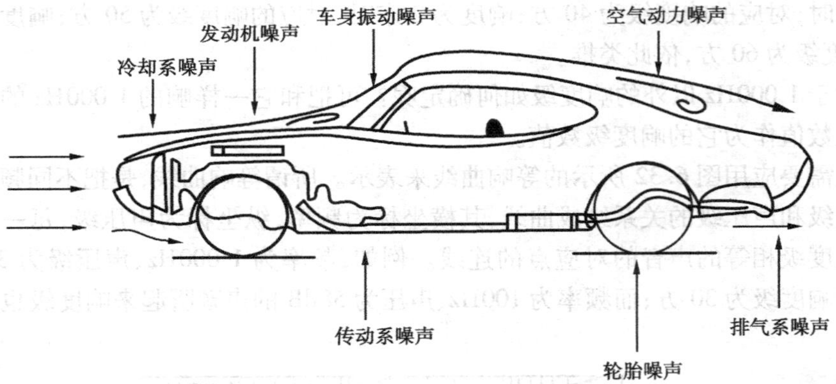

图 6.33　汽车主要噪声源

直径、凸轮型线等因素有关。对于同一台发动机来说,转速对进气噪声的影响最大。转速提高一倍,噪声级增加 13 ~ 14dB(A),如图 6.34(a)所示。发动机负荷对进气噪声的影响较小,如图 6.34(b)所示。

2)排气噪声。是汽车最主要的噪声源之一。发动机排气噪声往往比发动机整机噪声高 10 ~ 15dB(A),排气噪声是当排气门开启时,高压高温的废气急速从缸内排出,使排气门附近的气体压力发生剧变,产生压力波,以及高速气流在消声器形成剧烈的湍流和旋涡而形成冲击波,它们分别作用在各自的壳壁上而产生的。同时,从排气管排出的废气,其温度和压力都高于外界大气,从而压缩周围的空气而形成强大的脉动声波又形成了释放噪声。影响发动机排气噪声的主要因素有汽缸压力、排气门直径、发动机排气量以及排气门开启特性等。对同一发动机来说,受其转速和负荷影响最大。由图 6.34 中曲线可知,转速增加一倍时,排气噪声增加 12 ~ 14dB(A);同一转速下全负荷的噪声有明显增加。

3)燃烧噪声。即使汽油机正常燃烧时也会引起较大噪声,若异常燃烧,则燃烧噪声将会增大。柴油机压缩比高,工作粗暴,因而燃烧噪声比汽油机大。柴油机的燃烧噪声主要是在速燃期中由于汽缸内气体压力急速增加,导致发动机各部件振动而引起的。

4)风扇噪声。是汽车噪声主要来源之一,风扇噪声产生主要是由风扇旋转时叶片切割空气引起振动及叶片周围产生空气涡流而形成的,当然风扇同时也会产生机械噪声。风扇噪声与风扇叶片的形状、结构、安装位置以及转速等有关。影响的主要因素是转速,当转速提高一倍时,其噪声级增加 11 ~ 17dB(A)。

5)活塞敲击噪声。通常活塞敲击噪声是发动机最大的机械噪声源之一。它是由于活塞与汽缸壁之间有间隙以及作用在活塞上的气体压力、惯性力和摩擦力的周期性方向变化,使活塞与缸壁之间的侧向推力在上、下止点处反复改变方向,造成活塞冲击汽缸壁而形成的敲击噪声。因此,活塞与汽缸壁的间隙越大,发动机转速越

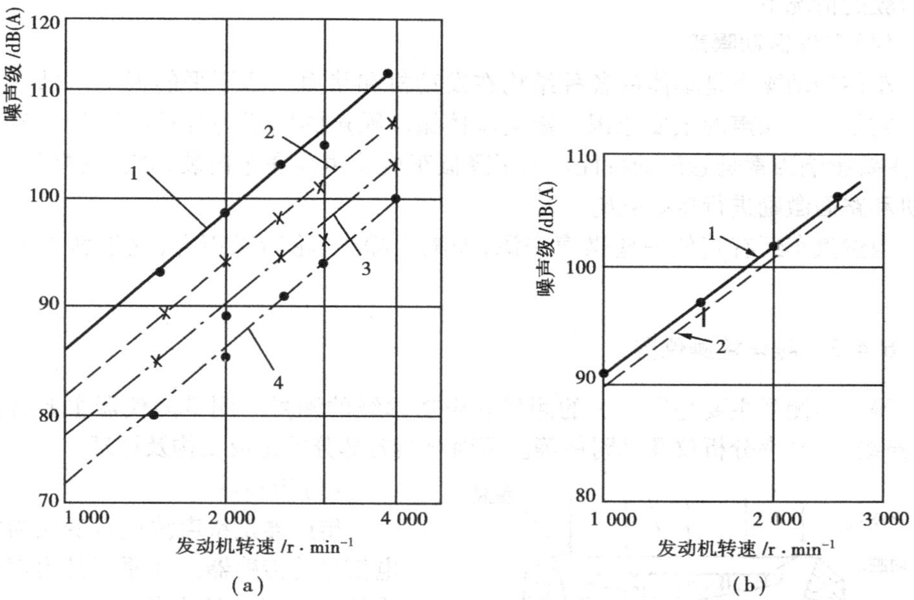

1—不带进气歧管 2—带进气歧管

3—安装有小容积进气消声器 4—安装有大容积进气消声器

图 6.34 转速和负荷与进气噪声的关系

(a)转速对进气噪声的影响 (b)负荷对进气噪声的影响

高,则敲击噪声越大。

6)配气机构噪声。进气门和排气门在打开和关闭的过程中,气门与气门座之间,摇臂与气门杆之间要产生撞击,从而发出噪声。气门机构噪声与气门机构的结构和布置方式、气门运动速度、气门间隙等有关。

(2)传动系噪声

汽车传动系噪声主要由空气噪声和结构噪声组成,而且由各部件壳表面辐射的噪声占主要部分。其来源于变速箱齿轮传动、中间传动轴振动、主减速器齿轮传动等。特别是在换挡时,变速箱齿轮冲击噪声较大,若传动轴平衡块脱落或中间支承磨损,则将引起整个传动系振动,此时传动系噪声非常大。

(3)制动噪声

制动噪声是由于制动器摩擦副之间的摩擦而产生的。制动噪声与摩擦系数大小有关,实验表明当它们的静摩擦系数是动摩擦系数的1.6倍以上时,最容易产生制动噪声,其频率为1 000 ~6 000Hz,发出尖叫。制动噪声是人耳最敏感的噪声。造成制动噪声的原因是:制动鼓或盘表面粗糙度大或有白口、制动蹄支承销松动、制动蹄片与制动鼓不同心、摩擦片的硬度太高等。通常制动噪声发生在制动器处于冷态和低速行驶的情况下。

(4)车体振动噪声

车体振动噪声是车体的各种结构在发动机和路面凹凸不平的振动激励下产生的。它是车内噪声的主要原因。影响车体振动噪声的因素为各种间隙和车身的振动,主要影响因素是悬架的特性。为了降低车内噪声需在车内装饰吸声材料及对发动机和路面激励进行良好隔离。

当然汽车还有其他一些噪声来源,如喇叭噪声、轮胎噪声等,这里就不一一列举了。

6.4.3 噪声检测仪器

噪声的测量主要是声压级的测量和声功率级的测量。测量的仪器主要有传声器、声级计、频率分析仪及其附件等。下面介绍各部分的组成结构及原理。

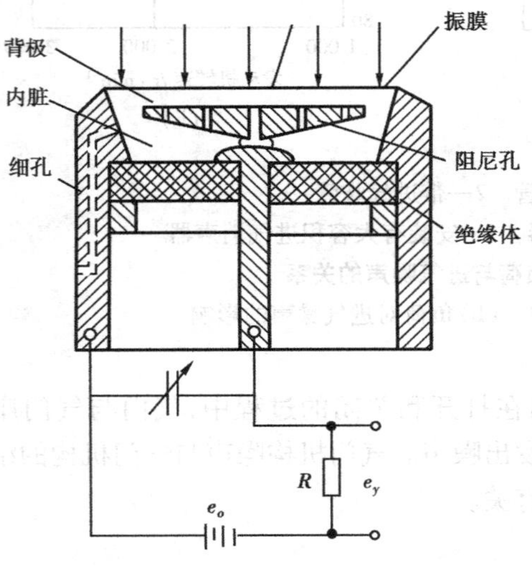

图 6.35 电容式传声器

(1)传声器

传声器是将声波信号变换为相应电信号的传感器。其原理是由声音造成的空气压力的变化,推动传声器的振动膜振动,进而经变换器将此机械振动变成电参数的变化。根据变换器的形式不同,分为电容式、动圈式、晶体式和驻极体式等传声器。

1)电容式传声器

电容式传声器是噪声测量中最常用的一种传声器。目前在各种传声器中,这种传声器的稳定性、可靠性、耐振性以及频率特性均最好。图 6.35 为电容式传声器的构造。振膜是一张拉紧的金属薄膜,其厚度在 0.002 5 ~ 0.5mm 之间。它在声压的作用下发生振动变形,从而使振膜与背级之间的距离发生变化。背级与振膜之间组成电容器的两个极板。因此当有声音作用时,两极板距离发生变化,导致其电容发生变化。电容器的定片是背极,背极上有若干个经过特殊设计的阻尼孔。振膜运动时所造成的气流将通过这些小孔产生阻尼效应,以抑制振膜的共振振幅。

在壳体上开有毛细孔,用来平衡振膜两侧的静压力,以防止振膜的破裂。然而动态的应力变化(声压),很难通过毛细孔而作用于内腔,从而保证仅有振膜的外侧受到声压的作用,其电路原理如图 6.35 所示。将传声器的可变电容和一个高阻值的电

阻 R 与极化电压 e_o 串接，e_o 为电压源，e_y 为输出电压，当振膜受声压作用而发生变形时，传声器电容量发生变化，从而使通过电阻 R 的电流也随之变化，其输出电压 e_y 亦随之变化。根据需要再对其进行必要的中间变换。

2）动圈传声器

动圈式传声器由振动膜片、可动线圈、永久磁铁和变压器等组成，如图6.36所示。一个轻质振膜的中部附有一个线圈，线圈放在永久磁场的气隙中，在声速的作用下振膜和线圈移动并切割磁力线，产生感应电动势，此感应电动势与线圈移动速度成正比。

这种传声器精度较低，灵敏度也较低，体积大。其突出特点是输出阻抗小，所以接较长的电缆，也不降低其灵敏度。此外，温度和湿度的变化对其灵敏度也基本上没有影响。

其他类型的传声器这里就不再一一介绍了。

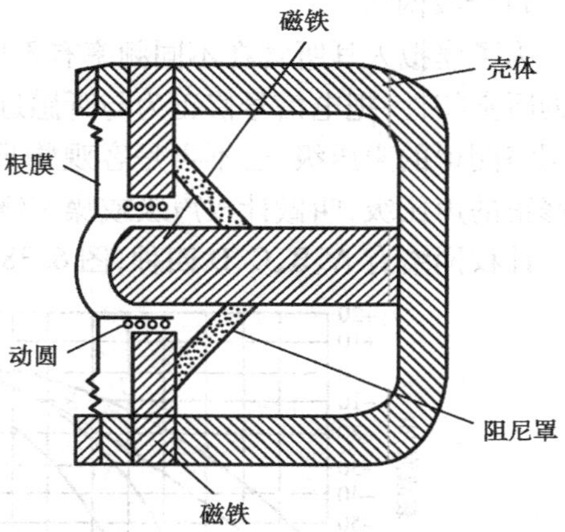

图6.36 动圈式传声器

（2）声级计

声级计是用于测量汽车噪声级和喇叭声响的最常用的仪器，其工作原理是被测的声压信号通过传声器转换成电压信号，该电压信号经衰减器、放大器以及相应的计权网络、滤波器，或者输入记录仪器，或者经过均方根值检波器直接推动以分贝标定的指示表头。其组成方框图如图6.37所示。

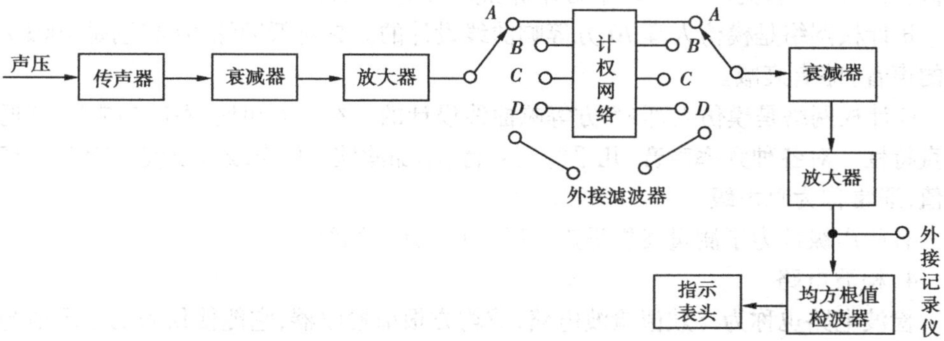

图6.37 声级计组成方框图

1）衰减器

衰减器的作用是调整输入信号或放大器输出信号的幅度，使指示仪表上获得适当的指示值。放大器的输出级和输入级分开设置的目的是为了按噪声级大小相应地提高信噪比(即信号与噪声之比)。

2)放大器

放大器是将传声器输出的微弱电信号放大,以满足指示仪器的需要。这里用的放大器的工作原理与结构和一般通用的放大器基本相似。

3)计权网络

为了模拟人耳听觉在不同频率有不同的灵敏性,在声级内设有一种能够模拟人耳的听觉特性,把电信号修正为与听感近似值的网络,这种网络叫计权网络。通过计权网络测得的声压级,已不再是客观物理量的声压级(叫线性声压级),而是经过听感修正的声压级,叫做计权声级或噪声级。

计权网络有 A、B、C、D 四种,图 6.38 是 A、B、C、D 四种网络的频率相应曲线。

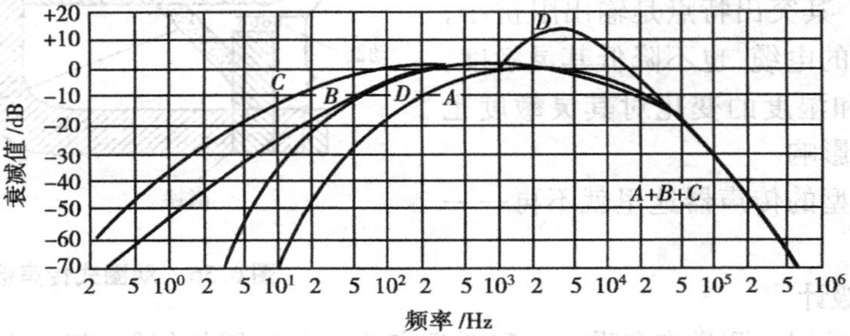

图 6.38 计权网络的频率相应曲线

A 计权网络是模仿人耳 40 方等响曲线设计的,它对低频噪声有较大的衰减。计权网络使得声级计对高频声比较敏感,对低频声不敏感。这恰恰与人耳的听觉特性相似。因此,人们就把 A 声级作为评价噪声的主要指标。

B 计权网络是模仿人耳 70 方等响曲线设计的。它对低频噪声(特别是 100Hz 以下的声音)略有衰减。

C 计权网络是模仿人耳 85 方等响曲线设计的。在主要可听频率范围内,有近似平直特性。对各种频率声音,几乎等同对待,不加滤波。C 声级可以代表噪声的客观数值,通常称为总声级。

有些声级计为了测量飞机噪声,还设有 D 计权网络。

4)检波电路

检波电路也称为有效值检波电路,或均方根值检波器,它能使仪表的指示值与信号中各频率成分的声能按一定的比例关系显示出来。通过采用这种方式,使能量相同的两个声音叠加时,表头上的指示读数将增加 3dB。

6.4.4 噪声测量环境和方法

噪声源声压和声功率的测量与测量环境及方法有关,如测量环境的声学特性(自由场,混响场)、测点选择、机器安装方法和运行状况、所用测试仪器等。为获得可靠的、可比较的数据,我国已制订了各种噪声测试规范和标准。

(1)声学环境和测点的选择

1)声学环境

噪声测量经常采用的声学环境有自由声场、混响声场和半混响声场。自由声场是指测量对象周围没有声场反射物,声源辐射自由声波的环境。专门供发动机试验用的全消声室就是自由声场。如果车辆在室外空旷地面上测试,除地面外没有其他反射物时,可认为是半空间自由声场。

混响声场是反射良好的,各点声能密度是均匀的环境,如在专门建造的混响室内就是混响声场。半混响声场是介于自由声场和混响声场之间的一种声学环境,大多数试验室和车间属于这类。

在噪声测量中,应根据实际条件和精度要求,选择合适的声学环境和相应的测量方法。

2)测点选择

传声器与被测机器噪声源的相对位置对测量结果有显著影响,测点选择原则如下:

①一般测点选在距机器表面1.5m,并离地1.5m处。若机器尺寸小(小于0.25m),则应距机器表面较近(0.5m)。当几个噪声源相距较近时,测点应距所测噪声源很近(如0.2m)。测点应选择距反射面2~3m以上。

②测点应在机器表面于四周均匀分布,一般不少于四点。按国标GB3767—83噪声源声功率级的测定——工程法及准工程法的规定,半球测量表面为十点,矩形六面体测量表面为九点,根据需要可增加附加点。

③各测点测得的声压级可根据能量平均用下式计算得平均声压级 L_p:

$$\overline{L_p} = 10\log\left[\frac{1}{N}\sum_{i=1}^{N}10^{0.1(L_{pi}-K_i)}\right]$$

式中:L_{pi}——第i点测得的声压级(dB);

K_i——第i点的背景噪声修正值(dB);

N——测点总数。

当 $L_{pi}-K_i$ 的值变动范围不超过5dB时,可使用算术平均值代替能量平均,其误差不大于0.7dB。

④对发动机和车辆噪声测量测点选择,按测量标准中专门规定执行,例如汽车加速噪声测量,其测点距车中心线7.5m,并高出地面1.2m。

(2)车内噪声测量方法

汽车车内噪声对驾驶员和乘客有很大的影响,因此应对车内噪声进行测量并加以控制。

1)测量条件

对汽车车内噪声进行测量时,首先对测量跑道有一定的要求:跑道要有足够的试验长度,跑道为平直干燥的沥青路面或水泥路面;其次对风速也有一定的规定,要求在测量时风速小于3m/s;再次是对车内人员的限制,要求车内除驾驶员和测量人员外,不得有其他人员;最后要求车辆门窗全部关闭、车内环境噪声(本底噪声)应比所测车内噪声低至少10dB,并注意不被其他的偶然噪声源所干扰,如果车内带有其他发出噪声的设备,按正常情况决定测量时是否打开这些设备。

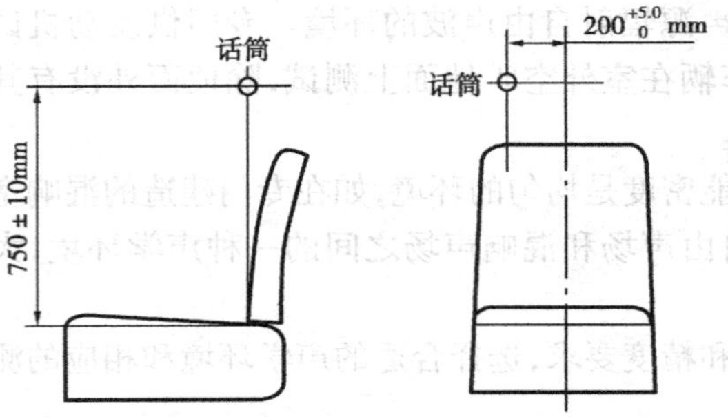

图6.39　车内噪声测量话筒布置示意图

2)车内噪声测点位置的选取

车内噪声测量时测点通常选在人耳附近,驾驶室内测点可选在驾驶员人耳附近,话筒朝车辆前进方向(如图6.39所示)。客车室内噪声测点可选在车厢中部及最后排座中间位置,话筒高度如图6.39所示。

3)测量方法

测量时,车辆以常用挡50km/h以上的车速行驶,用声级计"A、C"计权网络、"慢"挡进行测量。同时应分别对50km/h以上不同车速分别进行测量,读取各自表头指针最大读数的平均值。

(3)车外噪声测量方法

汽车车外噪声应采用精密声级计或普通声级计来测量,其测量条件和方法与车内噪声测量有很大不同。

1)测量条件

①车外噪声测量应在平坦空旷的场地上进行,在测试中心25m半径范围内,不应有建筑物、围墙等大的反射物。

②测试应在平直、干燥的沥青路面或混凝土路面跑道上进行,而且跑道长度不得少于20m,路面坡度不得超过0.5%。

③所测量噪声应比周围环境噪声高至少10dB。

④为了避免风噪声的干扰,可采用对声级计灵敏度影响小的防风罩。

⑤声级计附近除测量者外,不应有其他多余人员。

⑥被测车辆应空载,发动机预热到正常温度。车辆带有其他辅助设备亦是噪声

源,测量时是否开动,应按正常使用状况而定。

2)测点布置

测量场地及测点位置如图6.40所示。测试话筒位于20m跑道中心点O两侧,分别距离中线7.5m,距地面高度1.2m,用三角架固定,话筒轴线垂直于车辆行驶方向且平行于路面。

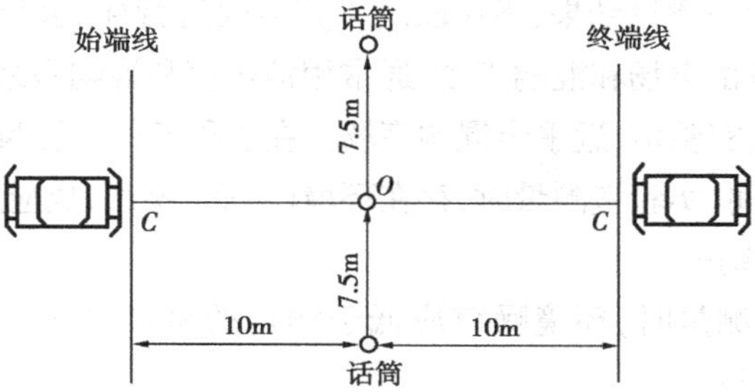

图6.40 车外噪声测量场地与测点布置示意图

3)加速行驶车外噪声测量方法

进行加速行驶车外噪声测量时,为了保证测量结果的重复性和可比性,对各种车辆到达始端线的挡位和车速进行了下列规定:

①无级变速器车辆到达始端线时车速应稳定,此时发动机转速为发动机额定功率时转速的3/4。

②手动变速器车辆到达始端线的稳定速度为发动机额定功率转速3/4的速度。如果此时车速超过了50km/h,那么车辆应以50km/h的车速稳定地到达始端线。四挡和四挡以下的车辆使用二挡行驶,四挡以上的车辆使用三挡行驶。

具体测量方法是从车辆前端到达始端线开始,猛踩加速踏板,将加速踏板踩到底或节气门全开位置,使汽车直线加速行驶,直到车辆后端(不包括拖车以及拖车连接的部分)到达终端线时,立即送开加速踏板,停止加速。测量时声级计用"A"计权网络、直接挡进行,读取车辆驶过时声级计表头指示最大值。

同样的方法进行往返测量各一次,要求车辆同侧两次测量结果之差应小于2dB,也就是每侧两次声级的平均值中,把最大值作为被测车辆的最大噪声级。如果只采用一个声级计进行测量,同样的测量应进行4次,每侧分别测量2次。

4)匀速行驶车外噪声测量方法

汽车加速行驶噪声主要来源于排气噪声和发动机噪声,因此进行加速噪声测量可以对排气噪声和发动机噪声进行粗略评价。通常对要确定车辆的噪声特性,采用匀速行驶车外噪声测量法,因为车辆匀速行驶噪声与排气噪声、发动机噪声、传动系噪声、车体噪声及轮胎噪声有关。

进行匀速行驶车外噪声测量的场地和环境要求与加速测量方法相同。测量时，车辆用常用挡位，驾驶员保持加速踏板稳定，以 50km/h 的车速匀速通过测量路段，声级计采用“A”计权网络、“直接”挡进行测量，读取车辆驶过时声级计表头的最大指示值。其余测量方法与加速行驶车外噪声测量相同。

(4)噪声值的修正

发动机和车辆噪声测试结果，不仅取决于其声辐射特性，也与周围声学环境有关。典型的声学环境是自由声场和混响声场，通常用消声室和混响室来实现。在空旷野外，近似自由声场，车间、实验室，近乎半混响声场。在这种条件下测量所得声压级偏大，应予修正。此外，在车间、实验室测量时，存在环境(本底)噪声，也应加以修正。

1)环境噪声的修正

在车间、实验室测量时，环境噪声应低于测得的机器总噪声 10dB 以上，否则应按以下方法进行修正：

①测量的机器总噪声与环境噪声之差大于 10dB，不修正；

②测量的机器总噪声与环境噪声之差大于等于 6dB 且小于等于 10dB，则测量结果减去 1dB；

③测量的机器总噪声与环境噪声之差在 3 ~6dB 之间，则测量结果减去 2dB；

④测量的机器总噪声与环境噪声之差相差 3dB，则测量结果减去 3dB；

⑤测量的机器总噪声与环境噪声之差小于 3dB，则应采取减小环境噪声措施后再测，以保证测量的精确度。

2)实验室的修正

一般将生产车间或实验室作为机器噪声测量现场，但应使声音的扩散和反射小于 3dB(A)，为此要求现场测量实验室容积 $V(m^3)$ 与机器规定表面积 $A(m^2)$ 之比足够大。所谓规定表面积就是指布置测点的假想表面，可按下式计算：

$$A = 2ac + 2bc + 2ab$$

式中：a——有效长度，即机器长度加 2 倍的测点距离(m)；

b——有效宽度，即机器宽度加 2 倍的测点距离(m)；

c——有效高度，即机器高度加 2 倍的测点距离(m)。

一般车间和实验室，由于 V/A 值不够大，内壁吸音效果不好，故现场测得的噪声值，应减去修正值 L_2 才是机器真实噪声值。修正值 L_2 与实验室内壁吸声效果和 V/A 值有关，如下表所示。

<table>
<tr><th>实验室声学特性</th><th>$V/A<25$</th><th>$25<V/A<40$</th><th>$40<V/A<63$</th><th>$63<V/A<100$</th><th>$100<V/A<160$</th><th>$160<V/A<320$</th><th>$320<V/A<500$</th><th>$500<V/A<800$</th><th>$800<V/A$</th></tr>
<tr><td>容积大，强反射性壁面</td><td colspan="4"></td><td>$L_2=3$</td><td>$L_2=2$</td><td colspan="2">$L_2=1$</td><td>$L_2=0$</td></tr>
<tr><td>一般性房间，既无强反射性壁面，也未经吸声处理</td><td colspan="3"></td><td>$L_2=3$</td><td>$L_2=2$</td><td colspan="2">$L_2=1$</td><td colspan="2">$L_2=0$</td></tr>
<tr><td>四周全部或部分经简易吸声处理</td><td colspan="2"></td><td>$L_2=3$</td><td>$L_2=2$</td><td colspan="2">$L_2=1$</td><td colspan="3">$L_2=0$</td></tr>
</table>

第 7 章　汽车电子控制系统故障诊断与检测

7.1　电子燃油喷射系统故障诊断与检测

随着人们生活水平的提高，对汽车的各种性能要求也越来越高，因此传统发动机已渐渐不能满足要求，而出现了电子控制发动机。电子控制发动机以其优越的性能得到了越来越广泛的应用。但是电控发动机的故障也远比传统发动机复杂得多。因此对于维修和检测人员而言，在了解传统发动机的基础上，学习并掌握电控系统的结构、原理，明确电控系统中各部分可能产生的故障以及对整个系统的影响，进一步运用科学的故障诊断方法对系统故障现象进行综合分析、判断，确定故障的性质和可能产生的此类故障的原因和范围，便显得十分迫切和重要。

7.1.1　检测诊断的一般程序

电子控制发动机系统故障的检测与诊断的一般程序如图 7.1 所示：

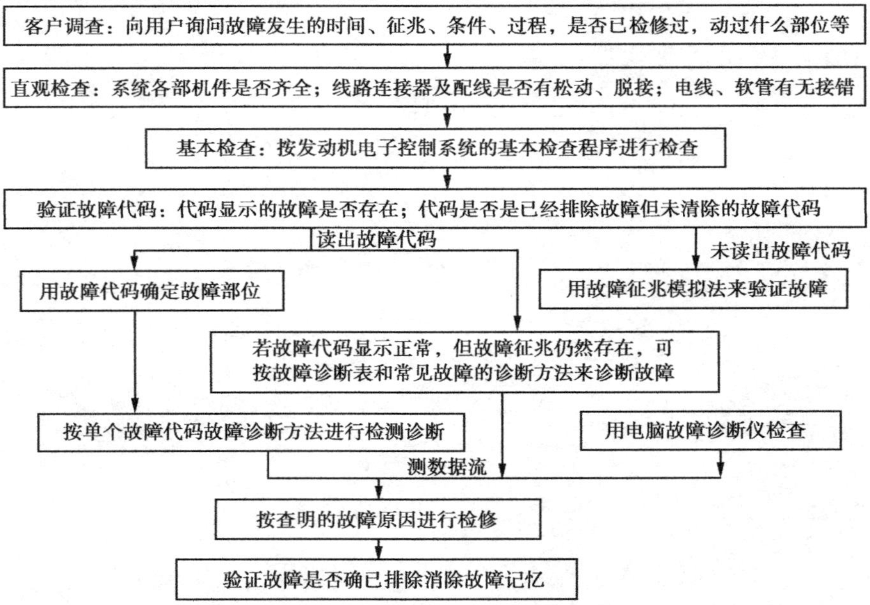

图 7.1　电控发动机故障诊断一般程序

7.1.2 检测诊断的基本方法

(1)电控发动机故障检测与诊断的基本方法

电子控制发动机系统的故障检测与诊断，按其进行的程度，可分为初步诊断和深入诊断。初步诊断是根据故障的现象，判断出故障产生原因的大致范围；深入诊断是根据初步诊断的结果对故障原因进行分析、查找，直接找出产生故障的具体部位。

如按诊断故障所采用的手段，故障诊断又可分为经验直观诊断、利用故障自诊断系统诊断、简单仪表诊断和专用诊断仪器诊断。经验直观诊断就是通过人的感觉器官对汽车故障现象进行看、问、听、试、嗅等，了解和掌握故障现象的特点。根据经验，通过人的大脑进行分析，经逻辑判断得出结论的检测诊断方法；自诊断是利用汽车的电子控制系统所提供的故障自诊断功能进行诊断的方法。目前，发动机电子控制系统中都具有故障自诊断功能，这就为故障检测与诊断提供了极大的方便。但自诊断系统通常只能提供与本系统有关的电气装置或线路故障，一般只能做出初步诊断结论，具体故障原因，还需要通过直观诊断和简单仪表深入查找；利用简单仪表诊断就是利用以万用表为主的通用仪表对故障进行诊断，提取数据流，并与标准值比较来进行诊断。这种方法主要用于对电子控制系统和电气装置的诊断，通常可用于对故障进行深入诊断；专用仪器诊断是采用一些专用仪器对故障进行诊断。随着汽车的电子化，迫使汽车故障检测与诊断的手段也变得越来越先进。为适应汽车电子化的要求，各种汽车专用诊断仪器应运而生，这些专用诊断仪器大多数为带有微处理器的微机系统，对汽车电子控制系统故障的检测与诊断十分有效，采用专用诊断仪器对发动机电子控制系统进行故障诊断，可以大大提高诊断效率，节约诊断时间，提高诊断的正确性。

(2)电喷发动机故障诊断的一般步骤

发动机在实际运行中技术状况不断发生变化，哪些变化是正常变化？哪些变化为故障现象？这是正确进行汽车故障诊断首先要解决的问题。在发动机故障中，有些故障的现象比较明显，很容易察觉，有些却并不大明显。对于现象明显的故障一般不需要进行专门的试验或测试就可以确定。比如：发动机无法启动、汽车行驶无力、排气管放炮等故障现象。而对于其他一些故障，其故障现象不大明显，必须通过专门的试验甚至测试才能确定。如：燃油消耗量大、排气管冒黑烟等故障现象。

发动机工作是否正常通常可按以下步骤进行判断：

1)发动机不能启动，或启动后无法正常运转，或者发动机运转时伴随有排气管放炮、进气管回火、明显的敲击声等异常现象时，可以肯定发动机有故障；

2)电子控制系统的故障警告指示灯“检查发动机”(CHECK ENGINE，亦称“切克灯”)是否点亮，如果此灯点亮，说明发动机电控系统存在故障；

3)如果发动机性能在短时间内发生较大变化时，则可以确定发动机存在某种故

障,如:发动机动力明显下降,燃油消耗量明显增加等现象;

4)发动机性能变化不太明显时,可采用如下方法进行试验:让发动机在各种模拟工况下运行,仔细察听发动机运转过程中,排气管、进气管有无异常响声,感觉发动机的振动情况,有无明显的抖动和金属敲击声,以及发动机转速变化情况。

若发动机能正常启动,则缓慢踩下加速踏板,使发动机转速由低向高逐渐提高,并注意此过程中有无上述现象存在,如果有,则说明发动机可能存在故障,需要进一步进行试验,以认清故障现象,为正确判断故障提供依据;若无上述现象,则突然踩下加速踏板,观察是否有以上所述现象发生以及发动机转速提高的快慢是否理想,若有异常情况发生或发动机转速提升速度过于缓慢,说明发动机存在故障;如果在以上两种情况下,发动机工作未发现任何异常现象,松开油门,检查发动机怠速运转情况。观察怠速转速是否过高、不稳,发动机抖动是否严重等。

通过以上检查,如果都没有发现任何异常,说明发动机工作基本正常。若想对发动机的动力性、经济性和排放情况进行仔细检察,则需要采用前几章所述方法进行检测诊断。

对于电控发动机,当检查发动机是否存在故障时,首先应观察电控系统自诊断故障警告灯(切克灯),若此灯点亮,则应通过对故障代码的读取,根据故障代码查找故障。

如果发动机确实存在故障,而电控系统自诊断故障警告灯未点亮,则说明发动机故障为电控单元所不能识别的故障,应根据故障现象,做出初步诊断结果,并分析可能出现的故障原因。按照由外到内、由简到繁的原则进行深入诊断。

7.1.3 电控发动机的经验诊断

在装有发动机电子控制系统的汽车上,尽管电子控制系统的自诊断功能可以对系统的故障进行自诊断,但是,不可能设计出十分完整的故障自诊断系统,把所有故障都诊断出来。而实际上其诊断的范围和深度往往也满足不了故障诊断的所有要求,常常出现发动机运行不正常而自诊断系统却没有诊断出故障的情况。因此,以人工诊断方法为主进行检查和判断的工作在任何时候对任何系统来说,都是有用的。另外,人工经验诊断还具有简单方便的优点,可以随时随地对汽车故障进行检查和排除,不需要复杂的仪器设备。因此在介绍电控发动机故障自诊断系统前,先简单介绍人工经验诊断法在电控发动机诊断中的应用还是必要的。

(1)发动机不能启动

1)故障现象

打开点火开关,将点火开关打到启动位置,发动机发动不着。

2)故障产生的可能原因

a 启动系统故障使发动机不能转动或转动太慢

①蓄电池存电不足、电极桩柱夹松动或电极柱氧化严重；
②电路总保险丝断；
③点火开关故障；
④启动机故障；
⑤启动线路断路或线路连接器接触不良。
b 点火系统故障
①点火线圈工作不良，造成高压火花弱或没有高压火花；
②点火器故障；
③分电器分火头故障（漏电或破裂）；
④点火时间不正确。
c 燃油喷射系统故障
①油箱燃油中没有燃油；
②燃油泵不工作或泵油压力过低；
③燃油管泄漏或凹瘪变形；
④断路继电器断开；
⑤燃油压力调节器工作不良；
⑥燃油滤清器过脏。
d 进气系统故障
①怠速控制阀或其控制线路故障；
②怠速控制阀空气管破裂或接头漏气；
③空气流量计的油泵开关故障。
另外，还可能是自动变速器挡位杆未置于 P 或 N。
排除上述原因后，则可能是 ECU 故障。
3）诊断排除方法和步骤

第 1 步：启动启动机，观察发动机能否转动。如启动机和发动机均不能转动或转速缓慢，首先检查自动变速器挡位杆是否置于 P 或 N，然后按启动系统故障原因进行检查。先检查蓄电池存电情况和极柱连接与接触情况，如果蓄电池电量正常，检查启动线路、保险丝及点火开关。如启动机能转动而发动机不能转动时，为启动机与发动机啮合部分故障。如果发动机转动正常但不着火时应对点火系统、燃油喷射系统及进气系统分别进行检查。

第 2 步：踏下油门到中等开度位置，再启动启动机。如果此时，发动机能够发动，则说明故障为怠速控制阀及其线路故障或者是进气管漏气，应对这几项进行逐项检查。如果踏下油门到中等开度位置时，仍然发动不着，应进行下一步骤的检查。

第 3 步：进行外观检查。检查进气管路有无漏气之处；检查各软管及其连接处是否完好；检查曲轴箱通风装置软管有无漏气或破裂。

第4步:检查高压火花。如果高压火花不正常,应检查高压线、点火线圈、分电器和电子点火器。

第5步:检查点火顺序是否正确。

第6步:检查供油系统的供油情况。在确认油箱有油的情况下,检查燃油管中的供油压力。具体操作方法是:将诊断插座的+B和F(或P)端子跨接,燃油泵应开始泵油,用手可以在冷启动喷油器的供油软管处感觉到供油压力。如果油压不正常,进一步检查EFI保险丝是否熔断,电路断路继电器是否有故障,检查燃油泵、燃油滤清器、燃油压力调节器。

第7步:检查装在空气流量计上的燃油泵开关的工作情况。

第8步:检查各缸火花塞的工作情况。

第9步:检查点火正时。如果点火正时不正确,应进一步检查点火正时的控制系统。

第10步:检查ECU的供电情况和工作情况,确定是否是ECU的故障。

(2)发动机怠速不良故障

1)故障现象

当发动机在中等以上转速运行时工作正常,当转速为怠速或接近怠速时,出现怠速不稳甚至熄火的现象。或当油门处于怠速位置时,发动机转速在任何情况下都高于正常的怠速转速(注意在有些情况下,控制系统专门控制使怠速高于正常怠速。如:当空调开关打开时或发动机处于暖机工况等)。这两种现象均可认为是怠速不良故障。

2)故障原因

造成怠速不良通常是由于进气系统和喷油控制系统的原因,个别时候也会因发动机机械故障引起怠速不良。常见引起怠速不良的原因有:

①进气系统有漏气处;

②冷启动喷油器和温度-时间控制开关工作不正常;

③喷油系统供油压力不正常;

④喷油器故障引起喷射雾化质量差;

⑤气门控制机构发卡,造成节气门关闭不严;

⑥节气门传感器故障;

⑦怠速控制系统ISC控制阀开度出现误差,造成怠速进气量增加;

⑧冷启动喷油器泄漏量过大;

⑨喷油器喷油量和泄漏量过大;

⑩ECU故障。

3)诊断排除方法和步骤

根据发动机怠速不良故障原因,可采取以下方法进行故障诊断和排除:

第1步:检查进气管、PVC阀软管、机油油尺处是否漏气;

第2步:检查空气滤清器滤心是否过脏;

第3步:检查冷启动喷油器和温度-时间控制开关是否正常;

第4步:检查燃油系统压力是否过低或过高;

第5步:检查喷油器喷射状况和喷油量、泄漏量,其值均应在标准范围之内;

第6步:检查油门控制联动机构;

第7步:检查怠速控制系统ISC空气旁通阀的开度;

第8步:必要时检查汽缸压力和气门间隙;

第9步:检查ECU。

(3)发动机转速故障

1)故障现象

当发动机工作时,转速忽高忽低,这种故障被称为发动机转速故障。

2)故障原因

造成发动机转速忽高忽低的原因有燃油喷射系统的故障,也有点火控制系统的故障,还有进气系统的故障,常见的故障原因有以下几点:

①进气系统有泄漏之处,如:各软管及连接处漏气,PVC阀漏气,EGR系统漏气,机油尺插口处漏气,机油滤清器盖漏气等;

②空气滤清器滤心过脏或堵塞;

③空气流量计出现故障;

④燃油喷射系统供油压力时高时低,如:油管变形,系统线路连接接触不良,燃油泵泵油压力不足,燃油压力调节器工作不稳定,燃油滤清器过脏或堵塞,断路继电器触点抖动等;

⑤点火正时不正确;

⑥冷启动喷油器和温度-时间开关工作不良;

⑦ECU故障。

3)诊断排除方法和步骤

第1步:检查进气管路有无漏气现象,如检查各软管及其连接接头处、PVC阀管、EGR系统、机油尺插孔、机油滤清器盖等;

第2步:检查供油压力,检查油箱中燃油是否过少,检查燃油管内的压力是否稳定,其具体方法与检查发动机不能发动时相同;

第3步:检查空气滤清器滤心是否过脏或堵塞;

第4步:检查点火提前角是否正常;

第5步:检查各缸火花塞工作情况是否正常;

第6步:检查冷启动喷油器和温度-时间控制开关的工作情况是否正常;

第7步:检查空气流量计的输出电压及与发动机工况的变化关系是否符合要求;

第 8 步：检查喷油器的喷油情况是否正常；

第 9 步：检查 ECU 的工作情况。

(4) 混合气过稀或过浓故障

1) 故障现象

若发动机转速不稳，动力明显不足，且有回火现象，则可认为发动机存在混合气过稀的故障；如果发动机工作过程中，排气管有"突突"声，严重时会发出放炮声，并且这种"突突"声没有明显的节奏，这时可认为混合气过浓。

2) 故障原因

①进气系统存在漏气现象；

②冷启动喷油器和温度-定时开关有故障；

③系统燃油压力或喷射压力过低或过高；

④喷油器发卡或堵塞或泄漏超标；

⑤空气流量计损坏，不能正确计量进气量；

⑥水温传感器或氧传感器工作不正常；

⑦节气门位置传感器故障；

⑧冷启动喷油器喷油量过大或泄漏超标；

⑨ECU 故障。

3) 诊断排除方法和步骤

第 1 步：检查进气系统有无漏气现象；

第 2 步：检查冷启动喷油器和冷启动喷油器定时开关；

第 3 步：检查喷油器有无堵塞、发卡以及喷油量和泄漏量是否过大；

第 4 步：检查空气流量计、水温传感器、节气门位置传感器工作是否正常；

第 5 步：检查系统供油压力或喷油压力是否过低或过高；

第 6 步：检查氧传感器工作是否正常；

第 7 步：检查 ECU 各端子输入、输出信号。

(5) 加速不良

1) 故障现象

发动机在油门由低速缓慢加速到高速时，工作完全正常，但是快速加速时，发动机转速变化缓慢，有时有喘气或回火现象。

2) 故障原因

①进气系统存在漏气现象；

②系统供油压力不足；

③点火电压不足或点火时间过迟；

④汽缸压力过低或气门间隙过小；

⑤节气门位置传感器工作不正常；

⑥ECU 故障。

3)诊断排除方法和步骤

第 1 步:检查进气系统有无漏气现象;

第 2 步:检查高压火花情况;

第 3 步:检查点火提前角是否正常;

第 4 步:检查系统供油压力;

第 5 步:检查节气门传感器工作是否正常;

第 6 步:检查 ECU 各端子信号是否正常;

第 7 步:必要时检查气门间隙和汽缸工作压力。

7.1.4 汽车电控装置故障自诊断系统与故障代码

在对汽车采用电控技术中,汽车电控技术设计人员,在进行电子控制系统设计的同时,增设系统故障自诊断功能和故障运行功能。自诊断功能就是利用 ECU 监视电子控制系统各组成部分的工作情况,发现故障部位后自动启动故障运行程序,不仅可以保证发动机在有故障的情况下可以继续行驶,而且还向驾驶员和维修人员提供故障信息,便于驾驶员和维修工及时发现和排除故障。

汽车自诊断功能的出现,使电控汽车的维修变得比以前更为简单,深受用户的欢迎。自 1979 年美国通用汽车公司在汽油喷射系统中使用自诊断以后,汽车上几乎所有采用微机的控制系统都增设了故障自诊断功能。下面主要介绍在故障运行、故障代码的读取与清除方法等几个方面利用自诊断功能进行电控汽车故障诊断的方法。

(1)自诊断的原理与故障运行

电控发动机中,各种信号的采集与执行机构的执行信号都是电信号,汽车在正常运行时,电子控制系统 ECU 输入、输出信号的电压值都有一定的变化范围。当某一信号的电压值超出了这一范围,并且这一现象在一定时间内不消失,ECU 便记下此故障,并以故障码的形式存入内部随机存储器,同时点亮发动机检查警告指示灯,这就是故障自诊断的基本原理。当某电路产生了故障后,其信号就不能作为发动机的控制参数而使用,这时,为了维持发动机的运转,ECU 便从其程序存储器中,调出某一固定数值,作为发动机的应急参数,以保证发动机可以继续运转。当 ECU 自己出现故障时,ECU 自动启动备用控制回路对发动机进行简单控制,使汽车可以开回家或是开到附近的修理厂,这就是电控发动机的后备功能。此外,当 ECU 检测到某一执行器出现故障时,为了安全起见,采取一些安全措施,这就是电控发动机的故障保险功能。

1)传感器的故障自诊断与故障运行

传感器的作用主要是把非电信号转换成电信号,因此,对传感器的故障诊断只需要在软件中,编制传感器输入信号识别程序即可实现对传感器的故障诊断。图 7.2

所示为水温传感器的工作和诊断原理图。水温传感器的正常输入电压值为 0.3 ~ 4.7V,对应的发动机冷却水温度为 -30℃ ~120℃。因此,当 ECU 检测到的信号电压超出此范围时,如果是偶尔一次,ECU 的诊断程序不认为是故障,如果一段时间此信号不正常,则 ECU 的诊断程序即判定冷却水温度传感器或其电路存在故障。ECU 将此情况以代码(各种发动机此代码不一定相同)的形式存入随机存储器中,同时,故障报警灯亮,通知驾驶员或维修人员发动机出现故障,通过提出故障码,可以知道冷却水温度传感器或其电路存在故障。

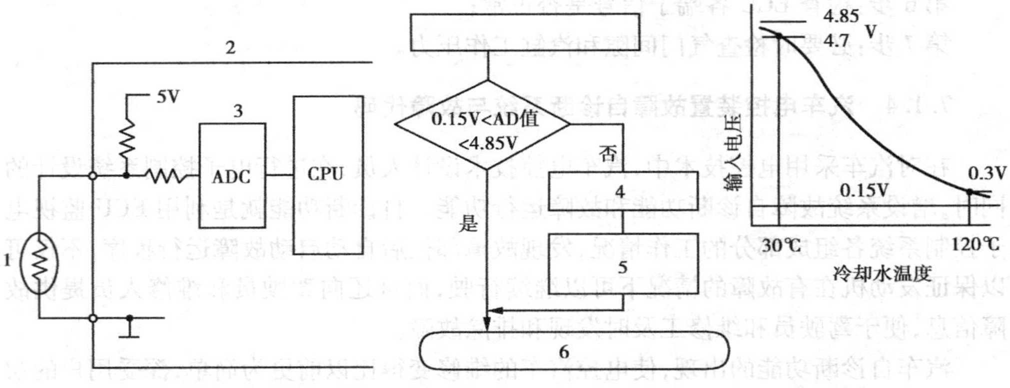

图 7.2　水温传感器故障自诊断原理

2)电子控制系统(ECU)的故障自诊断与后备回路

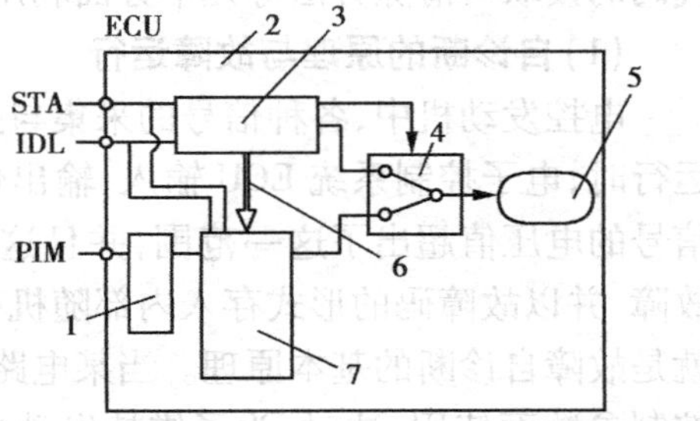

1—A/D 变换器　2—ECU　3—备用集成电路
4—转换控制开关　5—点火定时信号
6—故障监视回路　7—单片微机

图 7.3　后备回路系统电路图

如果电控发动机 ECU 发生故障,控制程序就不可能正常运行,ECU 就处于异常工作状态,这样便会使汽车因发动机控制系统故障而无法行驶。为了保证 ECU 出现故障时,汽车仍能继续运行,在控制系统中设计有后备回路,其相当于一个简单的 ECU,具有发动机运行的最基本功能。当 ECU 发生故障时,ECU 自动调用备用回路完成控制任务,进入简易控制运行状态,用固定的控制信号,使车辆继续行驶,这就是电控发动机的后备功能。图 7.3 为后备回路系统的电路图。ECU 工作是否正常是由一称为监视回路的电路进行监视,监视电路中安装有独立于 ECU 系统之外的计数器。ECU 正常运行时,由 ECU 的运行程序对计数器定时进行清零处理,这样,监视电路中计数器的数值是永远不会出现计数满而溢出的现象;当 ECU

系统出现不正常运行时，ECU 便不能对这个计数器进行定时清零，致使此监视计数器出现溢出现象。监视计数器溢出时，其输出端的电平由低电平变为高电平。计数器输出端电平的这一变化，将直接触发后备回路，后备回路只按照启动信号和怠速触点闭合状态，分别设定恒定的喷油持续时间和点火提前角对喷油器和点火器进行控制。

3）执行器的故障诊断和故障保险

发动机电子控制系统中，各种控制是通过执行器来完成的。执行器是决定发动机运行和汽车行驶安全的主要器件，当执行器发生故障时，往往会对汽车的性能特别是行驶安全性造成一定的影响。当确认执行器有故障时，由 ECU 根据故障的严重程度采取相应的安全措施。为了这些安全措施的实施，在控制系统中，又专门设计了故障保险系统。ECU 对执行器控制是通过输出控制信号完成。通常为了对各执行器的工作情况进行诊断，需要增设故障诊断电路，即 ECU 向执行器发出一个控制信号，执行器要有一条专用电路来向 ECU 反馈其执行情况。比如在发动机电子控制系统中，正常情况下，当 ECU 对点火器进行控制时，点火器每进行一次点火，便由点火器内的点火确认电路将点火执行情况以电信号的形式反馈给 ECU。当点火线路或点火器出现故障时，ECU 发出点火控制命令后，如得不到反馈确认信号，ECU 便认为点火器已经不能正常工作。此时，采用故障保险系统，当 ECU 接收不到点火确认信号后，立即切断燃油喷射系统电源，停止燃油的喷射。

（2）汽车电子控制系统故障代码的显示与读取

汽车电控系统中，故障是以故障码的形式存储在存储器中。比如当 ECU 监测到发动机的某一部件有故障时，就以一定的代码（如数字）存入存储器，然后用故障报警灯来提醒驾驶员或维修人员："汽车出现故障"。要得到汽车的具体故障，需要对故障码进行读取，然后才能进行分析、判断。

1）自诊断模式的分类

在自诊断系统中对于系统故障的诊断存在着两种不同的诊断模式：一种是静态诊断，简称 KOEO 模式，即：点火开关"开"，发动机"关"（KeyON，EngineOFF）。在进行这种模式的诊断时，点火开关打开，不启动发动机，主要是在发动机静态时，将微机系统中所存储的故障代码读取出来，利用已有的故障代码进行诊断。第二种诊断模式是动态诊断模式，简称 KOER 模式，即：点火开关"开"，发动机运转（KeyON，EngineRun）。在这种模式的诊断中，主要是在发动机运行状态下，测取故障代码或进行混合气成分的监测。目前，在汽车电控装置上主要采用这两种诊断模式。

2）故障码的显示方法

不同生产厂家生产的汽车，不但其故障码的含义不同，其故障码的显示方法也不一样。通常故障码的显示有以下几种方法：

a 发光二极管（LED）显示法

有些自诊断系统中,故障代码由一个或多个发光二极管进行显示,这些发光管通常安装在 ECU 控制装置上。运用不同数量的发光管,可以进行不同的显示和表达不同的意义。

①采用一个发光管显示时,其显示方法与指示灯的显示方法相同,即以不同的闪烁频率表示不同的代码;

②采用两个发光管显示时,两只发光二极管选用不同的显示颜色,红色发光管的闪烁显示十位数码,绿色发光管的闪烁显示个位数码,如图 7.4 所示。

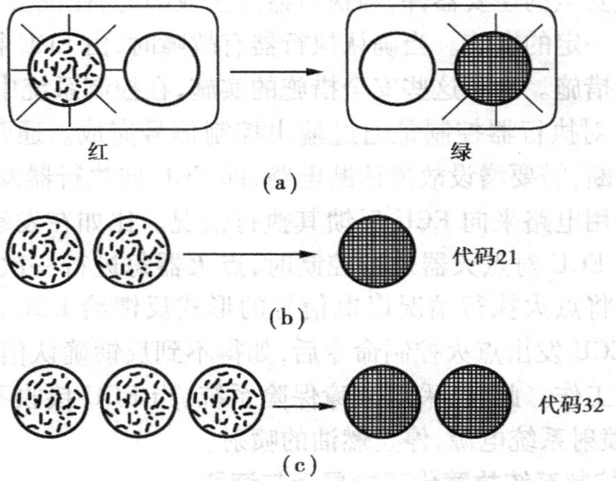

图 7.4　两个发光管显示故障码示意图

(a)发光二极管　(b)故障代码“21”的显示方法　(c)故障代码“32”的显示方法

③采用 4 个发光管显示时,组成一种二进制的编码,指示灯点亮时,4 个指示灯,从左到右分别代表 8,4,2,1,不亮的灯表示这一位数值为“0”,每一个故障代码为这 4 个指示灯指示情况的数值相加。图 7.5 所示为 4 个指示灯共同显示故障代码时的情况。

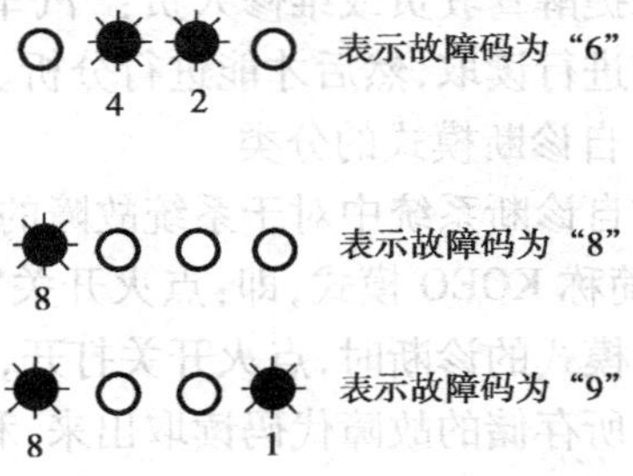

图 7.5　4 个发光二极管显示故障码的情况

b 用仪表盘上指示灯的闪烁情况显示故障码

大部分电子控制系统自诊断故障码采用这种方法进行显示。当系统进入故障码读取状态时,自诊断系统控制故障指示灯的闪烁次数和点亮时间长短来表示故障代码。对于采用这种指示灯进行故障码显示的不同系统,其显示方法略有不同,一般有 3 种表示方法。

①灯点亮时间较长的闪烁信号，其闪烁的次数代表故障码的十位数码；灯点亮时间较短的闪烁信号，其闪烁次数代表故障码的个位数码。当灯显示完一个十位数码时，将停止一会，再接着显示个位数码。一个故障码的两位数都显示完毕后，灯熄较长一段时间，再进行下一个故障码的显示。如此循环显示，直到人为地结束故障码的读取过程。故障码“23”和“12”的显示如图7.6(a)所示。

②指示灯点亮时间不变，由灯的关闭时间长短来区分一个码的个位与十位以及不同的故障码。位与位之间有一较短的停顿时间；码与码之间有一较长的停顿时间。图7.6(b)为采用这种方法显示的“23”和“12”两种故障代码。

③指示灯点亮时间不变，在位与位之间停顿一小会儿，在码与码之间点亮时间略长一点。这种显示故障码“23”和“12”的方法如图7.6(c)所示。

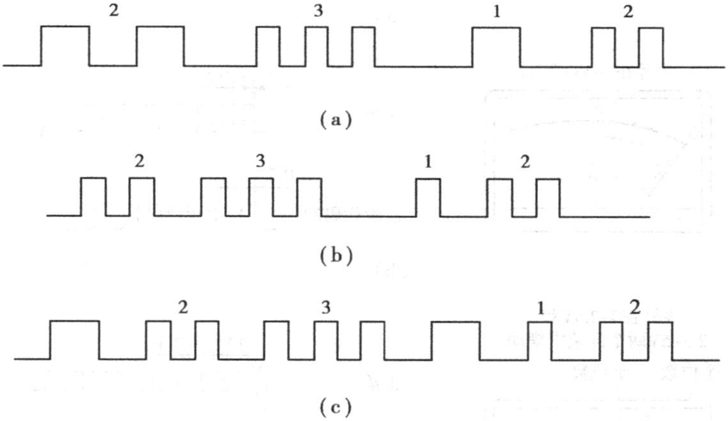

图7.6　指示灯闪烁显示故障码示意图

c 用指针式电压表显示故障码

这种显示方法，与前一种方法读取代码的基本原理相同，只是采用指针式电压表指针的摆动情况代替指示灯进行显示。电压表的指针指示为“0”时，相当于指示灯关闭，电压表指示为“5V”时，相当于指示灯亮。用电压表显示故障码的编码方法与“检查发动机”指示灯的编码方法基本一致，如图7.7所示。当采用指针式电压表显示故障代码时，由于电压表不仅可以反映出代码的间隔，而且还可以利用电压值的大小表示不同的代码。因此，在采用指针式电压表进行故障代码显示时，还有另外一种编码方法，这就是：以电压表指示5V电压的次数表示十位数码，以指示2.5V的次数表示个位数。码与码之间以较长的2.5V加以区分。用这种编码方法所显示故障代码“23”和“12”的情况如图7.8所示。

d 利用车上的数字式仪表进行数字显示

由于采用指示灯或电压表显示方法在进行故障代码的读取时，不但要注意指示灯闪亮的次数,还得注意观察其闪烁和熄灭的间隔,读取时比较费力,且容易出现误读的情况。为此,在许多高级轿车上,已经采用较先进的数字式显示方法。当进行读故障代码操作时,故障代码将以数字的形式显示在组合仪表显示器的某一部位(一般是显示在数字式温度显示屏上)。这种方法显示直观、简单明了,是故障代码显示的必然发展趋势。

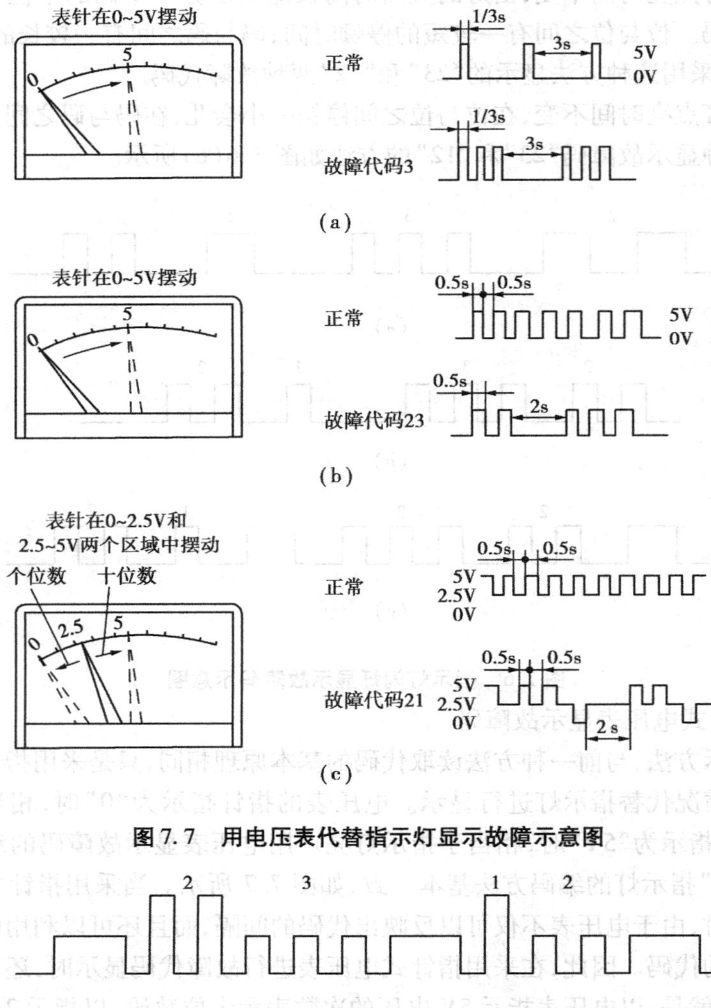

图 7.7 用电压表代替指示灯显示故障示意图

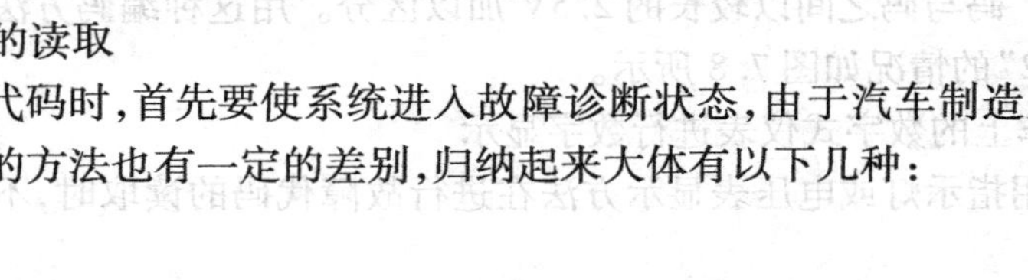

图 7.8 电压表电流大小显示故障码

3)故障码的读取

在读故障代码时,首先要使系统进入故障诊断状态,由于汽车制造厂家的不同,进入诊断状态的方法也有一定的差别,归纳起来大体有以下几种:

①打开诊断开关的功能共用开关进行故障码的读取：在一些汽车电控系统中，空调控制面板上的控制开关，可兼作诊断开关，一般是将“OFF”（关机）和“WARM（加温）”两个键同时按下，即可使系统进入故障码读取状态。

②利用点火开关的操作读取：将点火开关进行“ON-OFF-ON-OFF-ON”循环一次，即可进入故障码读取状态。

③跨接导线读取法：有些电控系统在进入诊断状态时，需要将“诊断输入接头”和“搭铁接头”用跨接导线进行跨接，就可读取故障代码。

④打开专用诊断开关读取法：在某些汽车上，设置有“按钮式诊断开关”，或在ECU控制装置上设置有“旋钮式诊断开关”，当需要读取故障代码时，按下或旋转这些专用诊断开关，即可由显示器件上读取故障代码。

⑤用解码仪读取故障码：通过采用一定的解码仪可直接读出故障码，甚至可以得到排除故障的方法。由于各种车型的故障码不一样，因此，不同的厂家的汽车需要采用不同的汽车故障解码仪或不同的解码测试卡。

(3)故障代码的内容与故障代码表

故障代码对于不同制造厂家、不同车型、甚至于同车型而不同出厂年代，都有不同的含义，它们是分别由各厂家程序设计人员在进行ECU控制单元的程序设计时就预先设定好的，每一故障代码表示某一具体的含义。当ECU控制单元及其控制程序一旦完成，其故障代码及其含义也就被确定下来。

故障代码表是由各制造厂家提供，把故障代码与其所代表的故障含义以表格的形式加以解释和描述，以便汽车工程技术人员进行维护和修理时参考。要了解各种故障代码的内容，必须查阅各种车型的维修手册或有关技术资料。

(4)故障代码的清除

当电控发动机有故障时，ECU会把相应的故障码存储在存储器中，当发动机故障排除后，存储在控制单元中的故障代码必须加以清除，以便在今后的工作中记录和存储新的故障代码。如果不清除旧的故障代码，当发动机再次出现故障时，ECU会把新旧故障代码一并输出，这样就会使故障码显示混乱，使得使用和维修人员不知道哪些是发动机真正存在的故障，哪些是以前已经排除的故障。

故障代码清除的基本原理是由存储故障代码的存储器特点所决定的。故障代码一般都存储在随机存储器中，这种存储器各存储单元的状态由微机根据诊断情况进行记录，由系统电源加以保持。因此，当发动机点火开关关闭后，仍要向控制单元提供电源，以保持这些存储单元的工作状态。如果将控制单元的存储器电源切断，则各存储器的状态将在很短的时间内均变为初始值，这样，存储器中的故障信息就不复存在了。

由此可见，要想清除故障代码，基本的方法就是切断发动机电子控制单元（主要指ECU部分）的电源。具体的做法是：把微机控制系统的保险插片拔掉约30s即可，有时也可直接把蓄电池负极搭铁线拆下约 30s。但是,在有些车型上,其他电子装置也可能有需要电源维持的信息,如果断开蓄电池负极后,可能会造成这部分有用信息的丢失。如电子石英钟和音响等装置内部存储的数据或信息会因电源切断而被清除。因此,清除故障代码时,最好按维修手册中所指示的方法进行操作。

如果清除故障代码后,一切正常,故障报警指示灯也不亮,证明故障排除得彻底。如果清除代码后,将 ECU 系统电源重新接通,故障报警指示灯仍然点亮,说明故障排除不彻底,或发动机还存在有其他故障,要重新进行故障码的读取和排除。

(5)电控发动机自诊断系统的应用

下面以日本丰田轿车(TOYOTA)为例介绍自诊断系统的具体使用方法:

1)故障警告

丰田牌轿车上的自诊断系统,当电控系统工作时,将连续地监测每个传感器的输入信号及各执行器反馈电路的反馈信号,如果出现异常,说明控制系统发生故障。自诊断系统将此故障所对应的故障代码存入存储器,同时,点亮仪表盘上的"检查发动机"警告灯,以提示驾驶员:控制系统存在故障,请及时予以排除。此指示灯的正常显示情况是:打开点火开关后(点火开关转到"ON"),指示灯将被点亮,当发动机启动后此指示灯在数秒钟内便应该熄灭。如果不是这样,说明有问题。当点火开关打开后,如果"检查发动机"灯不亮,说明此指示灯灯泡或线路有故障;如果打开点火开关后,该指示灯亮,而发动机启动后,此指示灯继续点亮,说明控制系统存在故障,应使用自诊断系统读取故障代码。

2)故障代码的读取

当发动机处于运转状态,而仪表盘上的"检查发动机"灯仍然点亮,就应进行故障代码的读取,并根据故障代码表查出故障内容,进行故障排除。丰田轿车故障代码的读取通常可采用静态读取和动态读取两种方法,该两种方法的故障码都是通过"检查发动机"指示灯进行读取的。

a 静态诊断模式下的故障代码读取方法

将点火开关打开,但不启动发动机;用跨接线将电控单元诊断插座上的插孔"TE_1"和"E_1"跨接;完成这两步操作后,"检查发动机"灯便开始以闪烁的方式输出故障代码。

在丰田轿车上,显示故障码的方式是:指示灯点亮时间长短不变,以指示灯熄灭的时间长短来区分不同的代码和同一个代码的十位与个位。不同代码之间,指示灯熄灭一段较长的时间,同一个代码的十位与个位之间,指示灯熄灭一个较短的时间。所有的故障代码显示完后,指示灯熄灭一段更长的时间,又重新开始循环显示。当记录完所有的故障代码后,拆下跨接线,指示灯停止闪烁。

b 动态诊断模式下的故障代码读取方法

与静态诊断模式相比,动态诊断模式的故障诊断灵敏度更高,它不仅可以对原有的故障代码进行显示，而且可以发现其他静态诊断模式下不能发现的故障。如：节气门怠速触点信号、启动信号、空调信号和空挡信号等。动态诊断模式下故障代码的读取步骤如下：

①关闭点火开关后，跨接诊断插座的插孔"TE_2"和"E_1"。

②接通点火开关，此时，"检查发动机"灯快速闪烁（闪烁间隔为0.13s）。

③启动发动机，模拟故障工况，以不低于10km/h的车速行驶一段时间。

④进行完以上试验后，再将诊断插座上的"TE_2"、"E_1"插孔用跨接线跨接。此时，实际上是将诊断插座的"TE_1"、"TE_2"、"E_1"三个插孔连接在一起，连接方法如图7.9所示。

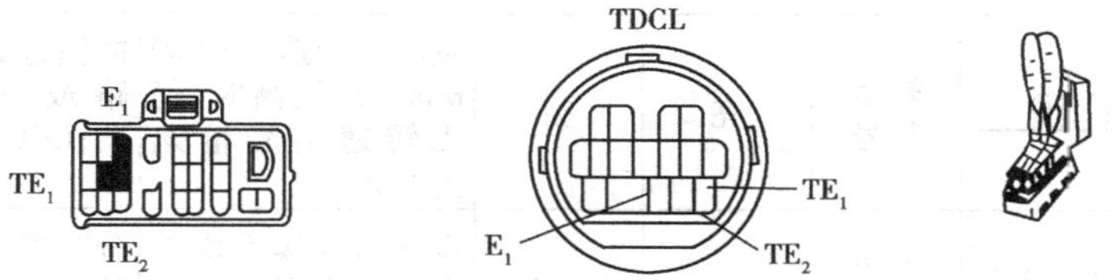

图7.9 丰田轿车动态模式故障码读取的诊断插座连接方法

⑤通过"检查发动机"灯，读取故障代码。

⑥读取并记录完故障代码后，拆下所有的跨接线。

使用动态诊断模式时，应严格按照以上步骤进行操作，否则将出现错误的故障代码或动态诊断过程不能进行。比如：如果跨接"TE_2"和"E_1"时，点火开关处于打开的位置，那么动态诊断模式便不会开始，即使完成了以后的各项操作，也不会获得任何结果。如果动态诊断时，汽车的行驶车速低于5km/h，则会读出代码为"42"的故障代码（此代码的内容为车速信号故障），但实际上此时的车速信号为正常。如果未启动发动机就进行读码操作，会出现代码为"43"的故障码（表示启动信号故障），而此时启动信号也许是正常的。

3）故障代码的内容

故障代码的内容就是指故障代码所表示的故障性质和故障范围，这些内容一般是由汽车制造厂提供的，列入在该车的维修手册中。表7.1为丰田轿车故障代码表。

表中以脉冲电压的形式显示"检查发动机"指示灯的闪烁情况，高电平部分表示指示灯点亮，低电平部分表示指示灯熄灭。脉冲电压波形由一段较长的低电平隔开成前后两部分，前面部分脉冲的个数表示代码的十位数码，后面部分脉冲的个数表示个位数码。

表 7.1　丰田汽车故障代码表

代码	闪烁次数	信号系统	检查发动机指示灯		现象和诊断方法	故障范围
			普通方式	试验方式		
无	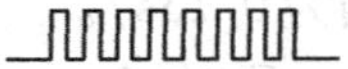	正常	—	—	无其他代码输出	正常
12		转速信号	亮	无此诊断	启动机接通 2s 以上仍无曲轴转速信号和凸轮轴位置信号输送到 ECU	曲轴转速传感器、凸轮轴位置传感器短路或开路；分电器；启动系线路短路或断路；ECU。
13		转速信号	亮	亮	发动机转速达1 000 r/min 或更高时，仍无转速信号输送到 ECU	曲轴位置传感器短路或开路；分电器；ECU。
14	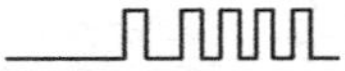	点火信号	亮	无此诊断	点火器连续 6 次没有信号输送到 ECU 去	分电器到 ECU 之间的 IGF 线路短路或开路；分电器；ECU。
16		ECT 控制信号	亮	无此诊断	从 ECU 来的正常信号没有输出	ECU
22		水温传感器信号	亮	亮	水温传感器短路或开路 0.5s 以上	水温传感器短路或开路；水温传感器；ECU
24	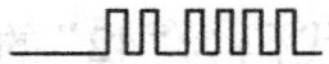	进气温度传感器信号	不亮	亮	进气温度传感器线路短路或开路 0.5s 以上	进气温度传感器线路短路或开路；进气温度传感器；ECU
31		进气歧管真空度传感器信号	亮	亮	进气歧管真空传感器线路短路或开路 0.5s 以上	进气歧管真空度传感器线路短路或开路；进气歧管真空度传感器；ECU
41		节气门位置传感器信号	不亮	亮	节气门位置传感器线路短路或开路 0.5s以上	节气门位置传感器线路短路或开路；节气门位置传感器；ECU
42		车速传感器信号	不亮	不亮	在发动机转速2 800 r/min 以上（电控变速器）或 2 500 ~ 4 500r/min（普通自动变速器）时，车速信号（SPD）未输送到 ECU 有 8s 以上	车速传感器线路短路或开路；车速传感器；ECU

续表

代码	闪烁次数	信号系统	检查发动机指示灯		现象和诊断方法	故障范围
			普通方式	试验方式		
43		起步信号	无此诊断	不亮	发动机达 800r/min 后,无起步信号输到 ECU,汽车无法起步	起步信号线路短路或断路;点火开关或主继电器线路短路或断路;ECU
52		第一爆震传感器信号	亮	无此诊断	发动机转速 1 600 ~ 5 200r/min 范围内,从爆震传感器来的信号有 6 个循环未输送到 ECU	爆震传感器线路短路或开路;爆震传感器;ECU
53		爆震控制信号	亮	无此诊断	发动机转速在 650 ~ 5 200r/min 范围内,ECU(爆震控制)故障被检测到	ECU
55		第二爆震传感器信号	亮	无此诊断	发动机转速在 1 600 ~ 5 200r/min 范围内,从爆震传感器来的信号有 6 个循环未输到 ECU	爆震传感器线路短路或开路;爆震传感器;ECU
78		燃油泵控制信号	无此诊断	亮	发动机转速低于 1 000 r/min 时燃油泵电路短路或开路 1s 以上、与 ECU 的电路短路或开路、燃油泵 ECU 的检测信号线路短路或开路;	燃油泵 ECU 线路短路或断路;燃油泵 ECU;ECU 电源线路;燃油泵;ECU
51		开关状态信号	无此诊断	不亮	在端子 E_1 和 TE_1 被连接情况下,开着空调,怠速电磁阀断路或换挡位置 R、D、2 或 1 时被显示	空调开关及其线路;节气门位置传感器和怠速电路;空挡启动开关及其线路;加速踏板及自动变速器节气门拉索调整不当;ECU

7.1.5 电控发动机主要装置的检测与专用仪器诊断

电控发动机的故障,虽然可以通过自诊断程序进行诊断,但自诊断系统只能对汽车电子控制系统的一般性故障进行大致范围的提示,而很少能直接地对故障的具体原因进行确定。通常一个故障码表示的故障,其产生的原因有很多,可能是电子元器件的故障，也可能是连接线路的故障，还可能是与其有关的机械部分的故障。因此，无论是人工经验诊断还是自诊断系统，都只是确定故障的大致范围，在具体排除故障时，还需要借助各种测试仪器和测试手段进行检查、分析、判断，最终找出故障产生的具体原因和部位，才能真正地有效排除故障。找出故障的具体部位通常采用外观检查、电路检查和重要装置的检测。随着检测技术的发展，目前已出现了种类繁多的汽车电控系统专用仪器，可以对汽车电控系统的各种故障进行综合分析和排除。

(1)电控系统中主要装置的检测

1)进气管压力传感器的检测

进气管压力传感器与 ECU 的连接如图 7.10 所示。其上一共有三根连接线，一根为电源线 V_{cc}，一根为地线 E_2，另一根为信号线 PIM。正常情况下，V_{cc} 与 E_2 间的电压是由 ECU 提供的，其大小为 4.5 ~ 5.5V，PIM 与 E_2 间的电压为 3.3 ~ 3.9V。用万用表测量各电压，如果 V_{cc} 的电压不正常，应检查 ECU 的相应端子与 E_2 间的电压，如果 ECU 各端子处电压正常，则故障为线路断路或线路连接器接触不良。如果电压不正常，则可能是 ECU 的故障。如果 V_{cc} 电压正常而 PIM 的电压不正常，则故障为传感器故障。如果 V_{cc} 和 PIM 的电压均正常，则需要进一步检测传感器的工作状况及特性。具体方法如下：

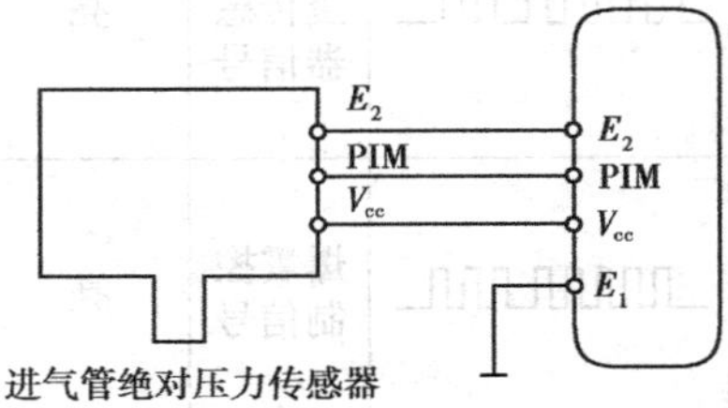

图 7.10 进气管压力传感器与 ECU 的连接

打开点火开关，拆下进气管压力传感器上的真空管，把真空管接到真空泵上对其进行性能检测。通过调节加到真空管上的压力大小，使其在 13.3 ~ 66.7kPa 范围内变化，同时检测进气压力传感器输出端 PIM 的电压值。其正常值应符合表 7.2 中所列数据。

表 7.2 进气管真空度与进气压力传感器输出电压之间的关系

进气管真空度/kPa	13.3	26.7	40.0	53.5	66.7
输出电压 PIM-E_2/V	0.3 ~ 0.5	0.7 ~ 0.9	1.2 ~ 1.3	1.5 ~ 1.7	1.9 ~ 2.1

2)进气温度传感器与水温传感器的检测

首先是进行热敏电阻检测。进气温度传感器的检测方法与水温传感器的检测方法基本相同，进行热敏电阻特性检测时，拆下进气温度传感器和发动机冷却水温度传感器连接导线，将传感器从发动机上拆下，放入不同的水温中测量其电阻值的变化。如果传感器两个插座间的电阻值能根据不同的水温产生相应的变化，并且，几个点的测量值与维修手册中给出的正常范围相吻合，即可认为两温度传感器本身没有故障。

然后是传感器输出电压检测。输出电压检测需安装好传感器,对于进气温度传感器,在ECU连接器上的检测端子为THA与E_2,正常情况下,这两点的电压应该为0.5~3.4V,如果电压值不正确,可按下列步骤进行检查:

①首先检查ECU电源电压,如果电压不正常,按ECU电源检查方法进行;

②检查进气温度传感器的热敏电阻特性;

③检查线路连接情况;

④检查ECU。

对水温传感器进行输出电压检测时,需打开点火开关,测量ECU的THW端子与E_2之间的电压。正常情况下,此电压值应该在0.2~1.0V之间。如果电压值不在这个范围,说明从ECU到水温传感器间存在故障(如果经过电阻检测后,水温传感器的热敏特性正常,则造成THW电压不正常的原因一般为线路故障)。检查水温传感器故障的具体步骤为:

①检查ECU接地端子E_1的接地情况;

②检查ECU各电源端子电压;

③检查水温传感器线路;

④如果以上检查均正常,则说明故障在ECU内部。

3)点火系曲轴位置传感器的检测

曲轴位置传感器有电磁式、光电式和霍尔式,这里以电磁感应式为例介绍其测量方法。电磁式曲轴位置传感器由感应线圈和永久磁铁组成,传感器的故障较多出在感应线圈上,因此,可通过对线圈电阻值的测量,判断曲轴位置传感器的工作情况。

曲轴位置传感器与ECU的连接线路如图7.11所示,各组线圈的电阻值见表7.3。

表7.3 曲轴位置传感器各端子间电阻值

测量端子	冷态测量电阻值/Ω	热态测量电阻值/Ω
G_1-G_-	125~200	160~235
G_2-G_-	125~220	160~235
N_e-G_-	155~250	190~290

若用示波器检测传感器输出的脉冲波形,可从波形看出传感器工作是否完好,图7.12为正常汽车曲轴位置传感器信号波形。

曲轴位置传感器与转子之间的间隙应符合规定的要求,因此,除了对线圈电阻进行检查外,还必须对传感器线圈总成与转子间的间隙进行检查。即用厚薄规测量传感器线圈与转子凸出部分处的空气间隙。这个间隙的正常值为0.2~0.4mm,如果此间隙值不符合规定标准,则需要更换分电器壳体。

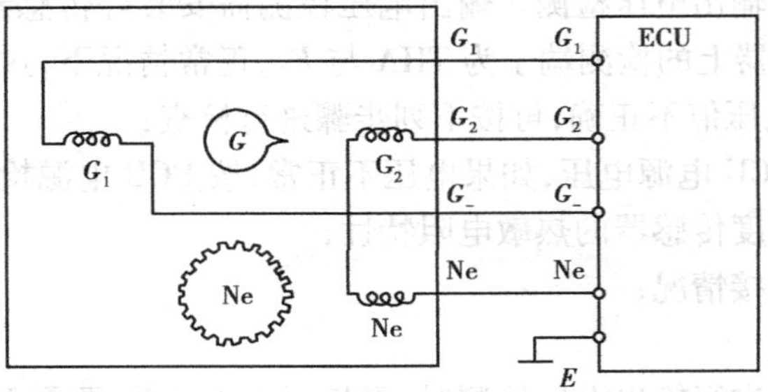

图 7.11　曲轴位置传感器与 ECU 之间的连接关系

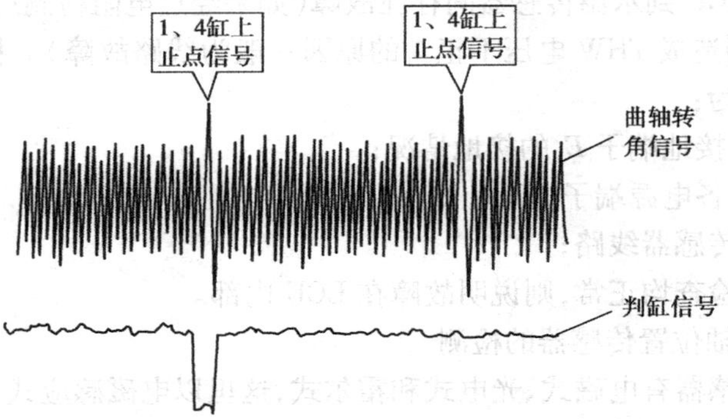

图 7.12　曲轴位置传感器正常波形

4）节气门位置传感器检测

节气门位置传感器为电位计式，其输出电压随着节气门开度的变化而发生变化。对于怠速和满负荷工况分别由两对触点开关来完成。因此，对于节气门传感器的检测可以采用加电后测电压的方法，也可以采取断电后测电阻的方法进行测试，其测量工具为万用表。

①节气门位置传感器电阻值的检测

拆下节气门位置传感器的连接器，用手拨动节气门，用塞尺测量节气门止动螺钉与止动杆之间的间隙，在节气门全闭位置和以上所述的间隙值变化时，测量并记录各端子与 E_2端子间的电阻值，各电阻值应满足规定的要求。

②打开点火开关后进行电压检测

在节气门传感器上有一个与 ECU 连接的插座，插座各插孔与 ECU 的连接关系如图 7.13 所示。检测时，打开点火开关，连接好节气门位置传感器，从 ECU 的接线端子处检测怠速开关（IDL）、V_c、V_{TA}三个端子与传感器接地线 E_2之间的电压值。正常情况下，当节气门打开时，怠速开关端子上的电压值应等于系统电源电压，即为9 ~ 14V。端子 V_c上的电压为 4.5 ~5.5V，当节气门全闭时，其电压值为 0.3 ~0.5V。V_{TA}

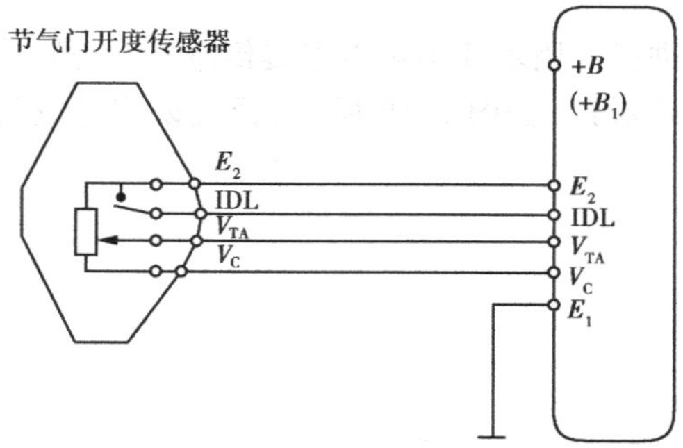

图7.13 节气门位置传感器与ECU的连接图

端子上的电压，当节气门全开时，为3.2~4.9V。

①怠速开关或全负荷开关电压不正常时的检测。如果ECU的IDL端子与E_2间的电压不正常，首先应检查ECU电源电压是否正常，如果正常，检查节气门位置传感器的电阻值是否正常。如果节气门位置传感器的电阻值正常，则应检查节气门位置传感器连接线路是否完好。

②V_{TA}端子上电压不正常时的检测。当V_{TA}的电压不正常时，检测ECU上V_c端子与E_2间的电压是否正常，如果正常，则应对节气门位置传感器的电阻值进行检查。

如果电阻值正常，则说明故障为节气门位置传感器与ECU之间的连接导线有断路或接触不良情况。

同样，可以用示波器检测输出的脉冲波形，将节气门由全关迅速全开，再由全开迅速全关，线形开度信号波形应先上升后下降，且中间应连续，不允许出现间断现象，如图7.14所示；如果信号如图7.15所示有间断，则说明传感器内部存在磨损等引起的接触不良故障；如果信号不变或没有信号，则说明传感器或其电路有故障。

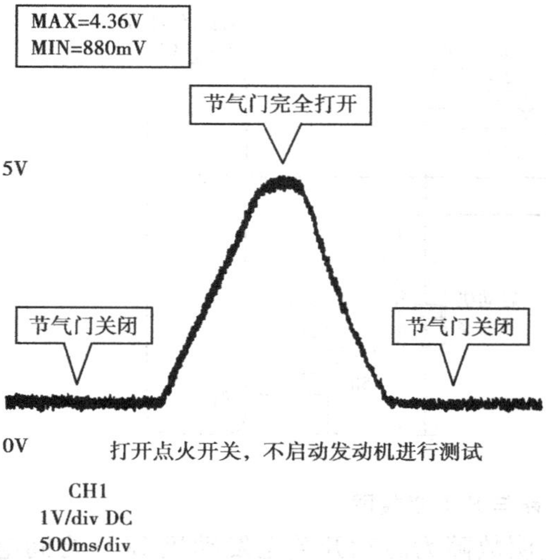

图7.14 节气门位置传感器正常波形

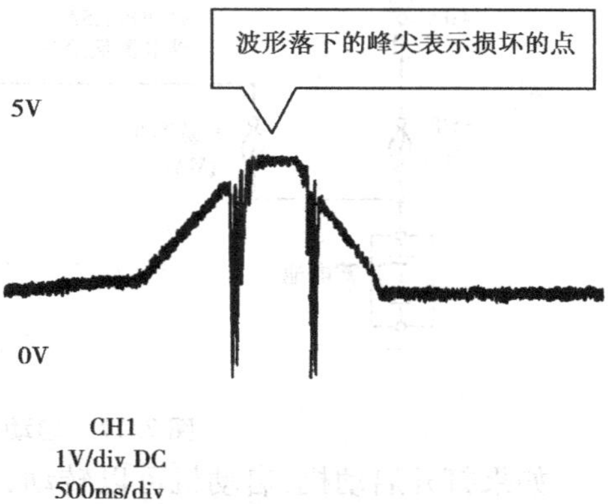

图7.15 节气门位置传感器故障波形

5)爆震传感器的检测

通常爆震传感器的检测需用示波器进行。用木锤头敲击爆震传感器附近缸体或缸盖,同时观察示波器显示屏,应出现振荡波形,如图 7.16 所示,否则说明爆震传感器工作不正常,应予以更换。

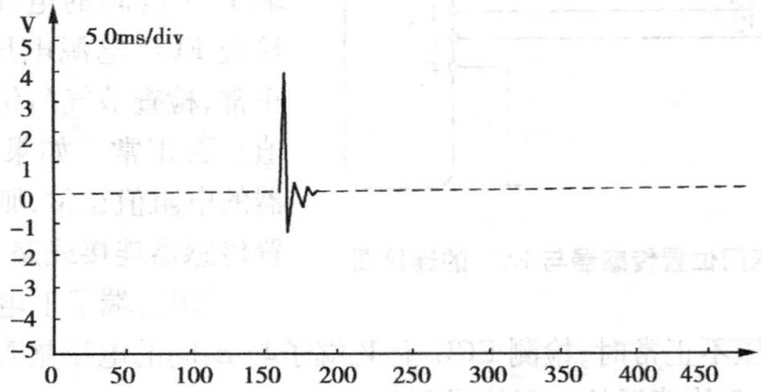

图 7.16　爆震传感器波形

6)启动信号的检测

启动电路与 ECU 的连接关系如图 7.17 所示,当操作点火开关进行启动时,发动机 ECU 的启动端子 STA 与接地端子 E_1 之间应当有系统电源电压存在,即在 STA 处应有 9 ~ 14V 的对地电压。如果没有电压或电压值不足 9V,说明当发动机启动时,则 ECU 与启动信号之间连接有问题,应进行检查。

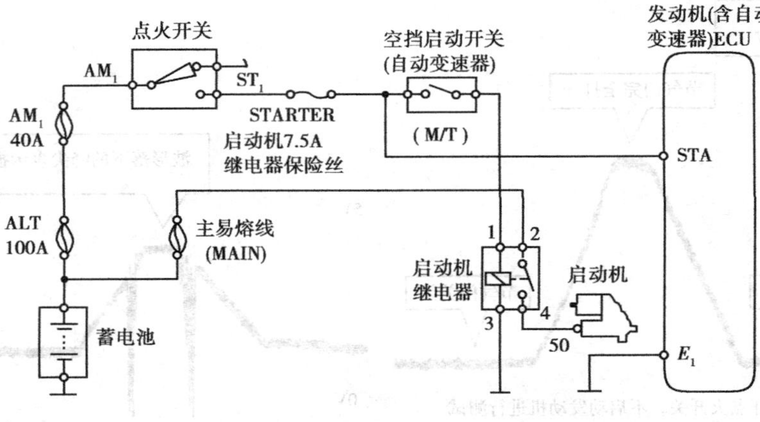

图 7.17　启动电路与 ECU 连接图

如果打开启动机,启动机可以转动,说明故障为启动开关至发动机 ECU 之间电路或连接器有断路或接触不良的情况,可对这一段电路用万用表进行检测。如果启动机不能转动,说明从蓄电池电源至点火开关之间的各个保险丝、熔断丝、蓄电池线路、点火开关、空挡启动开关及启动继电器有故障。

7)电子控制单元(ECU)的检测

电子控制单元的检测主要是各端子及端子间电压的检测,这些检测在传感器和执行机构的检测中都会讲到,这里主要介绍电子控制单元电源的检测方法。

图7.18是电子控制单元ECU的电源电路图。ECU上的端子Batt接蓄电池、IG SW接点火开关、M-REL接电喷系统主继电器的驱动线圈、+B接电喷系统主继电器、$+B_1$接电喷系统主继电路、E_1接地端子,此端子通过车体与电源负极相连接。在正常情况下,打开点火开关后,以上各端子之间都应该有一定的电压,否则说明ECU供电电源不正常。

用万用表检测以上各点电压值,如果上述各点与E_1之间的电压值均为9~14V,则可确定ECU搭铁正常。如果电压值高于正常范围,说明发电机电压调节系统有故障,应按照非电控汽车中的检查方法,检测发电机工作电压。如果检测中发现某些端子无电压或电压值达不到规定的要求,说明系统电源电路或线路连接器有断路或接触不良的情况,应对每条线路分别进行检测。具体检测方法如下:

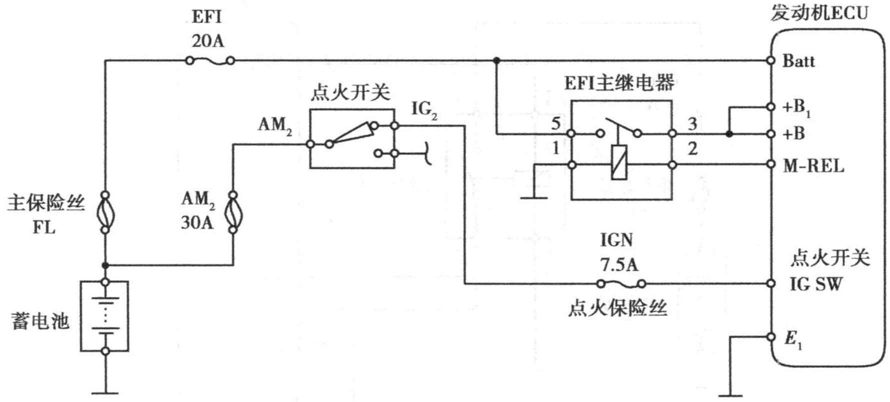

图7.18　电子控制单元ECU的电源电路图

①Batt和E_1间电压不正常:如果ECU的Batt端子与E_1之间无电压或电压值过低,检查主保险丝和电子控制燃油喷射系统EFI保险丝。如果保险丝被烧断,应进行更换,并注意更换后保险丝的工作是否稳定长久,以确定电路是否存在某处短路或搭铁故障。如果主保险丝和EFI保险丝正常,则应检测ECU主保险丝与蓄电池电源之间的电源导线是否有断路情况。

②IG SW与E_1间电压不正常:如果ECU的接点火开关的接柱IGSW与接地端子E_1间的电压不正常,则应检查保险丝和点火开关是否完好。

③M-REL与E_1间的电压不正常:如果M-REL与E_1间的电压不正常,则应检查EFI的主继电器和连接导线是否断路或接触不良。

④连接主继电器的两个端于+B(B)电压不正常:如果连接主继电器的两个端于

+B(B)电压不正常,则应检查主保险丝和EFI保险丝是否完好,如果保险丝都正常,检查ECU与蓄电池间的连接导线是否有断路。

8)电喷系统主继电器的检测

电控燃油喷射系统主继电器控制着喷射系统各种传感器和各执行机构的电源供应,当主继电器出现故障时,系统将无法工作。主继电器的工作由控制单元ECU进行控制,图7.19是主继电器与ECU的连接图。主继电器由一对常开触点和一组驱动线圈组成。正常工作时,ECU向继电器线圈的端子1上施加一控制电压,线圈通电后,即可将常开触点接通。因此,检查主继电器时,可先将继电器从插座上拔下,用万用表测量静态时端子1、2及3、5之间的电阻。正常时,端子1、2之间有一定的电阻值,而3、5之间的电阻为无穷大。如果静态测试时,各端子间阻值正常,可在端子1、2之间加上电源电压,再测量端子3、5之间的电阻,这时,这两端的电阻应近似为0V。如果电阻值不为0V,而在通电时,可以听到触点吸合时的"嗒嗒"声,说明主继电器触点烧蚀严重,否则为线圈吸力过小,应更换主继电器。

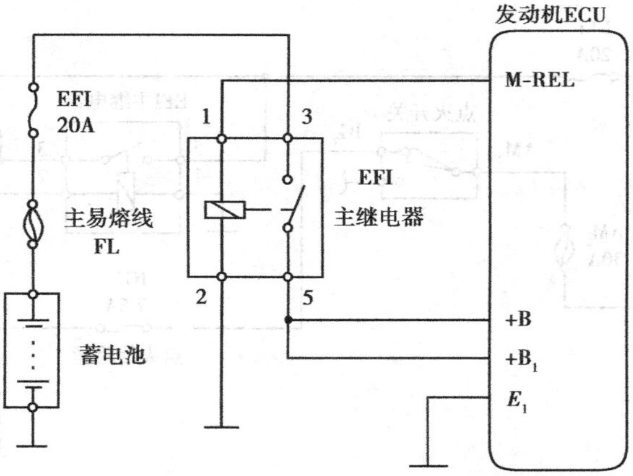

图7.19　主继电器与ECU的连接图

9)喷油器的检测

喷油器是电子控制燃油喷射系统中的一个重要的执行器件,喷油器的工作直接影响着发动机喷射系统的工作质量。

利用针式探头将喷油器驱动端引线(喷油器通ECU的引线)信号输入示波器任意通道,并由显示屏菜单选择示波器功能后,即可测试喷油器波形。典型的电压驱动型喷油器波形如图7.20(a)所示。其中低电压期A为ECU给出的喷油时间,电压峰值B一般有几十伏,是由喷油器线圈自感电动势产生的。对于电流驱动型喷油器,其波形上应有两个电压峰值,如图7.20(b)所示。

当诊断出为某缸喷油器不工作时,造成此故障的原因,可能是喷油器本身的故

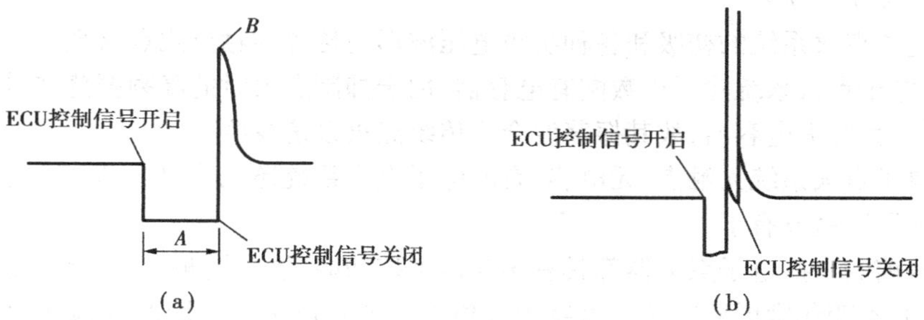

图7.20 典型喷油器波形

(a)电压驱动型 (b)电流驱动型

障,也可能是电路的故障,因此,必须对喷油器驱动电路进行检测。喷油器的驱动电路及其与ECU的连接如图7.21所示。具体诊断方法是:打开点火开关,检测ECU的10#、20#、30#端子与搭铁处的电压值。这些端子为喷油器的控制端,正常情况下,当喷油器停止工作时,这些端子的电压与系统电源电压相等,均为9~14V。如果此电压不正常,应检查喷油器至蓄电池之间的线路连接情况、保险丝是否熔断以及喷油器线圈的电阻值。喷油器线圈正常时,其电阻值为13.8Ω。

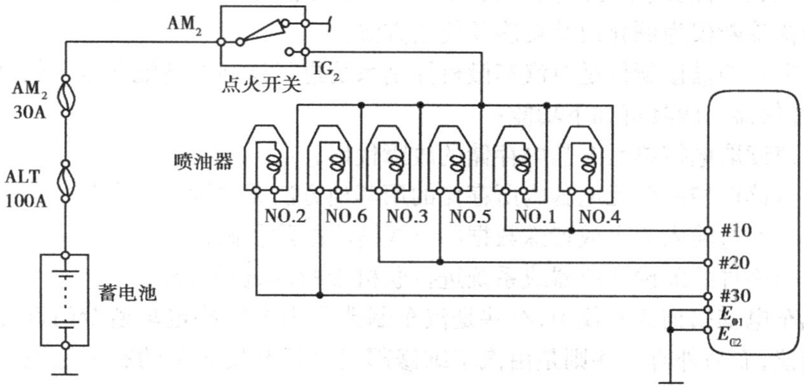

图7.21 喷油器驱动电路及其与ECU的连接

当然还有点火线圈、点火器、燃油泵及其控制电路的检测等,其方法都大致差不多。采用万用表对电压、电流、电阻等进行测量,然后与对应规定值进行对照,从而确定故障的具体部位。也可用示波器对电信号波形进行观察,从而判断是否工作正常,这里就不一一叙述了。

当然电控发动机也有其他性能和技术指标检测,其检测方法与传统发动机基本相同,只是存在一些小小的区别。例如电子点火系统也可以用点火示波器和发动机综合测试仪等检测其波形,检测原理与方法与传统发动机相同(见点火系检测部

分),但有以下区别:

①电子点火系统的初级和各种次级电压波形与传统的触点式点火系统的波形相似,由于电子点火系统除了少数配有电容器,用于抑制点火时的高频振荡波对无线电的干扰外,大都无电容器,故其振荡波会比传统点火系统少些。

②电子点火系统无触点、无电容,有的电子点火系统还无分电器,因此,与这些有关的故障原因就没有了。

③目前的一些电子点火器都具有闭合角可控功能,故在检测时,闭合角度变化是正常的,而不变化则说明电子点火器闭合角可控电路已失效。因此在检测前应了解电子点火系统是否有闭合角可控功能。

④不同的电子点火系统其正常的电压波形会有一些差异,平时应注意查看各型汽车维修手册上的点火电压波形说明,或用示波器记录下各型汽车在正常工作状态下的点火电压波形,为在检测时迅速而准确地判断打好基础。

(2)电控发动机专用仪器诊断

由于电控发动机是一机电一体化产品,若利用万用表、示波器等通用仪器对电控发动机进行检测则既费时又费力。因此,许多汽车制造厂和汽车维修机具生产部门,研制了部分适合汽车电子控制系统故障诊断用的专用仪器和设备,主要有汽车电脑扫描诊断仪、多功能汽车专用数字表、示波器、多功能信号模拟检测仪等。下面以汽车电脑扫描诊断仪为例介绍其功能及使用方法。

汽车电脑扫描诊断仪是对汽车微机控制系统进行诊断的智能化水平较高的诊断仪器,这种仪器一般具有如下功能:

①快速读取电控单元电脑内存储的故障代码;

②可以读取控制单元电脑内所存储的用其他方法无法读取的资料;

③可以通过输入命令或特殊数据的方式清除故障代码;

④可与多种故障诊断仪器或系统进行联机诊断,综合分析。

在汽车电脑扫描诊断仪中,有些是汽车制造厂为本厂特定车型专门设计的专用电脑诊断仪,而另外有一些则是由汽车维修部门自行开发研制的有一定通用性的通用电脑分析诊断仪。

汽车电脑扫描诊断仪有汽车专用电脑诊断仪和汽车电脑故障检测仪。专用电脑诊断仪,一般只适用于一种车型或同一种控制系统,如:克莱斯勒公司生产的 DRB2 型诊断仪,主要适用于北京切诺基 2.5L 和 4.0L 多点喷射发动机电子控制系统。而 BMWSystemTester 为宝马公司为其生产的电子控制系统专门设计的诊断仪器,它只能用于对宝马车系的故障进行诊断。下面以 DRB2 切诺基专用电脑诊断仪为例,介绍专用电脑诊断仪的使用方法。

1)故障代码的读取

将 DRB2 诊断插头插接到位于发动机室电脑附近的诊断插座上,启动发动机,反复开、关 A/C 开关若干次后,关闭发动机。再打开点火开关,操作诊断仪上的按键,选择故障码读取功能,则显示屏上即可显示微机内存储的故障代码。

2)故障代码的清除

根据 DRB2 的使用说明书,通过按键输入一个特定的数据,即可清除故障代码。

3)显示 ECU 的输入信号和输出控制信号

将 DRB2 接入诊断插座后,进行功能选择操作,即可逐个显示下列的输入和输出信号:

①动力转向器工作状态信号;

②车速控制器状态信号;

③制动开关状态信号;

④自动变速器 P/N 开关状态信号;

⑤空调选择开关状态信号;

⑥Z_2 电压检测电路状态信号;

⑦启动开关状态信号;

⑧反向 J_2 电压监测电路状态信号;

⑨车速控制接通、切断控制信号;

⑩车速控制重新接通控制信号;

⑪空调离合器继电器信号;

⑫交流发电机指示灯控制信号;

⑬镇流电阻旁路继电器控制信号;

⑭自动断路继电器控制信号;

⑮车速控制通风电磁阀控制信号;

⑯车速控制真空电磁阀控制信号;

⑰排放维修提示灯控制信号;

⑱手动变速器换挡指示灯控制信号;

⑲检查发动机灯控制信号;

⑳冷却风扇继电器控制信号。

7.2 电子控制自动变速器的检测与诊断

电子控制自动变速器也是汽车电控系统的重要组成部分之一,其电控部分的检测和诊断与发动机基本相同,比如它也有故障自诊断功能,通常电控自动变速器与电控发动机功共用一个 ECU,其故障码也是统一存在存储器中,因此其读取故障码进行故障自诊断与传感器、ECU、执行元件的检测方法和原理相同,这里不再叙述。由于电控自动变速器是机械系统、液压系统、电控系统组成的较复杂的机电液一体化产品，因此其检测与诊断尤其是液压系统的诊断与其他电控系统有很大的差别，这里主要介绍其液压系统的检测与诊断。

7.2.1 电控自动变速器检测

电控自动变速器检测主要包括基础检验，如油液液面、油质检查，液压控制系统漏油检查，节气门拉索检查和调整等以及手动换挡试验，机械试验，如液压试验、失速试验、时滞试验等。

(1)基础检验

1)变速器液位与品质检验

对液面高度进行检查时，将汽车停放在水平地面上，并拉紧手制动，让发动机怠速运转至少1min。然后踩住制动踏板，将换挡操纵手柄拨至倒挡(R位)、前进挡(D位)、前进低挡(S、L或2、1位)等位置，并在每个挡位上停留数秒，使液力变矩器和所有换挡执行元件中都充满自动变速器油。最后将操纵手柄拨至停车挡(P位)位置。从加油管内拔出油尺，擦净后插入加油管内再拔出，检查油尺上的油面高度，其热态和冷态液面高度应在图7.22所示范围内。液位过低，变速器中的离合器和制动器容易打滑，加速性能变坏，且会使齿轮系统润滑不良；若液位过高，有时会造成变速器油从加油管或通风管处溢出，严重时会引发发动机罩内失火；过多的油还容易引起控制阀体上的排油孔堵塞而造成排油不畅，影响离合器和制动器平顺分离，使换挡不顺。

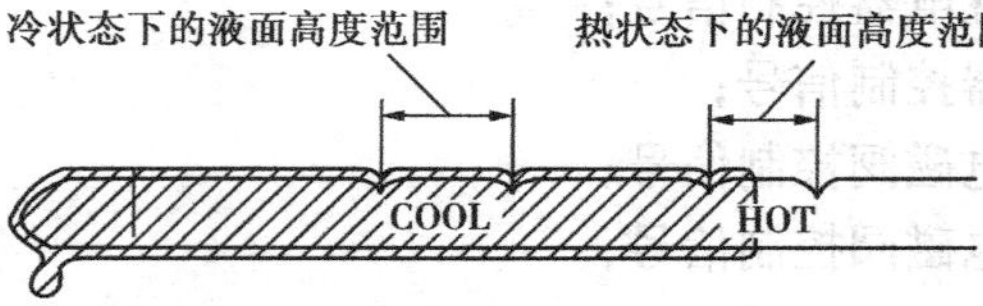

图7.22 自动变速器液位示意图

经常观察自动变速器油的颜色和气味的变化，并据此判断自动变速器油品质好坏和能否继续使用。在检查自动变速器油时，从油尺上嗅一嗅油液的气味，用手指沾少许油液并在手指间互相摩擦看是否有渣粒。自动变速器油的状态与常见故障原因见表7.4所示。

2)液压控制系统漏油检查

液压控制系统的各连接处都有油封和密封垫，这些部位是经常发生漏油的地方。液压控制系统漏油会引起油位下降及油路压力下降，是换挡打滑和延迟的主要原因。因此应对每个接头进行仔细检查，看是否有浸油或漏油的地方。

3)节气门拉索的检查与调整

节气门开度影响着自动变速器的换挡时间，发动机熄火后，节气门应全闭，当加速踏板踩到底时，节气门应全开。节气门拉索不应松弛，拉索上的限位记号与索套端之间的距离应在 0 ~ 1mm 之间。检查与调整方法如下：

表 7.4 变速器油品质与可能的故障原因

油液状态	原因及处理方法
油液清洁且呈红色	正常
油液呈深红色或褐色	没有及时更换变速器油；长期重载运行、某部件打滑或损坏而引起变速器油温过高
油液中有金属颗粒	离合器、制动器或单向离合器磨损严重
变速器油尺上粘附胶质油膏	变速器油温过高
变速器油有烧焦味	油温太高、油面过低；油液冷却器或管路堵塞

①推动加速踏板连杆，检查节气门是否全开，如果节气门不能全开，则应该调整加速踏板连杆。

②将加速踏板踩到底，将调整螺母拧松。

③调整节气门拉索，拧动调整螺母，使拉索上的限位记号与索套端之间的距离为 0 ~ 1 mm。

④拧紧调整螺母，重新检查调整情况。

4）空挡启动开关的检查

发动机应只能在空挡（N）和停车挡（P）时启动，其他挡位时不能启动。若有异常，应调节空挡启动开关螺栓和开关电路。其调节方法如下：

①松开空挡启动开关螺栓，将换挡操纵手柄放到空挡 N 位置；

②将槽口对准空挡基准线，定住位置并拧紧空挡启动开关螺栓。

5）超速挡（O/D）控制开关的检查

前面已提到，电子控制自动变速器的电子控制系统也具有故障自诊断功能，它是通过超速挡指示灯“O/D OFF”予以警告。此项检查，必须在蓄电池电压正常时方可进行，否则将会引起故障自诊断系统误诊断。检查时，首先将点火开关置于“ON”位置，同时接通超速挡（O/D）主开关，仪表板上的超速挡指示灯“O/D OFF”应不亮。若超速挡指示灯“O/D OFF”闪烁，则表明控制系统有故障。此时，可根据维修手册中给出的方法读取故障代码，并根据该车型的故障代码表查出故障原因。

（2）手动换挡试验

为确定故障存在部位，区分故障是机械系统、液压控制系统还是电子控制系统引起的，应当进行手动换挡试验，这是在读取故障代码和完成基础检验之后首先要进行的试验项目。

所谓手动换挡试验就是将电子控制自动变速器的所有换挡电磁阀插接头全部脱

开，由测试人员手动进行各挡位的试验，此时 ECU 不能通过换挡电磁阀来控制换挡，自动变速器的挡位取决于换挡操纵手柄的位置。注意不同车型的电子控制自动变速器，在脱开换挡电磁阀后，挡位和换挡操纵手柄的关系并不完全相同。

手动换挡试验的步骤如下：

第 1 步：脱开电子控制自动变速器的所有换挡电磁阀插接头。

第 2 步：启动发动机，将换挡操纵手柄拨至不同位置，进行道路试验或台架试验。

第 3 步：观察发动机转速和车速的对应关系，以判断自动变速器所处的挡位。

第 4 步：若换挡操纵手柄位于不同位置时自动变速器处于不同的挡位，即操纵手柄在 P、R、N、D、S、L 位置时分别为停车挡、倒挡、空挡、前进挡、2 挡和 1 挡，则说明电子控制自动变速器的阀板及换挡执行元件基本上工作正常，否则说明阀板或换挡执行元件有故障。

第 5 步：试验结束后，接上所有换挡电磁阀。

第 6 步：清除 ECU 中的故障代码，以防止因脱开换挡电磁阀而产生的"故障"代码储存在 ECU 中影响故障自诊断系统的工作。若每一挡动作都正常，则说明故障出在电子控制系统；若有某一挡动作异常，则说明故障是机械或液压部分引起的，应进行机械试验。

(3) 机械试验

电子控制自动变速器的机械试验内容包括液压试验、失速试验、时滞（换挡时间滞后）试验、液力变矩器试验和道路试验等。机械试验是在进行基础检验、手动换挡试验后确认是机械系统和液压控制系统故障后进行的试验，目的是区分故障是机械系统引起的，还是液压系统引起的，并同时诊断出故障的具体部位。下面分别介绍以上 5 个机械试验项目的作用、试验方法并进行试验结果分析。

1) 液压试验

液压试验是在自动变速器工作时，通过测量液压控制系统各回路的压力来判断各元件的功能是否正常，目的是检查液压控制系统各管路及元件是否漏油及各元件（如液力变矩器、蓄能器等）工作是否正常，故障是出在液压控制系统还是在机械系统的主要依据。

①液压试验前的准备

a. 启动发动机，运行汽车，使发动机及自动变速器达到正常工作温度。

b. 将车辆停靠在水平地面上，按前所述检查自动变速器的油面高度。如不正常，应予以调整。

c. 准备一个量程为 2MPa 的压力表。

d. 通常在自动变速器外壳上有几个用方头螺塞堵住的测压孔。可由举升器将汽车升起，在发动机运转时分别将各个测压孔螺塞松开少许，观察各测压孔在换挡操纵手柄位于不同挡位时是否有压力油流出，以此判断该测压孔与哪一油路相通，进一步找出各个油路测压孔的位置。具体方法如下：

ⓐ不论换挡操纵手柄位于前进挡或倒挡时都有压力油流出的，则为主油路测压孔。

ⓑ只有换挡操纵手柄位于前进挡时才有压力油流出的，则为前进挡油路测压孔。

ⓒ只有换挡操纵手柄位于倒挡时才有压力油流出的，则为倒挡油路测压孔。

②主油路油压测试方法

测试主油路油压时，应分别测出前进挡和倒挡的主油路油压，这里介绍前进挡主油路油压测试方法。其具体方法如下：

a. 拆下自动变速器壳体上的主油路测压孔或前进挡油路测压孔螺塞，把油压表接到对应的测压孔上；

b. 启动发动机，将换挡操纵手柄拨至前进挡(D)位置；

c. 从油压表上读出发动机怠速运转时的油压，该油压即为怠速工况下的前进挡主油路油压；

d. 用左脚踩紧制动踏板，同时用右脚将加速踏板完全踩下，迅速读取此时油压，该油压即为失速工况下的前进挡主油路油压；

e. 将换挡操纵手柄拨至空挡(N)或停车挡(P)位置，让发动机怠速运转 1 min 以上；

f. 将换挡操纵手柄拨至各个前进低挡(S、L 或 2、1)位置，分别重复上面③～⑤的步骤，读出各个前进低挡在怠速工况和失速工况下的主油路油压；

g. 测量完毕后拆下油压表，并旋紧油路测压孔螺塞。

2)失速试验

所谓"失速"是指变矩器涡轮因负荷过重而停止转动时泵轮(即发动机)的转速。失速试验是检查发动机功率大小、液力变矩器性能好坏及自动变速器中有关换挡执行元件的工作是否正常的一种常用方法，用来诊断可能的机械故障部位，如离合器、制动器的磨损情况。失速试验是通过制动变矩器涡轮，测得泵轮或发动机转速，并分析故障原因的一种试验方法。

失速试验应在行车制动器和驻车制动器性能良好、自动变速器液面高度正常、发动机和变速器温度正常的情况下进行，其具体方法如下：

①将汽车停放在宽阔的水平地面上，前后车轮用三角木块塞住；

②拉紧手刹，并用脚踩住制动踏板；

③启动发动机，将换挡操纵手柄拨入前进挡(D)位置；

④在左脚踩紧制动踏板的同时，用右脚将加速踏板踩到底，使发动机全负荷运转。在发动机转速稳定后，迅速读取此时的发动机转速并立即松开加速踏板；

⑤将换挡操纵手柄拨入停车挡(P)或空挡(N)位置，让发动机怠速运转 1min；

⑥将换挡操纵手柄置于 R 挡位，重复④试验。

正常的发动机失速转速一般为 2 000 ~ 2 500r/min。若 D 挡和 R 挡的失速转速均过低,则可能是发动机输出功率不足,或变矩器导轮的单向离合器打滑而导致泵轮泵出的变速器油冲击涡轮后不能经导轮改向而直接冲击泵轮,从而加大了泵轮阻力;若 D 挡和 R 挡的转速过高,则可能是主油路的油压过低,导致变速器中的离合器和制动器打滑;若只有 R 挡的转速过高,则可能是倒挡控制油路的油压过低而引起倒挡离合器或制动器打滑,或倒挡离合器或制动器磨损严重而打滑;如果只有 D 挡的转速过高,则可能是前进挡控制油路的油压过低而引起前进挡离合器或制动器打滑,或前进挡离合器或制动器磨损严重而打滑。

3)时滞试验

时滞试验是用来验证失速试验的结果,它通过测量从挂挡到执行元件完成动作的时间差来分析变速器中前后离合器和制动器是否过度磨损,或油路油压是否正常。时滞试验的步骤和试验方法如下:

①通过汽车行驶,使发动机和自动变速器达到正常工作温度;

②将汽车停放在水平地面上,拉紧手制动;

③检查发动机怠速,如不正常,应按标准予以调整;

④将自动变速器换挡操纵手柄从空挡(N)位置拨至前进挡(D)位置,同时按动秒表测量从拨动换挡操纵手柄开始到感觉到汽车冲动为止所需的时间,称为 N→D 迟滞时间。

⑤将换挡操纵手柄拨至空挡(N)位置,让发动机怠速运转 1 min 之后,再重复做一次同样的试验。

⑥做 3 次试验,取其平均值。

⑦按照上述方法,将换挡操纵手柄由空挡(N)位置拨至倒挡(R)位置,以测量 N→R 迟滞时间。

大部分自动变速器 N→D 迟滞时间小于 1.0 ~ 1.2s,N→R 迟滞时间小于 1.2 ~ 1.5s。若 N→D 迟滞时间过长,则说明主油路油压过低、前进挡离合器摩擦片磨损严重或前进挡单向离合器工作不良;若 N→R 迟滞时间过长,则说明倒挡油路油压过低,倒挡离合器或倒挡制动器磨损严重或工作不良。

4)道路试验

道路试验用以进一步检验各制动器、离合器是否打滑,并观察换挡情况。道路试验是自动变速器故障诊断与检测的重要手段之一,在对自动变速器维修后也要进行道路试验,以检查维修是否彻底。道路试验的目的是观察汽车在道路上运行时其换挡情况是否正常,并测量换挡车速,发动机转速等,从而判断各油路的油压情况和变速器内各离合器和制动器的工作情况。

5)液力变矩器启动试验

液力变矩器启动试验,用来测试液力变矩器及其单向离合器的工作状况。在液力变矩器启动试验中,要同时使用停车制动器和驻车制动器,还要用三角木把前轮塞住(注意人员不要站在汽车的前方)。还应检查自动变速器油面高度,运转发动机使之达到规定的工作温度。启动工况试验在于确定自动变速器在“D”位,节气门全开时发动机的工作转速。这一试验检验了液力变矩器导轮的单向离合器的工作情况,自动变速器离合器的工作性能以及液力变矩器与发动机的共同工作性能。

在进行液力变矩器试验时,发动机节气门全开的时间应≤5s,发动机最大转速读出之后应立即放松加速踏板;如果要求再一次作液力变矩器启动工况试验,应在空挡将发动机在1 000r/min左右的转速下运转2min,使自动变速器冷却下来。如果发动机转速已超过最大限值,应立即将加速踏板松开,因为这表明自动变速器内的离合器已经打滑失效。

发动机调整正常,而启动转速低,则说明液力变矩器导轮的单向离合器有问题。若启动转速比规定的最小值低250~350r/min,汽车在高速公路上工作正常,但是各挡加速性均不良,说明液力变矩器的单向离合器打滑;若启动转速和加速性都是正常的,但必须加大节气门开度才能维持在高速公路上行驶的速度,说明液力变矩器导轮的单向离合器已卡死不能自由脱开。上述的这些故障要求必须更换液力变矩器。

某些液力变矩器在启动工况中,发出一种嘘嘘声或警笛般的尖叫声,这是其中液体急剧流动的缘故,是正常的。但是,若从液力变矩器总成内发出因部件松动或相互干涉而产生的强烈金属性噪声,应用千斤顶把驱动轮顶起来,把换挡操纵手柄放在前进挡(D)和空挡(N)位置,在节气门开度较小时运行,在自动变速器前端的液力变矩器下方仔细倾听以找出噪声具体来源。

7.2.2　电控自动变速器的常见故障与诊断

电控自动变速器与电控发动机一样,其故障监测范围有限,不能把故障全部列举出来。当自动变速器出现故障但无故障码输出时,就应根据故障的现象,运用前面所述方法进行检查、检测,分析推敲故障的原因,进而对故障进行排除。下面列举了自动变速器常见故障的原因和诊断方法。虽然不同型号变速器可能有一些差异,但绝大多数自动变速器均可按照以下所述思路进行。

(1)变速器油容易变质

1)故障现象

变速器油在更换后较短的时间内就变质,变速器油温度过高甚至变速器油有焦味或可从加油口看到冒烟。

2)故障原因

①没有使用规定的变速器油。

②变速器至变速器油散热器通道有堵塞,如通向散热器的油管堵塞、散热器的限压阀卡滞等,使变速器油得不到及时的冷却而温度过高。

③离合器或制动器的间隙过小,在不工作时摩擦打滑,造成油温过高而变质。

④主油路的油压过低,使离合器和制动器在工作时打滑而造成油温过高。

⑤驾驶员使用不当,如过于频繁地加减速、经常超负荷行驶等。

3)故障诊断

①让汽车以中低速行驶5~10分钟,当自动变速器达到正常工作温度时,在发动机运转的情况下检测自动变速器油散热器的温度。正常时,散热器的温度应为60℃左右。如果散热器温度过低,说明变速器至变速器油散热器的通道有堵塞,应检修其油管、散热器和限压阀等;如果散热器的温度过高,说明离合器和制动器的间隙太小,应进一步拆开变速器进行检查。

②如果散热器的温度正常,检测主油路的压力是否在正常范围内。

③散热器的温度正常,主油路的压力正常,则可能是自动变速器使用不当或变速器油本身的问题,应将变速器油全部放出,加入规定牌号的变速器油。

(2)自动变速器有噪声

1)故障现象

汽车在行驶时,自动变速器有异响,汽车停驶时异响消失。

2)故障原因

①变速器油面过高或过低或油泵磨损严重。

②变矩器锁止离合器、导轮单向离合器等损坏而产生异响。

③行星齿轮系统出现故障而产生异响。

④变速器换挡执行元件运动干涉而产生异响。

3)故障诊断与排除

①检查自动变速器油面的高度,先将油面调整至正常的高度;

②用举升机将汽车举起,启动发动机,分别在空挡、前进挡和倒挡时检查自动变速器的异响情况:如果在任何挡位下自动变速器前部始终有一连续的异响,则可能是油泵或液力变矩器发出的异响,应拆下油泵和变矩器进一步检查;如果在挂入空挡后自动变速器的异响就会消失,则为行星齿轮变速器发出的异响,应拆下齿轮变速器进一步检查。

(3)汽车不能行驶

1)故障现象

操纵手柄置于任一前进挡或倒挡,汽车均不能起步行驶。

2)故障原因

①因泄漏而使变速器油过少或漏光,导致变矩器不能传递动力或变速器换挡执行机构不能正常工作。

②油泵损坏或油泵进油滤网严重堵塞,导致自动变速器主油路不能建立正常油压。

③操纵手柄与手动阀之间的连接杆或拉索松脱,使操纵手柄置于倒挡或前进挡时,手动阀仍然在空挡或停车挡位置。

④液压系统中的主油路或油压调节器有堵塞,导致变矩器不能传递动力或变速器换挡执行机构不能正常工作。

⑤齿轮变速器损坏而不能传递动力。

3)故障诊断

①取出油尺,检查自动变速器的油面高度。如果油面过低或无油,应检查变速器油底壳、变速器油散热器及油管等处有无泄漏情况。

②检查自动变速器操纵手柄与手动阀摇臂之间有无松脱。如果有松脱,予以装复并调整好手柄的位置。

③检查主油路的油压。拆下主油路测压孔上的螺塞,启动发动机,将操纵手柄置于倒挡或前进挡,看测压孔有无液压油流出。如果测压孔无液压油流出,或虽有油流出但流量很小,应打开变速器油底壳,检查油泵的滤网有无堵塞,若滤网无堵塞,则需拆开变速器检查油泵、油压调节器及有关的油路;如果在冷车启动时有一定的油压,而在温度上升后油压明显下降,则说明是油泵磨损严重,应更换油泵;如果测压孔有大量油喷出,说明变速器不传递动力并非主油路无油压造成,这时,可拆下变速器油底壳,检查手动阀摇臂轴与摇臂之间是否松脱,若无,则需拆检齿轮变速器,如果齿轮变速器无故障,则需检查或更换液力变矩器。

(4)不能强制降挡

1)故障现象

汽车在高挡行驶时,用突然将加速踏板踩到底的方法不能使自动变速器立即降低一个挡位,导致汽车加速无力。

2)故障原因

①节气门拉索或节气门位置传感器调整不当。

②强制降挡开关接触不良或位置不当。

③强制降挡电磁阀损坏或其线路不良。

④强制降挡控制阀发卡。

3)故障诊断与排除

①检查节气门拉索或节气门位置传感器的安装是否正常,若有异常,应予以调整。

②检查强制降挡开关。在加速踏板踩到底时,强制降挡开关触点应闭合,一松开加速踏板,强制降挡开关就断开。如果在加速踏板踩到底时强制降挡开关触点不能闭合,而用手直接按下强制降挡开关时其触点能够闭合,则说明强制降挡开关安装位置不当,应予以调整;如果在加速踏板踩到底时强制降挡开关触点不能闭合,用手直接按下强制降挡开关触点时也不能够通路,则说明强制降挡开关触点接触不良,应更

换强制降挡开关。

③检查强制降挡电磁阀线路的连接情况,检测电磁阀的电阻。如果有异常,检修线束或更换电磁阀。

④拆开自动变速器,检查和清洗强制降挡控制阀。

(5)发动机怠速熄火

1)故障现象

发动机在怠速时,自动变速器由空挡或停车挡挂入前进挡或倒挡时,发动机立即熄火。

2)故障原因

①发动机的怠速过低。

②自动变速器中锁止控制阀发卡。

③自动变速器挡位开关不良。

④自动变速器输入轴转速传感器损坏。

3)故障诊断与排除

①检查发动机的怠速,如果发动机的怠速过低,应予以调整。

②进行故障自诊断操作,如果有故障码输出,则按所显示的故障码检修故障;如果无故障码输出或故障码所显示的故障排除后故障现象仍未消除,则进行下一步检查。

③检查挡位开关。如果挡位开关的信号与操纵手柄的位置不符,应予以调整或更换。

④检查自动变速器输入轴传感器。如果有故障,予以更换。

⑤如果上述检查均为正常,则需拆检自动变速器,检查锁止控制阀有无发卡。

(6)频繁跳挡

1)故障现象

汽车在行驶中,在加速踏板没有变化的情况下,经常突然自行降挡。

2)故障原因

①节气门位置传感器不良或其线路连接不良。

②车速传感器不良或其线路连接不良。

③换挡电磁阀或其线路不良。

④自动变速器 ECU 有故障。

3)故障诊断与排除

①进行故障自诊断操作,如果有故障码输出,则按所显示的故障码检修故障;如果无故障码输出或故障码所显示的故障排除后故障现象仍未消除,则进行下一步检查。

②检查节气门位置传感器与 ECU 之间的线路及节气门位置传感器。若有异常,

予以修理或更换。

③检查车速传感器及车速传感器与ECU之间的线路,若有异常,予以修理或更换。

④检查换挡电磁阀线束插接器有无松动,若有,予以修理或更换。

⑤检查自动变速器ECU电源插脚的工作电压,若电压低或无电压,检查有关的线路;如果线路无故障,则需更换ECU。

(7)无倒挡

1)故障现象

汽车挂前进挡能正常行驶,但挂入倒挡后就不能行驶。

2)故障原因

①自动变速器操纵手柄位置不当。

②倒挡油路出现泄漏,油压太低。

③倒挡及高挡离合器或低挡及倒挡制动器打滑。

3)故障诊断与排除

①检查自动变速器操纵手柄的位置是否正确,若有异常,应予以调整。

②检查倒挡油路的油压:如果油压过低,说明倒挡油路有泄漏,应拆检自动变速器;如其油压正常,则应拆检自动变速器,检修倒挡及高挡离合器和低挡及倒挡制动器。

(8)无前进挡

1)故障现象

操纵手柄置于D挡位时不能起步,在S或L挡位时则可以起步,挂入倒挡也能正常行驶。

2)故障原因

①前进离合器打滑。

②前进单向离合器打滑或反向安装。

③前进离合器控制油路严重泄漏。

④操纵手柄位置调整不当。

3)故障诊断与排除

①检查操纵手柄位置是否正常,如果不正常,予以调整。

②检查前进离合器油路油压是否正常。如果油压过低,说明前进离合器油路有泄漏,应拆检自动变速器,更换前进离合器油路中的密封元件;如果油压正常,应拆下前进离合器进行检查;如果油压和前进离合器均正常,则需拆下前进单向离合器检查有无打滑,安装方向是否正确。

(9)无超速挡

1)故障现象

汽车在行驶中不能换入超速挡。

2)故障原因

①超速挡开关、超速电磁阀不良或超速挡制动器打滑。

②超速行星排的直接离合器或单向离合器卡死。

③挡位开关不良。

④变速器油温传感器不良。

⑤节气门位置传感器不良。

⑥Ⅲ-Ⅳ换挡阀发卡。

⑦自动变速器 ECU 有故障。

3)故障诊断

①进行故障自诊断操作,如果有故障码输出,则按所显示的故障码检修故障;如果无故障码输出或故障码所显示的故障排除后故障现象仍未消除,则进行下一步检查。

②检查变速器油温度传感器。检测油温传感器在不同温度下的电阻,如果与标准值不符,则应更换油温传感器。

③检查挡位开关的信号。如果无信号或与操纵手柄的位置不符,应调整或更换挡位开关。

④检查节气门位置传感器的输出信号,如果与标准值不符,应调整或更换节气门位置传感器。

⑤检查超速挡开关。在超速挡开关按钮按下(ON)时,超速挡开关断开,超速指示灯应不亮;在超速挡开关按钮松开(OFF)时,超速挡开关闭合,超速指示灯应亮起。如果不是这样,则需检查超速挡开关电路或更换超速挡开关。

⑥检查超速电磁阀工作情况。打开点火开关,在按下超速挡开关按钮时,听超速电磁阀有无动作的嗒嗒声。如果超速电磁阀不工作,应检查其线路或更换超速电磁阀。

⑦检查空载下能否升挡。用举升机将汽车驱动轮悬空,看在空载的情况下,自动变速器能否换入超速挡:如果空载下能换入超速挡,且升挡后车速正常,说明控制系统正常,可能是超速制动器在有负载时打滑而造成不能换入超速挡;如果空载下能换入超速挡,但升挡后车速偏低,发动机转速下降,则说明超速行星排中的直接离合器或直接单向离合器发卡;如果空载下也不能换入超速挡,则为液压系统或电控系统有故障。

⑧如果疑是液压系统的故障,需拆开自动变速器检查 III-IV 换挡阀有无发卡,若有应予以修理或更换;如果疑是电控系统的故障,在有关传感器、电磁阀及其线路检

查均为良好的情况下,需更换自动变速器 ECU 再试。

(10)变速器打滑

1)故障现象

①当踩下加速踏板起步时,发动机转速上升很快但车速上升缓慢。

②发动机转速很高但加速无力。

③在上坡时,发动机的转速虽然很高,但汽车行驶无力。

2)故障原因

①变速器油面过低而造成主油路的油压过低,导致离合器和制动器打滑。

②离合器或制动器摩擦片(或制动器制动带)磨损严重或已烧焦而引起打滑。

③油泵磨损严重或主油路有泄漏而造成主油路的油压过低。

④齿轮变速器中单向离合器打滑。

⑤离合器或制动器油路或活塞密封圈损坏而漏油,导致油压过低。

3)故障诊断

①首先检查变速器油面和油的品质:如果只是油面过低,添加变速器油至规定油面后再检查自动变速器是否打滑;如果变速器油呈棕黑色或有焦糊味,则可能离合器或制动器摩擦片已烧坏,应拆修自动变速器。

②如果油面和油品质均正常,可进行道路试验,根据其打滑的规律判断故障的大致所在。

③检查主油路的油压。在拆检自动变速器前,先检测一下主油路的油压。如果油压正常,更换磨损过度或已烧损的执行元件即可;如果油压过低,则应检查油泵滤网、油泵及主油路和主油路油压调节阀等。

(11)换挡冲击较大

1)故障现象

在自动变速器操纵手柄从停车挡或空挡置于前进挡或倒挡时汽车出现明显的冲动;在汽车行驶过程中,自动变速器换挡的瞬间汽车也会出现明显的冲动。

2)故障原因

①发动机的怠速过高而引起换挡冲击。

②节气门拉索或节气门位置传感器调整不当而使换挡时主油路的油压过高导致冲击。

③主油路油压调节器不良而使换挡时主油路的油压过高导致冲击。

④油压电磁阀或其线路不良而使主油路油压异常。

⑤蓄能减振器不良(如活塞卡住)而使换挡瞬间油压过高导致冲击。

⑥单向阀损坏或单向阀钢球漏装而导致换挡执行元件接合过快。

⑦自动变速器油型号不合。

⑧自动变速器 ECU 故障。

3)故障诊断

①检查发动机的怠速是否正常,若不正常应先调整。

②检查节气门拉索或节气门位置传感器的位置,如不当应予以调整。

③进行路试,以判断自动变速器有无打滑或升挡过迟故障。

④检查发动机怠速时的主油路油压。如果怠速时的主油路油压过高,应拆检主油路油压调节阀;如果怠速时主油路油压正常,则应拆检前进挡离合器或倒挡及高挡离合器的进油单向阀是否损坏。

⑤检查换挡时的主油路油压。正常情况下,在换挡时,主油路的油压会有瞬间的下降。如果在换挡时主油路的油压有瞬时的下降,但有换挡冲击,则可能是换挡执行元件的间隙太小而造成;如果换挡时主油路的油压没有下降,则检查油压电磁阀的线路有无松脱,若正常,检查油压电磁阀工作是否正常。若正常,则检查在换挡时 ECU 有无向油压电磁阀输出信号,若换挡时 ECU 无信号输出,则需更换 ECU 再试;若 ECU 有信号输出,则拆下自动变速器蓄能减振器,检查有无损坏。

(12)升挡过迟

1)故障现象

在汽车行驶中,自动变速器升挡的车速明显偏高,升挡时发动机的转速也明显高于正常值;需采用提前升挡的操作方法(如松加速踏板)才能使自动变速器升入高挡或超速挡。

2)故障原因

①节气门拉索调整不当或节气门位置传感器有故障。

②车速传感器或其电路有故障。

③主油路油压调节阀或油压电磁阀有故障。

④ECU 有故障。

3)故障诊断

①进行故障自诊断操作,如果有故障码输出,则按所显示的故障码检修故障;如果无故障码输出或故障码所显示的故障排除后故障现象仍未消除,则进行下一步检查。

②检查节气门拉索和节气门位置传感器的调整情况,如果不当,予以调整。

③检测发动机怠速时的主油路油压。如果油压过高,应通过节气门拉索进行调整,若调整后不能使油压降低,则需拆下油压调节阀、油压电磁阀及其油路进行检测。

④检查自动变速器 ECU 与传感器和油压控制电磁阀之间的线路是否完好。

⑤检查节气门位置传感器、车速传感器和油压电磁阀,如果均为良好,则是 ECU 有故障。

(13)不能升挡

1)故障现象

汽车行驶中,自动变速器始终不能从低挡升入高挡或超速挡。

2)故障原因

①节气门拉索或节气门位置传感器位置不当

②车速传感器有故障。

③Ⅱ挡制动器或高挡离合器有故障。

④换挡阀发卡或挡位开关不良。

⑤换挡执行元件打滑。

⑥ ECU 故障。

3)故障诊断

①进行故障自诊断操作,如果有故障码输出,则按所显示的故障码检修故障;如果无故障码输出或故障码所显示的故障排除后故障现象仍未消除,则进行下一步检查。

②检查节气门拉索或节气门位置传感器的调整情况,如果不当应予以调整。

③检查车速传感器及其线路,如果不良应予以更换。

④检查挡位开关是否良好,如果有故障应予以调整或更换。

⑤如果上述检查均为良好,则需拆下自动变速器,检查换挡执行元件是否磨损严重或泄漏而引起打滑。

⑥如果上述检查均为无问题,则可能是 ECU 故障。

7.3　ABS 的检测与诊断

ABS 是英文 Antilock Braking System 的缩写,中文全称为防抱死制动系统。ABS 也具有自诊断功能,其故障码的提取与清除及诊断方法与电控发动机和电控自动变速器的方法相同,且电控基本元件的检测也与发动机同,这里只简单介绍 ABS 的检测与诊断。

如果 ABS 出现故障而又没有故障码显出,此时可通过简单的检查或检测判断是否有故障,以及故障的具体部位。

汽车出现涉及制动系统但又不是很明确的故障时,如果想知道故障是否出在防抱死制动系统,可采用以下步骤进行判断:

1)解除驻车制动(手刹),打开点火开关,正常时 ABS 的黄褐色报警灯应该亮,几秒钟后自动熄灭,否则,ABS 存在故障。

2)将点火开关置于启动位置时,ABS 的黄褐色报警灯应该亮,松开点火钥匙,使点火开关回到点火位置,报警灯应该熄灭。否则说明 ABS 报警灯损坏或 ABS 有故障。

3)拉起驻车制动手柄,红色的制动报警灯应该亮,松开后,制动报警灯应该自动熄灭,否则 ABS 有故障。

4)如果条件允许,进行道路试验。当车速达到 32 ~45km/h 时,以中等的踏板力进行制动,制动系统应该正常工作,ABS 制动报警灯不应该亮,否则,ABS 系统有故障。

当确定 ABS 有故障时,可采用以下的方法进行故障诊断:

1)检查蓄电池电压是否正常,若不正常,应调整到正常范围内。

2)检查与 ABS 相关的 ECU 的保险丝和易损线路,检查 ABS 线束插接件和 ECU 插接件的连接是否可靠,检查其连接线路是否有断路或接触不良的地方。

3)用万用表检查位于 ABS 调压器上的调压电磁阀继电器和电动回油泵断电器插接是否可靠。

4)检查制动主缸储液室液面是否过低,如果液面高度不够,应添加适量的制动液。

如果采用以上方法还不能查出故障,则应当在制动试验台上进行进一步检测,以查出故障具体所在。制动试验台测试制动性能的方法见第 4 章 4.2 节制动性能的检测部分。

7.4 电控动力转向系统的检测与诊断

电控动力转向系统的常见故障大多是怠速或低速行驶时转向困难和高速行驶时转向太灵敏,也就是低速时转向沉重,高速时转向发飘。可以通过对电控部分和电磁阀进行检测来判断故障的具体位置。在对电控动力转向系进行检测前,应先进行基础检查,包括轮胎气压是否在规定值范围内、转向节润滑情况是否良好、前轮前束是否满足要求、各拉杆之间的球铰连接是否正常、转向柱是否弯曲、动力转向油泵油压是否正常、所有电路连接器是否连接牢固等,这些项目的检测方法见前面有关章节。

(1)电控部分的检测

电控动力转向系统的电路如图 7.23 所示,其检测诊断步骤见图 7.24。

(2)电磁阀检测

电磁阀由针阀、电磁线圈和弹簧组成,其检测步骤如下:

1)断开电磁阀接线插座,用万用表检测 SOL 正负端之间电阻,其电阻值应在 6Ω 与 11Ω 之间。

2)拆下电磁阀,将电磁阀 SOL 正端子接蓄电池正极,SOL 负端子接蓄电池负极,此时电磁阀应该动作。

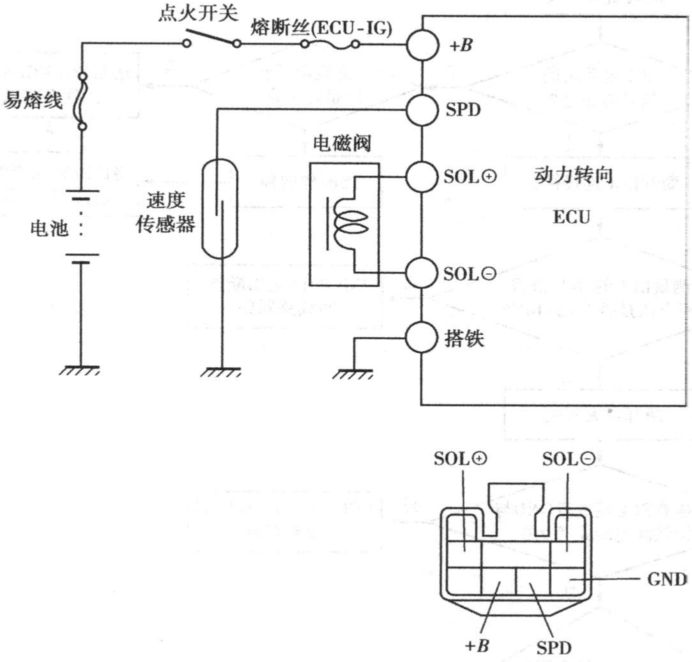

图7.23 电控动力转向系统电路图

3)测量针阀间隙,其间隙应为2mm。

如果以上三步检查中的任何一步或多步不满足要求,说明电磁阀有故障,应该更换电磁阀。

7.5 其他电控装置的检测与诊断

在汽车电控装置中,还有其他电控系统,如电控悬架、电控安全气囊系统、电控防滑系统、汽车巡航控制系统等。通常这些装置都有自诊断功能。例如在电子控制悬架系统中,故障自诊断系统可以监测、诊断悬架系统的工作情况及工作中出现的故障。在仪表板上,通常设有"悬架系统故障指示灯",当存储器中存有故障时,此指示灯点亮,以提示驾驶员或维修人员。这些装置的故障诊断与检测思路与前面章节所述大体相同,其检测原理也是先进行基础检查,通过看、听、摸等判断是否有不正常的地方,然后进一步采用万用表、示波器等对各电路与信号进行测量,看各端子和各电路之间电压或电阻值是否正常,各信号波形是否正常,从而断定故障的具体位置。其具体过程请参阅相关章节。

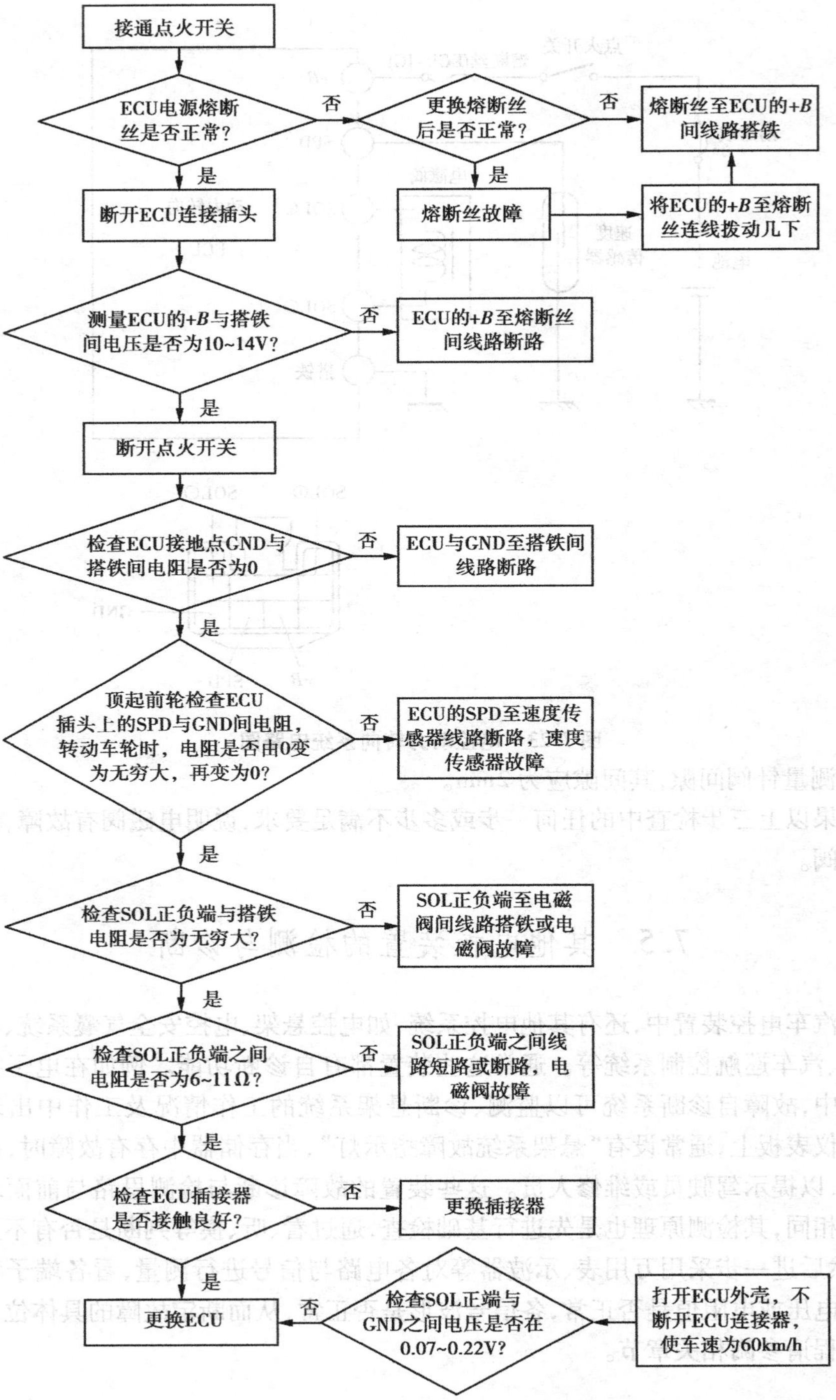

图 7.24　电控动力转向系统电控部分故障诊断

主要参考文献

1 陈家瑞主编．汽车构造(上、下)．北京:人民交通出版社,2000
2 余志生主编．汽车理论．北京:机械工业出版社,2000
3 贾平民,张洪亭,周剑英主编．测试技术．北京:高等教育出版社,2001
4 范云霄,刘桦主编．测试技术与信号处理．北京:中国计量出版社,2002
5 崔靖,周忠川等主编．汽车综合性能检测．上海:上海科学技术文献出版社,1999
6 李照美主编．汽车检测与诊断技术．北京:中国农业出版社,1996
7 高国恒主编．汽车检测诊断方法．北京:人民交通出版社,1998
8 刘仲国主编．现代汽车检测与诊断．北京:机械工业出版社,2001
9 郗沭平,高万胜,刘宝新主编．汽车电控技术简明教程．北京:北京理工大学出版社,1996
10 张建俊主编．汽车诊断与检测技术．北京:人民交通出版社,1995
11 方锡邦主编．汽车检测技术．合肥:安徽科学技术出版社,1999
12 李品华主编．现代汽车故障诊断技术．上海:上海交通大学出版社,1997
13 王遂双主编．汽车电子控制系统的原理与检修．北京:北京理工大学出版社,1995
14 李杰敏主编．汽车拖拉机试验学．北京:机械工业出版社,1994
15 明平顺,杨万福主编．现代汽车检测技术．北京:人民交通出版社,2001
16 邓定瀛主编．自动变速器原理与运用．重庆:重庆大学出版社,2002
17 吴际障主编．现代汽车新结构使用与维修．北京:中国物资出版社,1995
18 广州市交通委员会主编．汽车维修工中级培训教材．北京:人民交通出版社,2002
19 Bosch 光学式四轮定位仪使用说明书
20 MEXA-324F CO/HC 红外线气体分析仪使用说明书
21 QFC-4 型发动机综合测试仪使用说明书
22 FG-1 型汽车发动机无负荷测功仪使用说明书
23 中国汽车维修网